Herstellerleasing

Europäische Hochschulschriften

Publications Universitaires Européennes
European University Studies

Reihe V
Volks- und Betriebswirtschaft

Série V Series V
Sciences économiques, gestion d'entreprise
Economics and Management

Bd./Vol. 3206

PETER LANG
Frankfurt am Main · Berlin · Bern · Bruxelles · New York · Oxford · Wien

Sylvia Walter

Herstellerleasing

Eine strategische Analyse in wettbewerbsintensiven Märkten

PETER LANG
Europäischer Verlag der Wissenschaften

Bibliografische Information Der Deutschen Bibliothek
Die Deutsche Bibliothek verzeichnet diese Publikation in der Deutschen Nationalbibliografie; detaillierte bibliografische Daten sind im Internet über <http://dnb.ddb.de> abrufbar.

Zugl.: Frankfurt (Main), Univ., Diss., 2005

D 30
ISSN 0531-7339
ISBN 3-631-55202-5

www.peterlang.de

Vorwort

Die vorliegende Arbeit wurde als Dissertation vom Fachbereich Wirtschaftswissenschaften der Johann Wolfgang Goethe-Universität in Frankfurt am Main angenommen.

Mein Dank für die Anregung und die aufmerksame Begleitung der Arbeit gilt meinem Doktorvater, Professor Dr. Winfried Mellwig.

Professor Dr. Hartmut Kreikebaum danke ich ganz herzlich für die Zweitbegutachtung.

Mein besonderer Dank richtet sich an Dr. Uwe-Peter Hastedt. Er hat entscheidend dazu beigetragen, mich zu dieser Arbeit zu motivieren und stand mir jederzeit mit Fachgesprächen, konstruktiver Kritik und Aufmunterung zur Seite.

Für den fachlichen Input bedanke ich mich insbesondere bei Horst Figge und Dr. Uwe Serve.

Meinen Freunden danke ich für ihre Geduld und ihre fachliche und vor allem emotionale Unterstützung. Besonderer Dank gilt dabei Ellen Debus, Martin Gerhards, Jacqueline Jaque, Elke Kirsch, Karin Lennertz, Gesine Müller, Anneleen Partzsch, Alexandra Romanowski, Theo Schlaghecken, Sascha Wellershoff und Peter Wiederholt.

Bei Jürgen Debus möchte ich mich speziell bedanken - er hat die Arbeit EDV-technisch oft gerettet.

Meiner Familie danke ich für ihre Liebe, die mich in der oft harten Zeit der Promotion immer begleitet hat. Besonders liebevoll unterstützt haben mich Veronika Parkelj und Britta Volpert.

Christian G. Hirsch danke ich dafür, daß er immer für mich da war; Victoria Sophie bin ich dankbar für ihr Durchhaltevermögen und für die Kraft, die sie mir gegeben hat.

Mein größter Dank gilt meiner Mutter, Edith Walter. Sie hat die Zeit der Promotion mit unendlicher Geduld, Hilfe und Liebe getragen und oft auch ertragen. Ihr ist diese Arbeit gewidmet.

Inhaltsverzeichnis

Abbildungsverzeichnis

Abkürzungsverzeichnis

Abs. .... Absatz
AfA .... Absetzung für Abnutzung

BB .... Betriebs-Berater (Zeitschrift)
BFH............................. Bundesfinanzhof
BFuP .... Betriebswirtschaftliche Forschung und Praxis (Zeitschrift)
BGH............................. Bundesgerichtshof
BStBl. .... Bundessteuerblatt

d. h.............................. das heißt
DB .... Der Betrieb (Zeitschrift)
DBW .... Die Betriebswirtschaft (Zeitschrift)
CD .... Compact Disc
Diss. .... Dissertation
DVD............................ Digital Versatile Disc

EDV .... Elektronische Datenverarbeitung
EStG............................ Einkommensteuergesetz
et al. .... et aliter
etc. .... et cetera
EUR............................. EURO
e. V. .... eingetragener Verein

f. .... folgende
FAZ............................. Frankfurter Allgemeine Zeitung
ff. .... fortfolgende
FLF............................. Finanzierung, Leasing, Factoring (Zeitschrift)
Fn. .... Fußnote

GewStG....................... Gewerbesteuergesetz
GewStR....................... Gewerbesteuerrichtlinien
GUS............................. Gemeinschaft Unabhängiger Staaten
GVO............................ Gruppenfreistellungsverordnung

hrsg. .... herausgegeben

IASC .... International Accounting Standards Comittee
IT................................ Informations-Technologie
i. V. m. .... in Verbindung mit

Jg. .... Jahrgang

Kfz.............................. Kraftfahrzeug

LG .... Landgericht

m. d. d. V. .... mit den dortigen Verweisen
Mio .... Millionen
Mrd............................. Milliarden

Nr. .... Nummer

OLG .... Oberlandesgericht
o. V. .... ohne Verfasser

Rz. .... Randziffer

S. .... Seite/Satz
Sp. .... Spalte

USA............................ United States of America

VDMA .... Verband Deutscher Maschinen- und Anlagenbau e. V.
Vgl. .... Vergleiche
Vol. .... Volume

WiSt .... Wirtschaftswissenschaftliches Studium (Zeitschrift)
WISU .... Das Wirtschaftsstudium (Zeitschrift)
WM .... Wertpapier-Mitteilungen, Zeitschrift für Wirtschafts- und Bankrecht (Zeitschrift)

WPg............................. Die Wirtschaftsprüfung (Zeitschrift)

z. B. .... zum Beispiel
ZfB .... Zeitschrift für Betriebswirtschaft (Zeitschrift)
zfbf .... Zeitschrift für betriebswirtschaftliche Forschung (Zeitschrift)
zfo .... Zeitschrift Führung + Organisation (Zeitschrift)
ZFP.............................. Zeitschrift für Forschung und Praxis (Zeitschrift)

Einleitung

Die Märkte des produzierenden Gewerbes durchlaufen derzeit Veränderungen, die dazu führen, dass der Wettbewerb neuen „Spielregeln[1]" unterliegt und der Konkurrenzkampf unter den Herstellern[2] intensiver wird. Die Veränderungen betreffen in erster Linie die Profile der angebotenen Produkte, die Marktstrukturen sowie die Bedürfnisstruktur der Abnehmer:

Herstellern gelingt es kaum noch, Produkte anzubieten, die preisgünstiger oder in der Wahrnehmung der Nachfrager besser sind als die Produkte anderer Hersteller. Maßnahmen, die ein Anbieter ergreift, um das Preis-/Leistungsverhältnis[3] seiner Produkte zu verändern, werden unmittelbar von der Konkurrenz imitiert. Ein bisheriger „Vorsprung durch Technik[4]" oder niedrige Kosten ist heute kaum noch nachhaltig aufrecht zu erhalten. Die Hersteller, die bis in die 90er Jahre hinein in ihren Märkten eine Technologie- und später eine Preisführerschaft verteidigen konnten, werden zunehmend in Nischenmärkte beziehungsweise in Hochpreissegmente verdrängt[5].

Die Wirtschaftsräume wachsen zusammen, da die Anbieter verstärkt internationale Märkte erschließen und durch Maßnahmen der Deregulierung und der Privatisierung Zugang zu Märkten erhalten, in denen sie bisher nicht tätig werden konnten. Der damit verbundene Konkurrenzdruck führt dazu, dass Unternehmen weltweit zunehmend vernetzt agieren und dass sich bisherige Verkäufermärkte zu Käufermärkten wandeln. In der Konsequenz verfügen die Abnehmer heute gegenüber den Anbietern über eine starke Verhandlungsposition. Diese ermöglicht es den Kunden, in erster Linie die Produkte nachzufragen, deren Preis-/Leistungsverhältnis ihnen den größtmöglichen Nutzen bei der Lösung eines Problems stiftet[6].

---

1 PORTER (Wettbewerbsstrategie, 1999), S. 33.

2 Unter dem Begriff 'Hersteller' wird der Produzent materieller Wirtschaftsgüter verstanden.

3 Der Begriff 'Leistung' umfaßt im Rahmen der vorliegenden Arbeit sowohl Produkte als auch Dienstleistungen.

4 o. V. (Dienstleistung, 2001), S. 24.

5 Vgl. FRIEGE (Kundendienstleistungen, 1995), S. 65; o. V. (Dienstleistung, 2001), S. 24.

6 Im Rahmen der vorliegenden Arbeit werden ausschließlich Investitionsentscheidungen betrachtet, die anhand des Preis-/Leistungsverhältnisses eines Leistungsangebotes getroffen werden. Anderweitige Präferenzen bei der Vornahme einer Investition werden nicht berücksichtigt.

Einige Hersteller begegnen dieser Wettbewerbsveränderung, indem sie ihren Kunden eine Problemlösung „aus einer Hand" anbieten: Insbesondere die Automobilhersteller haben frühzeitig begonnen, neben dem Produkt noch eine Vielzahl weiterer Leistungen anzubieten. Die Hersteller von Automobilien verstehen sich heute nicht mehr als reine Produzenten von Sachleistungen, die ihren Kunden ausschließlich die Nutzung von Fahrzeugen ermöglichen. Automobilhersteller fungieren heute als „Provider", die die Mobilität der Abnehmer über sämtliche Verkehrsträger sicherstellen[7] und umfassende „Produkt- und Erlebniswelten" um das Automobil herum anbieten[8]. Die Hersteller offerieren dabei auch Dienstleistungen, die ursprünglich von Anbietern anderer Branchen erbracht wurden. So übernehmen die Hersteller heute unter anderem die Funktionen von Versicherungen, von Banken und von Leasinggesellschaften. Die angebotenen Dienstleistungen tragen erheblich zum operativen Gewinn der Hersteller bei[9]. Insbesondere das Leasing von Fahrzeugen hat sich dabei als „Multiplikator des Wettbewerbs[10]" bewährt - Leasing stellt heute die bevorzugte Beschaffungsform für Fahrzeuge dar[11].

Bietet ein Hersteller das Leasing seiner Produkte an, wird nachfolgend von 'produktadditivem Leasing' gesprochen. Im Rahmen eines Leasingvertragsverhältnisses überträgt der Leasinggeber das Nutzungspotential an dem jeweiligen Produkt auf den Leasingnehmer[12]. Der Leasinggeber finanziert die Investition und überläßt dem Kunden das Leasingobjekt zum Gebrauch[13]. Zunehmend werden dabei auch weitergehende Dienstleistungen angeboten wie die Investitionsberatung, die Koordination der Versicherung und der Wartung des Leasingobjektes sowie dessen Verwertung[14]. Leasing stellt daher heute regelmäßig ein „multifunktiona-

---

7 Vgl. BECKER (Mobilität, 2001), S. B 11 f.; BADE (Mobilitätsprovider, 2001), S. B 11.

8 Vgl. GLEISNER (Automobil-Finanzierung, 2001), S. 45.

9 Vgl. REINKING (Autobauer, 2003), HTTP://WWW.FTD.DE vom 21.11.2003.

10 LORENZ (Wettbewerbsstrategien, 2001), S. 17.

11 Vgl. STÄDTLER (Leasing, 2002), S. 78.

12 Vgl. MELLWIG (Leasing, 2000), S. 69; FLUME (Leasing, 1972), S. 7. Im Rahmen der vorliegenden Arbeit wird ausschließlich Finanzierungsleasing behandelt. Darunter werden Leasingverträge verstanden, deren Laufzeit einen „wesentlichen Teil der möglichen Nutzungsdauer" eines Objektes umfaßt [vgl. HASTEDT/MELLWIG (Leasing, 1998), S. 14 (auch Zitat)].

13 Vgl. CANARIS (Grundprinzipien, 1990), S. 414.

14 Vgl. hierzu MELLWIG (Rechenfehler, 1983), S. 2261; HERMANN (Leasing, 1984), S. 7 ff.; BERGER (Herstellerleasing, 1988), S. 5. Die Übernahme von über die Nutzungs-

les Leistungsbündel finanz- und leistungswirtschaftlicher Komponenten[15]" dar, das „ein [...] breites Spektrum differenziert ausgestalteter Nutzungsverhältnisse[16]" umfaßt.

Eine der Automobilindustrie vergleichbare Bedeutung weist das Leasing allerdings nicht für das gesamte produzierende Gewerbe auf:

Während in 2002 fast 90% des Leasing-Neugeschäfts, das über die Vertriebskanäle von Herstellern angeboten wurde, auf die Automobilhersteller entfiel, wurden nur die restlichen rund 10% von allen anderen Herstellern zusammen abgewickelt[17].

Die Hersteller, die Leasing anbieten, unterscheiden sich jedoch nicht nur hinsichtlich der Höhe des abgewickelten Neugeschäftsvolumens. Unterschiede bestehen auch hinsichtlich der Form, in der die mit dem Leasinggeschäft verbundenen Leistungen erbracht werden:

So kann ein Hersteller ein Leasinggeschäft innerhalb seines Unternehmensverbundes abwickeln und dabei selbst als Leasinggeber auftreten. Alternativ kann der Hersteller das Leasinggeschäft durch einen unternehmensfremden Leasinggeber erbringen lassen. Während heute fast alle Automobilhersteller über eigene Banken und Leasinggesellschaften verfügen[18], verweisen beispielsweise über 95% der Maschinenbauer, die Leasing anbieten, potentielle Leasingnehmer an konzernfremde Leasinggeber[19]. Hersteller, in deren Märkten ein verhältnismäßig geringes Leasingvolumen realisiert wird, lassen das Leasinggeschäft somit weitestgehend unternehmensextern erbringen, während Hersteller, in deren Märkten

---

überlassung des Objektes hinausgehenden Dienstleistungsfunktionen wird in der Literatur auch als 'Brutto-Leasing' bezeichnet. Dies erfolgt in Abgrenzung zum sogenannten 'Netto-Leasing', bei dem der Leasinggeber ausschließlich die Objektüberlassung anbietet [vgl. ZÖLLER (Grundlagen, 1978), S. 59; BÜSCHGEN (Grundlagen, 1998), Rz. 32; DERSELBE (Mobilienleasing, 1998), Rz. 3].

15 WILHELM (Vorteilhaftigkeit, 1985), S. 486.

16 MELLWIG (IASC, 1998), S. 1.

17 Vgl. IFO INSTITUT FÜR WIRTSCHAFTSFORSCHUNG (Leasing, 2003), S. 3 in Verbindung mit S. 7 (die Prozentsätze wurden anhand von Planangaben berechnet).

18 Vgl. STENNER (Captives, 2002), S. 158. Da Automobilhersteller Refinanzierungsmöglichkeiten über den Kapitalmarkt suchen, streben sie vielfach einen Bankenstatus an und verfügen daher heute nicht mehr nur über eigene Leasinggesellschaften, sondern auch über Kreditinstitute [vgl. hierzu FINK (Leasing-Finanzierung, 1998), Rz. 10 f.].

19 Gemäß einer Studie der MHB MELLWIG HASTEDT BECKER CONSULT GMBH, Eschborn/ Frankfurt am Main, in Zusammenarbeit mit dem VDMA, Frankfurt am Main 2001.

ein großes Leasingvolumen umgesetzt wird, das Leasinggeschäft in erster Linie selbst abwickeln.

Vor diesem Hintergrund stellt sich die Frage, ob der Markterfolg des produktadditiven Leasing in der Automobilindustrie darin begründet liegt, dass die Hersteller das Leasinggeschäft selbst erbringen - Ist die Eigenerbringung Voraussetzung für den Erfolg des Leasing?

Das Leasinggeschäft von Herstellern hat in der Praxis eine erhebliche Bedeutung. Allein in 2004 wurden in Deutschland fast 44% aller verleasten Anlagen über produktadditives Leasing abgewickelt (dies entspricht EUR 20,6 Mrd)[20]. Trotz der großen wirtschaftlichen Bedeutung sind viele Hersteller nicht darüber informiert, inwiefern ein produktadditives Leasinggeschäft dazu beitragen kann, den Absatz ihrer Produkte zu steigern beziehungsweise zu sichern. Allein mehr als ein Drittel der Hersteller des Maschinenbaus kann die wettbewerbsstrategische Bedeutung eines Leasinggeschäfts für ihr Unternehmen nicht einschätzen[21].

Die Wissenschaft behandelt das Thema 'produktadditives Leasing' kaum. Insbesondere wird nicht untersucht, inwieweit ein Leasinggeschäft auch den Herstellern Impulse für den Absatz ihrer Produkte liefern kann, die nicht in der Automobilindustrie ansässig sind. Die Wissenschaft vernachlässigt die wettbewerbsstrategische Bedeutung des produktadditiven Leasing und damit die Bedeutung, die ein Leasinggeschäft für die Sicherung der langfristigen Existenz von Herstellern haben kann.

Die vorliegende Arbeit soll Ansätze schaffen, die Praxis und die Wissenschaft hinsichtlich des Themas 'produktadditives Leasing' zu verbinden und Anregungen für weitergehende Forschungen liefern.

Um dabei die oben gestellte Frage - ist die Eigenerbringung Voraussetzung für den Erfolg des Leasing? - zu beantworten, ist zum einen die wettbewerbsstrategische Bedeutung eines produktadditiven Leasinggeschäfts für Hersteller herauszuarbeiten. Zum anderen ist zu untersuchen, in welchen Fällen es für einen Hersteller wettbewerbsstrategisch sinnvoll oder sogar erforderlich ist, die mit ei-

---

20 Die Prozentsätze wurden anhand von Planangaben ermittelt [vgl. IFO INSTITUT FÜR WIRTSCHAFTSFORSCHUNG (Mobilien-Leasing, 2004), S. 4]. Dabei ist zu berücksichtigen, dass die statistisch erfaßte Anlagenvermietung auch Immobilien umfaßt. Daten die sich nur auf die Vermietung mobiler Anlagen beziehen, liegen nicht vor.

21 Gemäß einer Studie der MHB MELLWIG HASTEDT BECKER CONSULT GMBH, Eschborn/ Frankfurt am Main, in Zusammenarbeit mit dem VDMA, Frankfurt am Main 2001.

nem Leasinggeschäft verbundenen Leistungen selbst zu erbringen, und wann sich ein Fremdbezug empfiehlt.

Zur Ermittlung der wettbewerbsstrategischen Bedeutung eines produktadditiven Leasinggeschäfts sind zunächst die Marktsituationen zu bestimmen, in denen es für Hersteller vorteilhaft ist, ihr Leistungsprogramm um Leasing zu erweitern. Im *Ersten Kapitel* der Arbeit werden daher die Strukturen und die Spielregeln der Märkte dargestellt, in denen sich Hersteller heute bewegen. Unter besonderer Berücksichtigung des Leasing wird anschließend untersucht, welches wettbewerbsstrategische Vorgehen sich für einen Hersteller empfiehlt, der einer typischen Marktsituation ausgesetzt ist.

Beabsichtigt ein Hersteller, produktadditives Leasing anzubieten, muß er sich für die Form entscheiden, in der die mit dem Leasinggeschäft verbundenen Leistungen abgewickelt (koordiniert) werden. Im *Zweiten Kapitel* werden die möglichen Koordinationsformen sowie die gängigen Ansätze aufgezeigt, die die Wahl einer Koordinationsform unterstützen können. Unter Einbezug dieser Ansätze zeigt anschließend ein eigenes Modell, welche Form der Koordination eines produktadditiven Leasinggeschäfts sich in welchen Fällen am besten eignet, die langfristige Existenz eines Herstellers im Markt zu sichern.

Erstes Kapitel

Wettbewerbsstrategische Bedeutung eines produktadditiven Leasingangebotes für Hersteller

I. Wettbewerb unter Herstellern

1. Phasen des Wettbewerbs

1.1 Technologie

Hersteller definieren mit ihren unternehmerischen Aktivitäten den Schauplatz, auf dem sie mit anderen Anbietern im Wettbewerb stehen[22]. Jeder Wettbewerbsschauplatz zeichnet sich durch unterschiedliche Spielregeln aus, die den Konkurrenzkampf zwischen den Anbietern bestimmen. Ein Unternehmen wird sich nur dann langfristig im Konkurrenzkampf behaupten können, wenn es sich vor den auf seinen Wettbewerbsschauplatz einwirkenden Umwelteinflüssen schützen beziehungsweise sie „zu seinen Gunsten" nutzen kann[23].

Der Konkurrenzkampf im produzierenden Gewerbe unterliegt dabei klaren Spielvorgaben:

Der Wettbewerbskampf von Herstellern durchläuft im Zeitablauf verschiedene Phasen. Die Primärleistung des produzierenden Gewerbes ist die Herstellung von Sachleistungen, im weiteren Verlauf der Arbeit als Produkte bezeichnet. Die Anbieter versuchen, sich in den Wettbewerbsphasen gegenüber ihren Konkurrenten durch eine - in der Wahrnehmung der Kunden - bessere Produkttechnologie, einen niedrigeren Preis, eine höhere Produktqualität und eine bessere Qualität der Kundenbeziehungen zu behaupten[24].

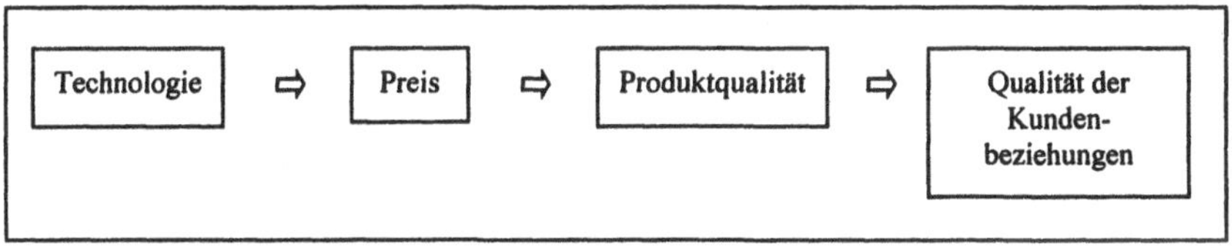

Abb. 1: Phasen des produktbezogenen Wettbewerbs

---

[22] Vgl. PAULS (Business-Migration, 1998), S. 57.
[23] Vgl. PORTER (Wettbewerbsstrategie, 1999), S. 34 (auch Zitat).
[24] Vgl. MEYER/NOCH (Dienstleistungen, 1992), S. 955.

Die Phasen des Wettbewerbs unter Herstellern sind nachfolgend näher darzustellen:

Produkte werden zur Lösung von Problemen bestimmter Abnehmergruppen hergestellt[25]. Die Herstellung erfolgt auf der Grundlage sowohl von Prozeß- als auch von Produkttechnologien. Während erstere in den Herstellungsprozeß des Produktes einfließen und daher nur eine mittelbare Außenwirkung aufweisen, sind Produkttechnologien, die auch als Kerntechnologien bezeichnet werden, Bestandteil des Leistungsangebotes der Hersteller und somit von den Abnehmern unmittelbar wahrzunehmen. Die Kunden bewerten den Beitrag eines Produktes zur Lösung eines Problems ausschließlich anhand der wahrgenommenen Kerntechnologie[26]. Der Absatzerfolg eines Herstellers bestimmt sich in der ersten Phase des Wettbewerbskampfes daher vorrangig danach, inwieweit sich seine Produkttechnologie von den Technologien der Wettbewerber unterscheidet[27]. Das Produkt, dessen Technologie sich aus der Menge konkurrierender Technologien wahrnehmbar abhebt, verdrängt die anderen Produkte vom Markt[28]. So zeigt die Praxis, dass beispielsweise zunehmend die Technologien mobiler und in Fahrzeugen fest installierter Navigationssysteme zu Lasten gedruckter Straßenkarten nachgefragt werden.

Ein Hersteller hebt sich ab, indem er die Differenzierungspotentiale seines Produktes erschließt[29]. Die Möglichkeiten, ein Produkt technologisch zu differenzieren, sinken dabei im Zeitablauf. Technologische Differenzierungspotentiale erschöpfen sich durch ihre Erschließung innerhalb des Lebenszyklusses, den Produkte von der Entstehung der Produktidee bis zu ihrem Ausscheiden aus dem Markt durchlaufen. Während eine Technologie zum Zeitpunkt der Markteinführung des Produktes noch ein hohes technologisches Potential aufweist, nehmen die Zuwachsraten der Leistungsfähigkeit der Technologie mit der Zeit ab.

Die Höhe des ausschöpfbaren Differenzierungspotentials wird bestimmt durch das Alter beziehungsweise durch den Reifegrad einer Technologie. Je jünger die

---

25 Vgl. REICHWALD/MÖSLEIN (Innovationsstrategien, 1997), S. 89; SIMON („Hidden Champions", 1990), S. 881.

26 Vgl. OLEMOTZ (Wettbewerbsvorteile, 1995), S. 62.

27 Vgl. FRESE/LEHNEN/VALCÁREL (Leistungsindividualisierung, 1999), S. 892.

28 Als Markt wird im Rahmen der vorliegenden Arbeit eine Gruppe von Kunden bezeichnet, bei denen Anbieter einen vergleichbaren Bedarf befriedigen [vgl. KOTLER/BLIEMEL (Marketing-Management, 2001), S. 663].

29 Vgl. PORTER (Wettbewerbsvorteile, 2000), S. 40 f.

Technologie ist, umso größer ist ihr Differenzierungspotential und damit ihre Leistungsfähigkeit. Technologien mit einem hohen Differenzierungspotential werden als Schrittmachertechnologien bezeichnet. Diese Technologien befinden sich in der Einführungsphase des technologischen Lebenszyklusses und bedürfen noch der Adoption[30] durch den Markt. Ist diese erfolgt, verbreitet sich das technologische Know-how in den Märkten und beginnt, sich als Standard durchzusetzen. Ein Teil des technologischen Differenzierungspotentials ist nun erschlossen. Sich in dieser Phase des Lebenszyklusses befindende Technologien gelten als Schlüsseltechnologien. Beherrscht die Mehrzahl der Wettbewerber die technologische Anwendung, wird diese zur allgemein verfügbaren, standardisierten Basistechnologie. Das technologische Differenzierungspotential auf diesen Technologien basierender Produkte ist weitestgehend ausgeschöpft[31].

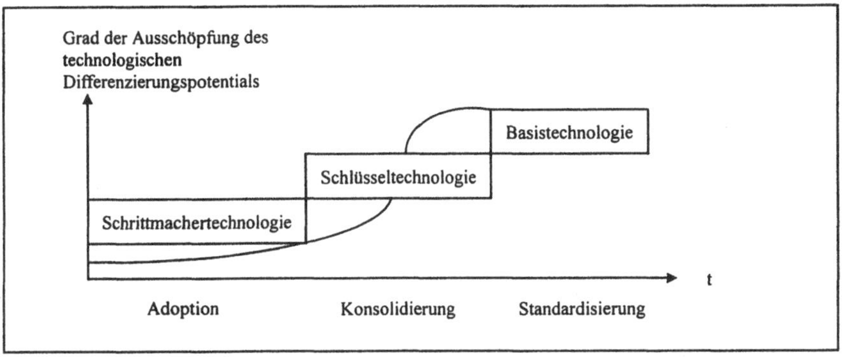

Abb. 2: Entwicklung des technologischen Differenzierungspotentials im Zeitablauf[32]

---

30 Eine Adoption liegt vor, sofern die Verbraucher eine Innovation „in vollem Umfang und zum regelmäßigen Gebrauch" angenommen haben. Der Adoption geht die Wahrnehmung, das Interesse, die Bewertung und das Probieren voraus [vgl. KOTLER/BLIEMEL (Marketing-Management, 2001), S. 563 f. (auch Zitat)].

31 Vgl. OLEMOTZ (Wettbewerbsvorteile, 1995), S. 65 ff., m. d. d. V.; HERRMANN/HUBER/BRAUNSTEIN (Kundenzufriedenheit, 2000), S. 48. Die Annahme, dass mit zunehmendem Alter einer Technologie eine Standardisierung ihrer Anwendung eintritt, setzt eine relative Homogenität der Nachfrage voraus [vgl. MICHEL (Technologie, 1987), S. 56].

32 Darstellung angelehnt an OLEMOTZ (Wettbewerbsvorteile, 1995), S. 67, m. d. d. V.

Die technologische Anwendungsbreite der Technologie beginnt ab diesem Zeitpunkt zu sinken und es etablieren sich im Markt leistungsfähigere Technologien, die erneut den Charakter von Schrittmachertechnologien aufweisen[33]. Die Technologie wird sodann durch einen „Sprung" auf eine neue Technologie ersetzt[34]. Ein Beispiel hierfür liefert die Medienindustrie: So verdrängen die Technologien von CD's und DVD's die Technologien von Schallplatten und Videokassetten.

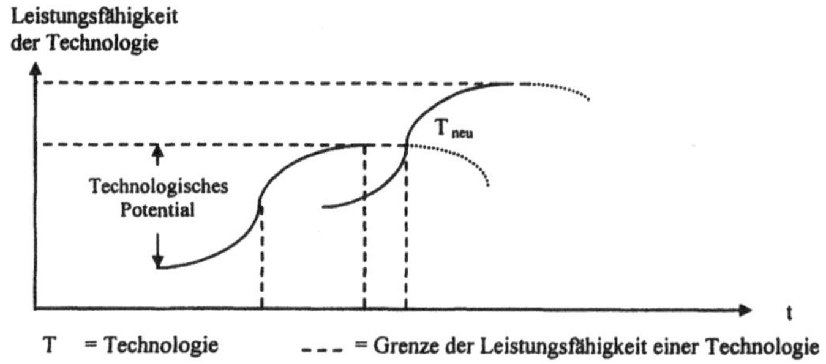

Abb. 3: Technologie-Sprung[35]

Die Entwicklung des technologischen Differenzierungspotentials eines Produktes wird typischerweise von Veränderungen der Konkurrenzsituation im Markt begleitet[36]. Diese führen dazu, dass sich die Wettbewerbsintensität unter den Anbietern erhöht:

In technologischen Adoptionsphasen - und abgeschwächt auch in Wachstumsphasen - zeichnen sich Märkte vorrangig durch Verkäufermarktstrukturen aus[37]. Die

---

33 Vgl. OLEMOTZ (Wettbewerbsvorteile, 1995), S. 65 ff.

34 Vgl. OLEMOTZ (Wettbewerbsvorteile, 1995), S. 63. Die Substitution der bisher genutzten Technologie durch eine leistungsfähigere Technologie wird als „technologischer Sprung" bezeichnet [vgl. MICHEL (Technologie, 1987), S. 71 (auch Zitat)].

35 Darstellung angelehnt an OLEMOTZ (Wettbewerbsvorteile, 1995), S. 63, m. d. d. V.

36 Vgl. OLEMOTZ (Wettbewerbsvorteile, 1995), S. 69.

37 Vgl. WELGE/AL-LAHAM (Planung, 1992), S. 120. Bei einem Verkäufermarkt übersteigt die Nachfrage das Angebot. Aufgrund dieses Nachfrageüberhangs ist die Wettbewerbsintensität zwischen den Anbietern tendenziell schwach ausgeprägt Die „Machtposition" der Anbieter gegenüber den Nachfragern ist infolgedessen stark. Der Käufermarkt wird hingegen durch eine stärkere Kundenposition bestimmt. Da das Angebot die Nachfrage

Anbieter sind unsicher hinsichtlich der wettbewerbsstrategischen Bedeutung erschließbarer technologischer Potentiale[38] und es erklären sich zumeist nur wenige Unternehmen bereit, die Entwicklung von Schlüsseltechnologien zu betreiben[39]. Mit fortschreitender Verbreitung des technologischen Know-hows und Standardisierung seiner Anwendung reduziert sich jedoch die Unsicherheit[40]. Es treten neue Konkurrenten in den Markt ein, der Wettbewerb wird intensiver[41] und es bilden sich Käufermarktstrukturen heraus.

Eine Erhöhung der Wettbewerbsintensität ergibt sich auch dadurch, dass etablierte Anbieter mit zunehmendem Reifegrad einer Technologie die Fähigkeit verlieren, produkttechnologische Wissensvorsprünge zu bewahren:

Einen Anreiz für den Eintritt in einen Markt stellen Gewinnerwartungen der eintrittswilligen Unternehmen dar. Müssen die Anbieter mit hohen Kosten rechnen, um die Wissensvorsprünge der etablierten Unternehmen zu kompensieren, reduzieren sich ihre Gewinnerwartungen. Je höher die Kosten sind, umso unattraktiver wird der Markteintritt. Ausgeprägte Wissensvorsprünge können daher als Barrieren wirken, die den Eintritt neuer Anbieter in einen Markt erschweren oder gänzlich verhindern[42]. Solange die Barrieren aufrecht erhalten werden können, wird der Eintritt neuer Konkurrenten in den Markt verhindert. Die Möglichkeiten zur Bewahrung technologischer Wissensvorsprünge nehmen jedoch mit zunehmendem Reifegrad einer Technologie ab. Konkurrenten gelingt es, die Vorsprünge der etablierten Anbieter im Zeitablauf nachzuahmen beziehungsweise zu substituieren[43]. Da die bisherigen Wissensvorsprünge ihre Funktion als Markteintrittsbarriere verlieren, treten neue Anbieter in den Markt ein. Der Wettbewerb intensi-

---

übersteigt, führt der Angebotsüberhang dazu, dass die Anbieter in intensivem Wettbewerb stehen [vgl. BECKER (Marketing-Konzeption, 1998), S. 1].

38 Vgl. PORTER (Wettbewerbsstrategie, 1999), S. 281.

39 Vgl. PORTER (Wettbewerbsstrategie, 1999), S. 284 f.; DERSELBE (Wettbewerbsvorteile, 2000), S. 255 ff.

40 Vgl. MICHEL (Technologie, 1987), S. 59 ff.

41 Vgl. HANNIG (Marketingstrategien, 1993), S. 42.

42 Vgl. NEUMANN (Industrial Organization, 1979), S. 648. Von der Höhe der Barrieren hängt letztlich das Ausmaß der Bedrohung etablierter Anbieter ab. Markteintrittsbarrieren können davor schützen, die Branchenrendite mit neu eintretenden Konkurrenten teilen oder durch Zwang zur Sendung von Signalen eines unattraktiven Markteintrittes die Rendite an die Abnehmer weitergeben zu müssen [vgl. MINDERLEIN (Markteintrittsbarrieren, 1990), S. 155]. Zu verschiedenen Formen von Markteintrittsbarrieren vgl. PORTER (Wettbewerbsstrategie, 1999), S. 37 ff.

viert sich[44] und anfängliche Verkäufermärkte wandeln sich wiederum zu Käufermärkten[45].

Sobald sich die technologischen Standards in einem Markt weitestgehend angeglichen haben beziehungsweise die Differenzierungspotentiale einer Technologie ausgeschöpft sind, tritt der Wettbewerb in eine neue Phase. Die Anbieter versuchen nun, sich durch nicht technologisch gestützte Leistungsmerkmale voneinander zu unterscheiden. In dieser Konkurrenzphase behaupten sich die Unternehmen dadurch, dass sie bei Produkten, die hinsichtlich der Leistung aus Sicht der Abnehmer vergleichbar sind, einen niedrigeren Preis als die Wettbewerber verlangen[46]. Basis der zweiten Phase des Wettbewerbskampfes sind daher die relativen Kostenpositionen der konkurrierenden Unternehmen:

1.2 Preise

Der Preiswettbewerb vertraut auf die „(alleinige) Wirksamkeit eines möglichst niedrigen Preises als Lenkungsmittel" für den Konkurrenzkampf[47]. Befinden sich Anbieter in einem Preiswettbewerb, hat dies stets ein Absinken des Preisniveaus im Markt zur Folge: Die Konkurrenten unterbieten sich gegenseitig, indem Neuanbieter mit geringeren Marktpreisen als die etablierten Unternehmen in den Markt eintreten oder indem die etablierten Anbieter ihre Preise senken. Die Unternehmen vertrauen darauf, dass sie durch die Preissenkung die Nachfrage nach ihren Produkte erhöhen und aufgrund von Mengeneffekten oder zunehmender Erfahrung in der Produktion die Stückkosten nachhaltig senken können[48].

Da der Wettbewerb ausschließlich auf den Preis und damit auf die „Schaffung lediglich eindimensionaler Präferenzen bei den Konsumenten[49]" abstellt, ist er nicht für jedes Produkt die geeignete Wettbewerbsform:

Ein Anbieter kann sich nur dann wettbewerbsstrategisch wirksam von seinen Konkurrenten über einen niedrigen Preis abheben, sofern die Kunden den Preis

---

43 Vgl. ROEVER (Ketten-Reaktion, 1991), S. 245.
44 Vgl. OLEMOTZ (Wettbewerbsvorteile, 1995), S. 71.
45 Vgl. PORTER (Wettbewerbsstrategie, 1999), S. 227 f.
46 Vgl. MEYER/NOCH (Dienstleistungen, 1992), S. 955; ferner MEFFERT (Kundenbindung, 1999), S. 252.
47 Vgl. BECKER (Marketing-Konzeption, 1998), S. 180 (auch Zitat).
48 Vgl. KOTLER/BLIEMEL (Marketing-Management, 2001), S. 866.
49 Vgl. MEFFERT (Kundenbindung, 1999), S. 252 (auch Zitat).

eines Produktes als entscheidendes Kaufkriterium betrachten[50]. Folglich ist der Preiskampf die typische Wettbewerbsform für Produkte, die aufgrund ihrer Preisgünstigkeit erworben werden[51]. Derartige Produkte bieten den Abnehmern lediglich eine „Basisleistung" beziehungsweise stiften einen Grundnutzen[52]. Es handelt sich dabei regelmäßig um standardisierte Erzeugnisse, die in hohen Stückzahlen zu niedrigen Preisen produziert werden, wie beispielsweise Batterien oder Glühbirnen, beziehungsweise um Produkte, die für die Weiterverarbeitung vorgesehen sind, wie Baustahl, Nägel oder Schrauben[53].

Produkte, die den Kunden einen Nutzen stiften, der über den Grundnutzen der Basisleistung hinausgeht, sind nicht Gegenstand des Preiswettbewerbs. Um diese Produkte findet ein Wettbewerb statt, der auf die Schaffung von (Marken-)Präferenzen bei den Kunden abzielt. Die Präferenzen sollen nicht preisbezogene „Vorzugsstellungen" bei den Abnehmern begründen und den Preis als kaufentscheidendes Kriterium in den Hintergrund treten lassen. Die Anbieter unterstellen dabei, dass die Kunden für Produkte, bei denen sie Präferenzen ausbilden, eher bereit sind, einen höheren Produktpreis zu zahlen, als für Produkte, die ihnen nur eine Basisleistung bieten[54].

Der Preiswettbewerb ist oftmals nur eine vorübergehende Erscheinung:

Der preisbezogene Konkurrenzkampf ist dadurch gekennzeichnet, dass von den Wettbewerbern Unterbietungsstrategien initiiert werden, welche zu einem Preisverfall in den Märkten führen[55]. Da ruinöse Preiskämpfe stets den Marktaustritt einer Vielzahl von Anbietern zur Folge haben, werden Märkte zumeist nicht langfristig vom Preiswettbewerb beherrscht. Um dem vollständigen Preisverfall in einem Markt vorzubeugen, streben die Wettbewerber daher in einer nächsten Phase des Konkurrenzkampfes an, sich durch Leistungsmerkmale voneinander zu unterscheiden, die nicht auf dem Preis basieren. Der Wettbewerbskampf geht nun in

---

50 Vgl. MEFFERT (Kundenbindung, 1999), S. 253.

51 Vgl. hierzu BECKER (Marketing-Konzeption, 1998), S. 180.

52 Vgl. BECKER (Marketing-Konzeption, 1998), S. 180 (auch Zitat). Nutzen wird im Rahmen dieser Arbeit definiert als „Einschätzung des Verbrauchers bezüglich der Fähigkeit des Produkts zur Bedürfnisbefriedigung" [KOTLER/BLIEMEL (Marketing-Management, 2001), S. 15].

53 Vgl. hierzu KOTLER/BLIEMEL (Marketing-Management, 2001), S. 475.

54 Vgl. MEFFERT (Kundenbindung, 1999), S. 253; BECKER (Marketing-Konzeption, 1998), S. 180.

55 Vgl. BECKER (Marketing-Konzeption, 1998), S. 523.

eine Phase über, in der sich die Anbieter auf die Verbesserung der Qualität ihrer Produkte konzentrieren[56].

1.3 Produktqualität

Die Qualität eines Produktes wird von den Abnehmern umso höher bewertet, je stärker die „Ausstattungselemente und Eigenschaften" des Produktes die Bedürfnisse der Kunden befriedigen[57]. Die Produktqualität kann sowohl qualitativ verbessert werden, beispielsweise hinsichtlich der funktionalen Fehlerquote des Produktes, als auch über „erlebnisorientierte" Leistungsmerkmale[58].

Der Konkurrenzkampf, bei dem sich die Anbieter auf die Verbesserung der Produktqualität konzentrieren, ist - wie der Preiswettbewerb - nicht in jedem Markt vorzufinden[59]: Während der preisbezogene Wettbewerbskampf nur Produkte umfaßt, die den Abnehmern einen Grundnutzen stiften, findet sich der Qualitätswettbewerb bei Produkten, die einen Zusatznutzen aufweisen. Dieser Zusatznutzen soll sich bei den Abnehmern als Präferenz durchsetzen und über eine Preisprämie honoriert werden[60].

Die Anbieter können sich jedoch heute kaum noch über die Qualität ihrer Produkte voneinander abheben: Die Produkte weisen zumeist ein Qualitätsniveau auf, das die Mindesterwartungen der Abnehmer übersteigt. Folglich wirkt sich die Produktqualität nur dann auf die Kaufentscheidung der Kunden aus, sofern sie unter ein spezifisches Niveau sinkt. In diesem Fall wird das Produkt ceteris paribus weniger nachgefragt als die Produkte höherer Qualität.

Die Qualität konkurrierender Produkte gleicht sich zudem im Zeitablauf regelmäßig an. Es sind daher ab einem gewissen Zeitpunkt keine wettbewerbsstrategisch relevanten Qualitätsunterschiede mehr wahrnehmbar. Da die Anbieter kaum noch Möglichkeiten haben, neue Kunden über ein besseres oder über ein preisgünstigeres Produkt zu gewinnen, konzentrieren sie sich darauf, die bereits bestehenden Kunden an ihr Unternehmen zu binden. Wettbewerbsstrategische Aktivitäten erfolgen ab diesem Zeitpunkt mit der Zielsetzung, die Geschäftsbeziehungen zu

---

56 Vgl. MEYER/NOCH (Dienstleistungen, 1992), S. 955.
57 Vgl. KOTLER/BLIEMEL (Marketing-Management, 2001), S. 78 (auch Zitat).
58 Vgl. BECKER (Marketing-Konzeption, 1998), S. 851, m. d. d. V.
59 Vgl. COOPER (Spitze, 1998), S. 98.
60 Vgl. BECKER (Marketing-Konzeption, 1998), S. 180.

diesen Kunden aufrecht zu erhalten beziehungsweise zu intensivieren[61]. Maßnahmen zur Kundenbindung werden im Rahmen der Gestaltung der Kundenbeziehungen ergriffen. Der Konkurrenzkampf tritt nach weitgehender Angleichung der Produkttechnologien, der Preise und der Produktqualitäten daher in eine vierte Phase, in der die Anbieter anstreben, sich über die Qualität der Kundenbeziehungen voneinander zu unterscheiden[62]:

1.4 Qualität der Kundenbeziehungen

Hersteller streben die Bindung bestehender Abnehmer an ihr Unternehmen an, um mit den Kunden Folgetransaktionen zu tätigen[63] und um die kostenintensive Akquisition von Neukunden zu vermeiden[64]. Die Kunden werden sich nur dann an einen Hersteller binden, sofern sie mit dessen Leistung zufrieden sind. Ein Abnehmer ist zufrieden, wenn er seine Erfahrungen nach der Inanspruchnahme einer Dienstleistung oder der Nutzung eines Produktes mit einem bereits vorhandenen Standard vergleicht[65] und die Ist-Leistung das Soll bestätigt oder übertrifft[66]. Werden die Erwartungen bestätigt, ist der Kunde jedoch ausschließlich indifferent gegenüber den Anbietern. Eine Präferenz, die seine Loyalität im Sinne der Kundenbindung verstärkt, baut der Kunde erst auf, wenn ein Hersteller seine Erwartungen übertrifft[67]. Dies ist der Fall, sofern der Anbieter mit seinen Leistungen oder mit seinem Verhalten die Bedürfnisse des Abnehmers in besonderem Maße

---

61 Vgl. WEIßENBERGER (Kundenbindung, 1998), S. 614; REICHHELD (Kunden, 1997), S. 58; PEPELS (Dienstleistungsmarketing, 1995), S. 83; WEHRLI/KRICK (Kundennähe, 1998), S. 63. Im Sinne des „Customer for Life" sind Hersteller daran interessiert, Kunden ein Leben lang an ihr Unternehmen zu binden [vgl. hierzu STENNER (Autobanken, 2002), S. 93 (auch Zitat)].

62 Vgl. MEYER/NOCH (Dienstleistungen, 1992), S. 955.

63 Vgl. DILLER (Kundenbindung, 1996), S. 83. Folgetransaktionen umfassen Wiederkauf-, Zusatzkauf(Cross-Selling)- und Weiterempfehlungs(Goodwill)-Absichten bezüglich der Leistungen eines Unternehmens [vgl. MEYER/OEVERMANN (Kundenbindung, 1995), Sp. 1341].

64 Vgl. RITTERSBERGER (Dienstleistungsqualität, 1996), S. 47 (auch Zitat); ferner REICHHELD (Kunden, 1997), S. 57; SIMON (Industrielle Dienstleistung, 1993), S. 18; KOTLER/BLIEMEL (Marketing-Management, 2001), S. 82.

65 Vgl. KOTLER/BLIEMEL (Marketing-Management, 2001), S. 61.

66 Vgl. HOMBURG/FAßNACHT (Kundennähe, 1998), S. 411.

67 Vgl. RITTERSBERGER (Dienstleistungsqualität, 1996), S. 78 f.

befriedigt. Der Hersteller muß zu diesem Zweck sogenannte 'Kundennähe' zeigen[68]:

Kundennahes Verhalten zeigt ein Hersteller, sofern er sein Leistungsprogramm bedarfsgerecht gestaltet und ausgeprägt mit den Kunden interagiert[69]. Eine kundennahe Interaktion kann beispielsweise erfolgen über den persönlichen Dialog in Form von Beratungs- und Schulungsgesprächen, Marketingveranstaltungen oder die Herausgabe von Kundenzeitschriften und Kundenkarten, die den Abnehmern eine bevorrechtigte Inanspuchnahme von Serviceleistungen ermöglichen. Je kundennäher sich der Anbieter positioniert, umso zufriedener werden die Kunden sein[70]. Der Konkurrenzkampf entscheidet sich in seiner vierten Phase somit über die Kundennähe der Hersteller[71]. Dabei besteht eine Kausalität zwischen der Kundennähe als Verhalten des Anbieters, der Kundenzufriedenheit als Einstellung des Nachfragers und der Kundenbindung als bisheriges Verhalten und zukünftige Verhaltensabsicht des Abnehmers[72]: Durch ein kundennahes Leistungsangebot können Hersteller bestehende Kunden an ihr Unternehmen binden[73].

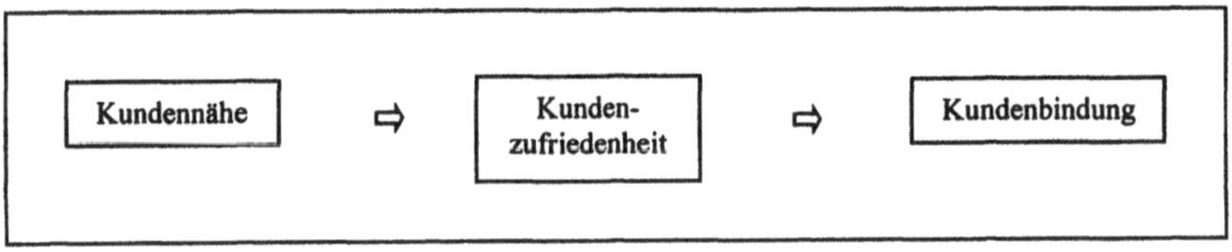

Abb. 4: Kausalität zwischen Kundennähe, Kundenzufriedenheit und Kundenbindung

68 Vgl. HOMBURG/FAßNACHT (Kundennähe, 1998), S. 407.

69 Unter Interaktion wird die „wechselseitige Beeinflussung zwischen zwei Unternehmen" verstanden [vgl. HOMBURG (Dienstleistungen, 1993), S. 169 (auch Zitat)].

70 Vgl. HOMBURG/FAßNACHT (Kundennähe, 1998), S. 409 und S. 413.

71 Vgl. hierzu SIMON (Gewinner, 1996), S. 81 ff.

72 Die Kausalität wird von bestimmten Einflüssen unterstützt wie bestehenden Möglichkeiten zur Leistungssubstitution oder vorhandenen Barrieren des Anbieterwechsels [vgl. HOMBURG/FAßNACHT (Kundennähe, 1998), S. 420 ff.]. HOMBURG und FAßNACHT zeigen diese Zusammenhänge vorrangig für Dienstleistungsanbieter auf. Die Ergebnisse gelten jedoch auch für Hersteller von Sachleistungen.

73 Vgl. o. V. (Direktbankgeschäft, 2002), S. 14.

Märkte befinden sich in unterschiedlichen Phasen des dargestellten Wettbewerbszyklusses[74]. Während in einigen Märkten noch produkttechnologische Differenzierungspotentiale erschlossen werden können - wie in der Informations- oder in der Kommunikationsindustrie - befinden sich beispielsweise die Finanzdienstleistungsmärkte oder die Automobilindustrie bereits längerfristig in einem Wettbewerb, der sich über die Qualität der Kundenbeziehungen entscheidet. Da diese Marktsituation für die Mehrzahl der Hersteller typisch ist[75], werden im weiteren Verlauf der vorliegenden Arbeit ausschließlich Hersteller betrachtet, die sich in der vierten Phase des Konkurrenzkampfes befinden beziehungsweise die sich in reifen Märkten bewegen.

Die Länge und die Abfolge der einzelnen Wettbewerbsphasen wird von einer Vielzahl von Determinanten beeinflußt, die in unterschiedlicher Intensität auf die Märkte einwirken. Wettbewerbsdeterminanten sind beispielsweise

- die Internationalisierung[76] der Absatzkanäle,
- das Zusammenwachsen der Wirtschaftsräume,
- technologische Entwicklungen,
- veränderte Konsumentenerwartungen,
- Deregulierungen und Privatisierungen,
- Konzentrationstendenzen durch Unternehmenszusammenschlüsse oder
- die Vernetzung von Unternehmen durch Kooperationen[77].

Der Einfluß der Wettbewerbsdeterminanten führt in den Märkten des produzierenden Gewerbes dazu, dass der Konkurrenzkampf unter den Herstellern zunehmend intensiver wird und viele Anbieter ihre Wettbewerbsstrategien neu ausrichten, um weiterhin im Markt bestehen zu können.

---

74 Vgl. MEYER/NOCH (Dienstleistungen, 1992), S. 955.

75 Vgl. OLEMOTZ (Wettbewerbsvorteile, 1995), S. 81; ferner KOTLER/BLIEMEL (Marketing-Management, 2001), S. 612.

76 Als Internationalisierung wird im Rahmen der vorliegenden Arbeit eine länderübergreifende Ausdehnung des Aktionsraumes von Unternehmen verstanden. Eine Internationalisierung umfaßt somit Wettbewerbssituationen für inländische Unternehmen in Auslandsmärkten und auch in Heimatmärkten, in denen ausländische Wettbewerber agieren. Im letzten Fall hängt der Aktionsraum der inländischen von dem Aktionsraum der ausländischen Unternehmen ab [vgl. hierzu PERLITZ (Management, 2000), S. 8 ff.].

77 Vgl. beispielsweise PAULS (Business Migration, 1998), S. 64, m. d. d. V.

Die Veränderungen des Wettbewerbsgeschehens werden nachfolgend dargestellt. Sie beziehen sich auf die Strukturen der Märkte, die Produktprofile und die Bedürfnisstrukturen der Nachfrager:

2. Aktuelle Wettbewerbssituation

2.1 Marktstrukturen

Die Strukturen der Märkte des produzierenden Gewerbes verändern sich insbesondere durch eine verstärkte Internationalisierung der Anbieter: Deregulierungen und Privatisierungen führen dazu, dass neue Märkte[78] - beispielsweise in der Energie-, der Infrastruktur- oder der Telekommunikationsindustrie - erschlossen werden, Wettbewerbern der Eintritt in bisher nicht bediente Märkte ermöglicht und die Bearbeitung einiger Märkte zum Beispiel aufgrund ökologischer Auflagen beschränkt wird[79].

Wirtschaftsräume wachsen zusammen, in den Märkten etablieren sich Produkte bisher fremder Märkte und Informationen nehmen zunehmend eine marktverbindende Transferfunktion ein[80]. Insbesondere informationstechnologische Innovationen[81] ermöglichen heute allen Marktteilnehmern den Zugriff auf marktspezifisches Wissen, das bisher als Markteintrittsbarriere für potentielle Konkurrenten diente. Dies führt dazu, dass sich bestehende Marktgrenzen aufheben[82], dass neue Märkte entstehen und dass die Anbieter mit einem erheblichen Wettbewerbsdruck konfrontiert werden. Da die westlichen Industrienationen mit vielen Produkten

---

78 Neue Märkte entstehen beispielsweise durch nachhaltige Industriealisierungserfolge in sogenannten 'Schwellenländern' [vgl. FOSCHIANI (Produktionsmanagement, 1995), S. 10].

79 Vgl. PAULS (Business-Migration, 1998), S. 65 f.; FOSCHIANI (Produktionsmanagement, 1995), S. 11.

80 Vgl. SCHNEIDER/SCHÖNACHER (Globalisierung, 1999), S. 32; BEA (Globalisierung, 1997), S. 419; RUGGIERO (Dienstleistungen, 1998), S. 84.

81 Als Innovation wird eine Leistung bezeichnet, die die Kunden als neu wahrnehmen. Folglich können auch Produkte und Dienstleistungen Innovationen darstellen, die bereits längerfristig im Markt angeboten, von den Abnehmern jedoch bisher nicht wahrgenommen wurden [vgl. KOTLER/BLIEMEL (Marketing-Management, 2001), S. 563]. Zu verschiedenen Innovationstypen vgl. BECKER (Marketing-Konzeption, 1998), S. 350 ff.

82 Vgl. hierzu PAULS (Business-Migration, 1998), S. 66 f.; LEVITT (Globalisierung, 2001), S. 199; MCFARLAN (Wettbewerbsstrategie, 2001), S. 88; REICHWALD/MÖSLEIN (Innovationsstrategien, 1997), S. 75.

bereits gesättigt sind[83], entstehen Kapazitätsüberhänge. Die Anbieter weden infolgedessen dazu veranlaßt, ihre Konkurrenten aggressiv zu verdrängen[84].

2.2 Produktprofile

Die Profile der Produkte, die in den Märkten angeboten werden, gleichen sich zunehmend an[85]: Die Hersteller haben die technologischen Differenzierungspotentiale ihrer Produkte ausgeschöpft und die Qualitätsstandards sind angeglichen. Da sie die Produkte als vergleichbar wahrnehmen, bilden die Kunden keine Präferenzen mehr aus[86].

Die Produkte weisen zudem eine immer kürzere Verweildauer in den Märkten auf. Durch die Beschleunigung des technologischen Fortschritts können neue Produkte beziehungsweise neue Produktmerkmale immer schneller entwickelt werden. Die Produkte werden aufgrund dessen frühzeitig durch neuartige oder durch preisgünstigere Produkte ersetzt und scheiden zügig aus dem Markt aus.

Der technologische Fortschritt führt somit dazu, dass die Lebenszyklen der Produkte kürzer werden[87], und sich die Hersteller über ihre Produkte kaum noch wettbewerbsstrategisch wirksam von ihren Konkurrenten abheben können.

2.3 Bedürfnisstruktur der Nachfrager

Während in der Vergangenheit primär produkttechnologische Funktionen die Investitionsentscheidung der Kunden beeinflußten, fordern die Abnehmer heute zunehmend bewußter und aggressiver nach individuellen[88], qualitativ hochwertigen

---

83 Vgl. SOMMERLATTE (Systemdenken, 1997), S. 7.

84 Vgl. LAAKMANN (Value-Added Services, 1996), S. 127.

85 Vgl. MEYER (Produktdifferenzierung, 1985), S. 99.

86 Vgl. hierzu VANDERMERWE (Soldiers, 1993), S. 11.

87 Vgl. EIDENMÜLLER (Produktion, 1986), S. 541; MANGOLD (Wettbewerbsstrategien, 1999), S. 57. GLOOR und SIMMA sprechen hierbei vom „strategischen Zeitfenster", das immer kleiner wird und sich für innovationsschwache Unternehmen letztlich ganz schließen wird [vgl. GLOOR/SIMMA (Unternehmung, 1988), S. 19 (auch Zitat)].

88 Vgl. LEMBERG (Customer-Management, 2000), S. 332; EBERWEIN (Organisation, 1989), S. 20 f.; FOSCHIANI (Produktionsmanagement, 1995), S. 7. Im Extremfall mündet die Individualität des Produktprogramms in kundenspezifischen Einzelanfertigungen und damit in einer zunehmenden Segmentierung der Absatzmärkte [vgl. PILLER/SCHODER (Mass Customization, 1999), S. 1112].

Leistungsangeboten zu stetig verbesserten Preis-/Leistungsverhältnissen[89]. Die Kunden sind nicht mehr allein mit der Bereitstellung der Produktfunktion zufriedenzustellen. Sie verlangen die Befriedigung von Bedürfnissen, die über die klassische Primärleistung von Herstellern hinausgehen[90].

Die Veränderung der Marktstrukturen, der Produktprofile und der Bedürfnisstrukturen der Abnehmer beeinflußt das Wettbewerbsgeschehen in den Märkten des produzierenden Gewerbes erheblich. Der zumeist von langfristiger Stabilität gekennzeichnete Wettbewerb der Vergangenheit ist heute dem auf aggressive Verdrängung von Konkurrenten ausgerichteten „Hyperwettbewerb[91]" gewichen. Die Anbieter sind dynamisch wechselnden Wettbewerbssituationen ausgesetzt und können Wettbewerbsvorteile nur noch kurzfristig gegenüber Konkurrenten aufrecht erhalten[92].

Obwohl die Charakteristika des Hyperwettbewerbs für eine Vielzahl der Märkte des produzierenden Gewerbes typisch sind, begegnen die Hersteller der Wettbewerbsentwicklung in sehr unterschiedlicher Form:

Einige Unternehmen bieten heute Leistungskomponenten an, die ein Problem ihrer Kunden umfassend lösen. Insbesondere die Automobilhersteller haben sehr frühzeitig mit einer Neuausrichtung ihres Leistungsprogramms begonnen und offerieren längst nicht mehr allein das Produkt 'Automobil' sowie produktnahe Services wie Wartungs- oder Reparaturdienstleistungen. So bietet beispielsweise der VOLKSWAGEN-Konzern unter anderem Kreditkarten, Konsumentenkredite, Versicherungen, die Abwicklung von Wertpapiergeschäften, Produkte der privaten Altersvorsorge sowie Baufinanzierungen an[93]. Die Hersteller bewegen sich mit ihrem Angebot somit immer weiter weg vom Automobil und bieten auch

---

89 Vgl. PAULS (Business-Migration, 1998), S. 67; KIM/MAUBORGNE (Innovation, 2001), S. 86.

90 Vgl. BECKER (Marketing-Konzeption, 1998), S. 158; LEMBERG (Customer-Management, 2000), S. 332 f.

91 D'AVENI (Hyperwettbewerb, 1995), S. 255.

92 Vgl. D'AVENI (Hyperwettbewerb, 1995), S. 27. DRUCKER spricht in diesem Zusammenhang auch vom „Zeitalter der Diskontinuitäten" [DRUCKER (Discontinuity, 1969)].

93 Vgl. HTTP://WWW.VW-BANKDIRECT.DE vom 03.06.2004. Zum Finanzdienstleistungsangebot von Automobilherstellern vgl. o. V. (Direktbankgeschäft, 2002), S. 14; FÖRTSCH (Zusatznutzen, 2000), S. B12; o. V. (Autobanken, 2001), HTTP://WWW.FTD.DE vom 20.09.2001; LEBERT (DaimlerChrysler Bank, 2002), HTTP://WWW.FTD.DE vom 28.06.2002; o.V. (Autohersteller, 2002), HTTP://WWW. MUMMERT-CONSULTING.DE vom 13.05.2002.

Leistungen an, bei denen kein Zusammenhang mehr mit dem Produkt erkennbar ist.

Andere Hersteller - wie viele Maschinenbauer - beschränken sich noch vielfach auf ein ausschließliches Produktangebot beziehungsweise auf ein Angebot produktnaher Services. Weitergehende Leistungskomponenten werden nur im Einzelfall angeboten[94]. Obwohl ihre Märkte von der Wettbewerbsentwicklung in ähnlicher Weise betroffen sind, begegnen die Hersteller der Automobil- und der Maschinenbauindustrie dieser Entwicklung offensichtlich mit sehr unterschiedlichen Strategien.

Es wurde herausgearbeitet, wie wichtig eine umfassende Befriedigung von Kundenbedürfnissen für Hersteller in reifen Märkten ist. Es drängt sich daher die Frage auf, ob es nicht auch für die Hersteller, die bisher ausschließlich Produkte beziehungsweise produktnahe Services angeboten haben, erforderlich ist, ihr Leistungsprogramm um weitergehende Leistungen zu erweitern.

Um diese Frage beantworten zu können, sind vorab die Grundlagen unternehmerischen Verhaltens in reifen Märkten darzustellen. Dabei wird zunächst auf die Grundsätze langfristigen Unternehmenserfolges beziehungsweise unternehmerischen Handelns im Wettbewerb eingegangen:

II. Wettbewerbskampf in reifen Märkten

1. Strategische Erfolgspotentiale als Grundlage langfristiger Unternehmenssicherung

Um seine langfristige Existenz im Markt sicherzustellen, muß ein Unternehmen frühzeitig strategische Erfolgspotentiale aufbauen[95]. Diese stellen das „Gefüge aller jeweils produkt- und marktspezifischen erfolgsrelevanten Voraussetzungen dar, die spätestens dann bestehen müssen, wenn es um die Erfolgsrealisierung geht[96]". Erfolgspotentiale fungieren als eine dem Erfolg des Unternehmens „vorgelagerte Steuerungsgröße"[97], wobei sie eine notwendige, aber keine hinreichende

---

94 Vgl. hierzu beispielsweise BACKHAUS (Dienstleistungen, 2000), S. 12 ff.

95 Vgl. allgemein GÄLWEILER (Geschäftseinheiten, 1979), S. 252 ff. Ein kurzfristiger, rein monetär ausgerichteter Erfolgsbegriff stellt kein hinreichendes Kriterium zur Sicherung des künftigen Unternehmenserfolges dar [vgl. allgemein PÜMPIN (Erfolgspositionen, 1986), S. 29].

96 GÄLWEILER (Unternehmensführung, 1990), S. 26.

97 Vgl. GÄLWEILER (Unternehmenssicherung, 1976), S. 368 (auch Zitat).

Bedingung für operativen Erfolg sind[98]. Die Entwicklung von Erfolgspotentialen gilt regelmäßig als Voraussetzung für die Erzielung dauerhaft überdurchschnittlicher Gewinne und damit für den Erfolg von Unternehmen[99].

Die Entstehung von Erfolgspotentialen kann unterschiedlich erklärt werden: In den 80er Jahren dominierte bei der Erklärung von Erfolgspotentialen die Perspektive der Industrieökonomik[100]: Der sogenannte 'Market-based view' stellt einen Zusammenhang zwischen der Struktur eines Marktes, den Marktkräften, den Strategien sowie dem Erfolg der Unternehmen her. Es gelten in erster Linie unternehmensexterne Größen als Grundlage für dauerhaft überdurchschnittliche Gewinne[101]. Um Erfolgspotentiale aufbauen zu können, muß sich ein Unternehmen in einem strategischen „fit" zu seiner Umwelt befinden. Im Rahmen einer Strategie versucht es, sich gegen die Marktkräfte zu behaupten beziehungsweise sie zu beeinflussen. Aus der angestrebten Marktposition leiten sich die Ressourcen[102] ab, die das Unternehmen benötigt[103].

Bei den Marktkräften handelt es sich um die Rivalität zwischen den etablierten Anbietern, die Gefahr durch den Markteintritt neuer Konkurrenten, die Bedrohung durch Ersatzprodukte sowie die Verhandlungsstärke der Lieferanten und der Abnehmer (siehe Abb. 5).

Im Gegensatz zum Market-based view konzentriert sich der seit den 90er Jahren vorherrschende Ressourcenansatz ('Resource-based view') bei der Erklärung von Erfolgspotentialen auf unternehmensinterne Faktoren[104]. Der „Outside-in-Per-

---

98 Vgl. ULRICH/FLURI (Management, 1995), S. 114.

99 Der Erfolg von Unternehmen läßt sich auch über andere Kriterien - wie beispielsweise überdurchschnittliche Wachstumsraten - bestimmen [vgl. BAMBERGER/WRONA (Ressourcenansatz, 1996), S. 130].

100 Vertreter der Industrieökonomik sind beispielsweise SCHMALENSEE (Markets, 1985); RUMELT (Industry, 1991); PORTER (Wettbewerbsstrategie, 1999).

101 Vgl. BAMBERGER/WRONA (Ressourcenansatz, 1996), S. 130 f.

102 Ressourcen sind materielle und immaterielle Aktiva. Als materielle Ressourcen gelten beispielsweise Produktionsanlagen oder die Kapitalausstattung eines Unternehmens [vgl. RASCHE/WOLFRUM (Unternehmensführung, 1994), S. 502; CHRISTENSEN/OVERDORF (Marktumbruch, 2000), S. 67]. Immaterielle Ressourcen können zum Beispiel die Kultur oder die Organisationsstruktur eines Unternehmens sein [vgl. PAULS (Business-Migration, 1998), S. 85, m. d. d. V.].

103 Vgl. allgemein BACHER (Outsourcing, 2000), S. 166.

104 Vgl. beispielsweise WERNERFELT (Resource-based View, 1984); BARNEY (Resources, 1991); TALLMAN (Resource-based Strategies, 1991); RASCHE/WOLFRUM (Unternehmensführung, 1994).

spektive" der Industrieökonomik wird mit dem Ressourcenansatz eine „Inside-out-Perspektive" gegenübergestellt. Als Ursache für den Erfolg eines Unternehmens wird dabei dessen historisch geprägte individuelle Ressourcenausstattung angesehen[105]. Der Ressourcenbedarf eines Anbieters leitet sich im Rahmen dieser Perspektive nicht von den externen Markt- beziehungsweise Wettbewerbsgegebenheiten und der angestrebten Wettbewerbsposition ab. Dauerhaft überdurchschnittliche Gewinne verzeichnen Unternehmen dadurch, dass sie - auf der Grundlage ihrer Ressourcen - eine Strategie entwickeln, die es ihnen ermöglicht, innerhalb eines Marktes eine vorteilhafte Wettbewerbsposition einzunehmen[106]. Nicht alle Ressourcen erweisen sich hierbei als bedeutsam.

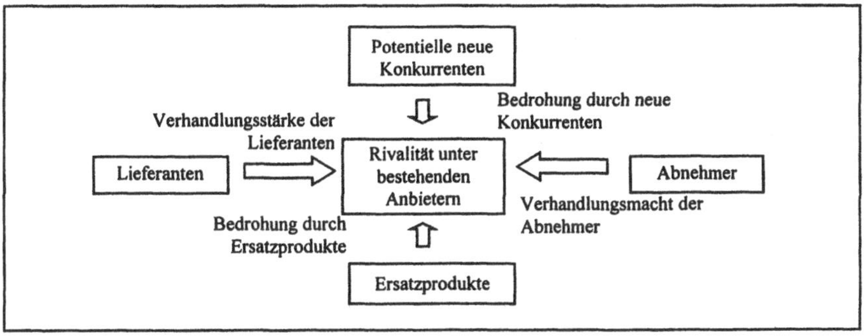

Abb. 5: Die Wettbewerbskräfte
Quelle: Darstellung angelehnt an PORTER (Wettbewerbsstrategie, 1995), S. 34.

Eine Ressource ist nur wettbewerbsstrategisch relevant, wenn sie zwei Anforderungen erfüllt: Zum einen muß die Ressource in ihrer Funktion einzigartig, das heißt unternehmensspezifisch, nicht zu imitieren und nicht zu substituieren sein[107]. Zum anderen muß die Ressource einen „wertstiftenden Charakter[108]" aufweisen beziehungsweise einen von den Kunden wahrnehmbaren „Beitrag zum

---

105 Vgl. BARNEY (Resources 1991), S. 99. Die Ressourcenausstattung wird durch „Entscheidungen, Verhaltensweisen und ihre Ergebnisse in der Vergangenheit" beeinflußt [vgl. BAMBERGER/WRONA (Ressourcenansatz, 1996), S. 148 (auch Zitat)].

106 Vgl. BACHER (Outsourcing, 2000), S. 135, m. d. d. V.

107 Die Ressource löst sodann Faktormarktinsuffizienzen aus, [vgl. BACHER (Outsourcing, 2000), S. 138 f., m. d. d. V.].

108 RASCHE/WOLFRUM (Unternehmensführung, 1994), S. 503.

Nutzen des Endproduktes" leisten[109]. Ermöglicht ein „Bündel wettbewerbsstrategisch relevanter [...] Ressourcen" die Erzielung eines Wettbewerbsvorteils, verfügt das Unternehmen über eine Fähigkeit, die als Kernkompetenz bezeichnet wird[110]. Tätigkeiten, die Kernkompetenzen „nutzen, austauschen, aufbauen oder weiterentwickeln" stellen sogenannte 'Kernfunktionen' dar[111]. Kernfunktionen grenzen sich von wettbewerbsstrategisch bedeutungslosen 'Randfunktionen' ab.

Die Möglichkeiten zur Schaffung von Erfolgspotentialen sind bei jedem Anbieter unterschiedlich stark ausgeprägt. Inwieweit Erfolgspotentiale erschlossen werden können, hängt zum einen davon ab, in welchem Umfang in dem jeweiligen Markt Erfolgspotentiale vorhanden sind:

Erfolgspotentiale können nur im Rahmen der vorhandenen Marktpotentiale geschaffen werden. Als Marktpotential gilt die maximale Aufnahmefähigkeit eines Marktes hinsichtlich eines Produktes[112]. Das Marktpotential stellt die „Obergrenze der Gesamtnachfrage" dar[113]. Es wird hinsichtlich der absetzbaren Produktmengen (Absatzpotential) oder der zu erwirtschaftenden Werte (Umsatzpotential) unterschieden[114]. Wurde in einem Markt die Nachfrage nach einem Produkt befriedigt, ist der Markt gesättigt. In diesem Fall werden sich allein auf Basis des Produktes kaum noch Erfolgspotentiale erzielen lassen.

Ob ein Hersteller Erfolgspotentiale schaffen kann, hängt neben den in einem Markt vorhandenen Potentialen auch davon ab, ob der Anbieter überhaupt in der Lage ist, diese zu erschließen. Die Fähigkeiten zur Erschließung der Potentiale richten sich danach, inwieweit Hersteller die auf ihre Wettbewerbsschauplätze einwirkenden Marktkräfte antizipieren können:

Hersteller antizipieren die Marktkräfte, indem sie Strategien ergreifen[115]. Strate-

---

109 Vgl. BACHER (Outsourcing, 2000), S. 138, m. d. d. V. (auch Zitat, im Original unterstrichen hervorgehoben).

110 Vgl. BACHER (Outsourcing, 2000), S. 136 (auch Zitat, im Original unterstrichen hervorgehoben). Unternehmen werden in diesem Zusammenhang auch als „einzigartige Ressourcenbündel" definiert [vgl. WELGE/AL-LAHAM (Management, 1999), S. 260 f.; BÖRNER (Bankmanagement, 2000), S. 76 ff.].

111 Vgl. BACHER (Outsourcing, 2000), S. 156 (auch Zitat).

112 Vgl. BECKER (Marketing-Konzeption, 1998), S. 393.

113 Vgl. KOTLER/BLIEMEL (Marketing-Management, 2001), S. 240 (auch Zitat).

114 Vgl. FINK (Marktwachstum-Marktanteil-Portfolio, 2000), S. 6.

115 Strategien stellen ein „zielorientiertes Rahmenkonzept für Taktiken dar, das unter Unsicherheit zu formulieren sowie im Lichte der jeweiligen aktuellen Umweltinformationen ständig zu überprüfen ist" [KREIKEBAUM (Unternehmensplanung, 1997), S. 18].

gien, die bestimmen, in welcher Form Anbieter den Wettbewerb bestreiten, werden als Wettbewerbsstrategien bezeichnet[116]. Wettbewerbsstrategien legen fest, welche Märkte von den Unternehmen mit welchen Leistungen bedient werden. Die Verfolgung von Wettbewerbsstrategien erfolgt unter Einsatz der individuellen Ressourcen der Hersteller. Den Chancen und Risiken eines Marktes kann ein Hersteller nur im Rahmen seiner jeweiligen Stärken und Schwächen begegnen. Die Möglichkeiten zur Schaffung von Erfolgspotentialen hängen somit sowohl von den Marktpotentialen als auch von den Leistungspotentialen der Unternehmen ab[117].

Die Potentiale eines Marktes sind begrenzt. Die Hersteller rivalisieren daher um das Marktpotential[118]. Einem Anbieter wird es nur gelingen, einen hohen Anteil des Marktpotentials zu erschließen, sofern er gegenüber seinen Konkurrenten über einen Wettbewerbsvorteil verfügt. Ziel jeder Wettbewerbsstrategie ist es daher, gegenüber den Konkurrenten nachhaltig einen wettbewerbsstrategischen Vorteil zu erlangen und diesen im Markt durchzusetzen[119]. Die Ausnutzung von Wettbewerbsvorteilen ist somit die Grundlage für den Aufbau von Erfolgspotentialen[120]. Da deren Erschließung wiederum für die langfristige Existenz der Anbieter erforderlich ist, sind Wettbewerbsvorteile die Voraussetzung für den Verbleib von Herstellern im Markt.

Wettbewerbsvorteile lassen sich nur mit bestimmten Leistungen erzielen. Es sind daher nachfolgend Leistungsmerkmale zu ermitteln, über die sich ein Hersteller wettbewerbsstrategisch vorteilhaft gegenüber seinen Konkurrenten positionieren kann:

---

116 Wettbewerbsstrategien werden auch als Geschäftsbereichsstrategien bezeichnet [vgl. beispielsweise KREIKEBAUM (Unternehmensplanung, 1997), S. 72].

117 Vgl. KREIKEBAUM (Unternehmensplanung, 1997), S. 19.

118 Hierbei werden gegebene Marktgrenzen unterstellt.

119 Vgl. VON OETINGER (Unternehmensstrategien, 1983), S. 44. Sofern ein Unternehmen über einen Wettbewerbsvorteil verfügt, muß es nicht zwangsläufig in der Lage sein, diesen Vorteil im Markt durchzusetzen [vgl. SIMON (Management, 1988), S. 461].

120 Vgl. KREIKEBAUM (Unternehmensplanung, 1997), S. 19.

2. Aufbau von Erfolgspotentialen durch Ausnutzung von Wettbewerbsvorteilen

2.1 Qualifizierung von Leistungsmerkmalen als Wettbewerbsvorteil

Ein Wettbewerbsvorteil entsteht nur dann, wenn eine Leistung gleichzeitig drei Merkmale erfüllt.

Die Leistung eines Anbieters begründet einen Wettbewerbsvorteil, sofern sie

- für die Abnehmer wichtig ist,
- von den Kunden wahrgenommen wird[121] und
- über eine bestimmte Zeitspanne gegenüber den Konkurrenten vor Nachahmung geschützt werden kann[122].

Inwieweit ein Hersteller einen Wettbewerbsvorteil erzielen kann, wird anhand der Einräumung eines Ziels für die Zahlung von Kaufpreisen verdeutlicht:

Ist ein Kunde aufgrund eines hohen Kaufpreises an einer Stundung interessiert, handelt es sich bei einem eingeräumten Zahlungsziel um ein für den Abnehmer wichtiges Leistungsmerkmal. Bietet der Hersteller bei Abschluß des Kaufvertrages die Inanspruchnahme des Zahlungsziels an, kann die Leistung vom Kunden wahrgenommen werden. Einen Wettbewerbsvorteil stellt das Zahlungsziel allerdings erst dann dar, wenn allein der Hersteller eine Stundung anbietet und nicht eine Vielzahl seiner Konkurrenten ebenfalls. Nur in diesem Fall kann sich der Anbieter mit dem Zahlungsziel von der Konkurrenz abheben.

Kein Wettbewerbsvorteil läßt sich über ein Leistungsmerkmal schaffen, das für die Kunden nicht bedeutsam ist: So werden viele Abnehmer nicht bereit sein, für Produkte, bei denen die technische Funktionalität oder der Preis die kaufentscheidenden Kriterien sind, einen hohen Preis für ein außergewöhnliches Design zu zahlen[123]. Die Hersteller würden in diesem Fall eine Leistung anbieten, die für die

---

[121] Dabei ist es unerheblich, ob die Unterscheidbarkeit des Angebotes aus einem objektiven Leistungsunterschied resultiert oder von den Kunden nur als solcher wahrgenommen wird [vgl. OLEMOTZ (Wettbewerbsvorteile, 1995), S. 55].

[122] Vgl. SIMON (Management, 1988), S. 464 f. HERLITZ spricht hierbei vom „Prinzip der nachhaltigen Unterschiedlichkeit". Er verweist auf die Synonymität von 'Dauerhaftigkeit' und 'Verteidigungsfähigkeit' des Wettbewerbsvorteils [vgl. HERLITZ (Lean Management, 1995), S. 25, Fn. 25 (auch Zitat)].

[123] Vgl. hierzu beispielsweise BECKER (Marketing-Konzeption, 1998), S. 377.

Kunden nicht wichtig ist. Ein Wettbewerbsvorteil wäre nur erzielbar, sofern bei den Abnehmern Präferenzen für das Produktdesign bestehen. So hat sich beispielsweise der Computer 'IMAC' der Firma APPLE in erster Linie in graphischen Betrieben durchgesetzt, die stark an dem Design von Produkten interessiert sind. Ein in „FERRARI-Rot" lackiertes Notebook von ACER wird wiederum vorranig von Anhängern der Formel-1 nachgefragt[124].

Ein Wettbewerbsvorteil läßt sich ebenfalls nicht erzielen, sofern das Leistungsmerkmal von den Kunden nicht wahrgenommen wird. Dies ist zum Beispiel bei hochwertigen Rohstoffen der Fall, die die Pflegeleistung eines Körperpflegemittels erhöhen. Können die Abnehmer diesen Vorteil nicht wahrnehmen beziehungsweise nicht nachvollziehen, läßt sich über die Zusammensetzung des Pflegemittels kein Wettbewerbsvorteil erzielen.

Ein wettbewerbsstrategischer Vorteil wird letztlich auch dann nicht erzielt, sofern ein Hersteller eine Leistung anbietet, die unmittelbar von den Konkurrenten nachgeahmt werden kann. Ein Beispiel hierfür ist eine kostenlose Inspektion, die beim Kauf eines Automobils gewährt wird[125].

Wettbewerbsvorteile entstehen regelmäßig aus einzelnen, voneinander unterscheidbaren Tätigkeiten eines Anbieters. Um Potentiale zur Generierung von Wettbewerbsvorteilen zu erschließen, ist daher eine Analyse sämtlicher Aktivitäten eines Unternehmens und der zwischen den Aktivitäten bestehenden Interdependenzen erforderlich.

Ein Instrument für eine derartige Analyse ist die Wertkette[126]. Da das Verständnis der Wertkette für den weiteren Verlauf der Arbeit bedeutsam ist, wird sie nachfolgend in ihren Grundzügen dargestellt:

2.2 Die Wertkette als Instrument zur Identifizierung von Wettbewerbsvorteilen

Mit Hilfe der Wertkette lassen sich Unternehmen in ihre wettbewerbsstrategisch relevanten Tätigkeiten, die sogenannten 'Wertaktivitäten', gliedern[127]. Die Wert-

---

124 Vgl. hierzu allgemein KOTLER/BLIEMEL (Marketing-Management, 2001), S. 485 f.; KNOP (Verein, 2004), S. 11.

125 Vgl. BECKER (Marketing-Konzeption, 1998), S. 377 f.

126 Für die Wertkette ist auch der Begriff 'Wertschöpfungskette' gebräuchlich [vgl. beispielsweise KREIKEBAUM (Unternehmensplanung, 1997), S. 136 ff.].

127 Vgl. PORTER (Wettbewerbsvorteile, 2000), S. 57 ff.

kette stellt ein „grobstrukturiertes Abbild der Unternehmung" dar, „gegliedert nach dem physischen Durchlaufprinzip"[128]. „Ausgehend vom Gesamtwert (Marktpreis)" repräsentiert die Wertkette das Unternehmen als eine Kette von „wertsteigernden Aktivitäten"[129].

Die Wertaktivitäten werden in primäre und in unterstützende Aktivitäten unterteilt[130]. Während die Herstellung beziehungsweise der Vertrieb der Leistungen des Unternehmens primäre Aktivitäten darstellen, werden Aktivitäten, die der Aufrechterhaltung der Funktionsfähigkeit der Primäraktivitäten dienen - wie beispielsweise die Ressourcenbeschaffung oder die Technologieentwicklung - als unterstützende Wertaktivitäten bezeichnet[131].

Hinsichtlich der Erzielung von Wettbewerbsvorteilen darf die Wertkette eines Unternehmens nicht isoliert betrachtet werden: Bevor ein Hersteller eine Leistung erbringt, werden oftmals Teilleistungen von Lieferanten bezogen. Der Hersteller nimmt als Abnehmer der Teilleistungen implizit Einfluß auf die Wertketten seiner Lieferanten. Entsprechend stellt auch die Endleistung des Herstellers „gekauften Input" dar, der wiederum Bestandteil der Wertketten seiner Kunden wird. Die Wertkette des Herstellers ist daher in ein System von Wertketten integriert, das die Wertketten der Lieferanten, der Vertriebskanäle und der Abnehmer des Herstellers umfaßt[132]. Von diesem sogenannten 'Wertsystem' entfallen auf die einzelnen Wertketten unterschiedlich hohe Anteile an der gesamten Wertschöpfung der Leistungserstellung, wobei die Wertkettenträger um die Höhe ihres Wertschöpfungsanteils rivalisieren[133] (siehe Abb. 6).

Da die Wertketten innerhalb eines Wertsystems in wechselseitiger Beziehung zueinander stehen, können Hersteller durch Einfluß auf die Wertketten ihrer Kunden für diese nachhaltig einen relevanten, wahrnehmbaren Nutzen schaffen[134].

---

[128] Vgl. MEFFERT/BENKENSTEIN (Wertkette, 1989), S. 785 (auch Zitate).

[129] Vgl. KREIKEBAUM (Unternehmensplanung, 1997), S. 137 (auch Zitate).

[130] Zwischen den beiden Gruppen von Aktivitäten besteht kein hierarchisches Verhältnis [vgl. MEFFERT/BENKENSTEIN (Wertkette, 1989), S. 785].

[131] Vgl. PORTER (Wettbewerbsvorteile, 2000), S. 57 ff. Die Wertkette eines Unternehmens ist nicht mit der Kostenartenrechnung oder mit der Gliederung von Unternehmen nach Funktionsbereichen gleichzusetzen [vgl. KREIKEBAUM (Unternehmensplanung, 1997), S. 137].

[132] PORTER spricht hierbei auch von "vertikalen Verknüpfungen" [PORTER (Wettbewerbsvorteile, 2000), S. 83 ff.].

[133] Vgl. SCHNEIDER/BAUR/HOPFMANN (Wertkette, 1994), S. 13 f.

[134] Vgl. PORTER (Wettbewerbsvorteile, 2000), S. 80 ff.

Der Nutzen, den die Kunden den erbrachten Leistungen innerhalb ihrer Wertkette beimessen, ist somit von großer wettbewerbsstrategischer Bedeutung für einen Hersteller.

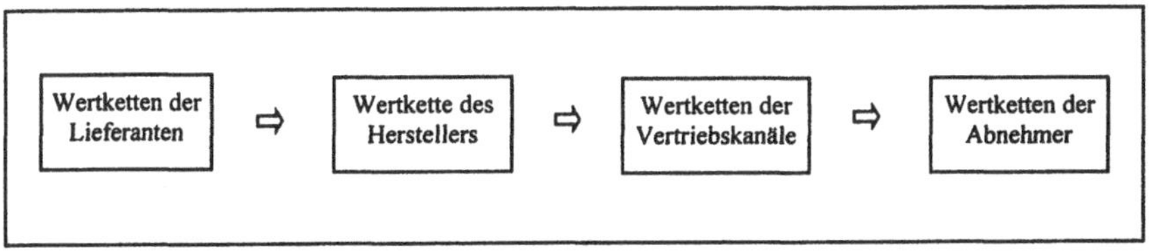

Abb. 6: Das Wertsystem

Um Ansatzpunkte für die Erzielung von Wettbewerbsvorteilen zu finden, ist daher nicht nur die Wertkette eines Herstellers, sondern stets das gesamte Wertsystem, in das seine Wertkette integriert ist, zu analysieren. Sämtliche Unternehmensaktivitäten sind auf ihren Beitrag zur Befriedigung der Abnehmerbedürfnisse hin zu untersuchen[135]. Ein Wettbewerbsvorteil entsteht dabei aus dem Wert, den der Hersteller durch seine Leistung für die Kunden schafft. Der Wert wird durch den Preis repräsentiert, den die Abnehmer bereit sind, für die Leistung zu zahlen. Die Kunden beurteilen den Wert einer Leistung höher als den Wert vergleichbarer Leistungen, sofern entweder der Preis unterhalb der Preise der anderen Leistungen liegt oder die Leistung aus Sicht der Kunden besser erbracht wird. In beiden Fällen werden die Kunden die Leistung des Herstellers stärker nachfragen als das Leistungsangebot seiner Konkurrenten. Wettbewerbsvorteile resultieren somit letztlich entweder aus Leistungen, die ein Anbieter zu einem niedrigeren Preis anbieten kann als seine Konkurrenten oder aus Leistungen, mit denen sich der Anbieter von den Leistungen der Wettbewerber abhebt. Ein Hersteller muß die „strategisch wichtigen Aktivitäten billiger oder besser als seine Konkurrenten" erbringen[136].

---

[135] Vgl. KREIKEBAUM (Unternehmensplanung, 1997), S. 137 f.
[136] Vgl. PORTER (Wettbewerbsvorteile, 2000), S. 63 (auch Zitat).

Hierauf basierend können zwei grundlegende Typen von Wettbewerbsvorteilen - und damit von Wettbewerbsstrategien - unterschieden werden: die Kostenführerschaft und die Differenzierung[137]:

2.3 Formen erzielbarer Wettbewerbsvorteile

2.3.1 Kostenführerschaft

Mit der Verfolgung einer Strategie der Kostenführerschaft streben Unternehmen an, sich einen Wettbewerbsvorteil gegenüber ihren Konkurrenten zu verschaffen, indem sie Leistungen, die aus Sicht der Abnehmer einen vergleichbaren Nutzen stiften, zu einem geringeren Preis anbieten[138]. Ziel der Unternehmen ist es, kostengünstigster Anbieter ihres Wettbewerbsschauplatzes zu werden[139]. Da die Kostenführerschaft somit ausschließlich für ein Unternehmen des jeweiligen Schauplatzes erzielbar ist, erweist sich ihre Verfolgung nur für bestimmte Markt-

---

137 Vgl. PORTER (Wettbewerbsvorteile, 2000), S. 25 ff. Derzeit erlangen Zeitfaktoren zunehmende wettbewerbsstrategische Bedeutung [vgl. LINGG („Zeit", 1992), S. 73]. CHANDLER hat in diesem Zusammenhang den Begriff „Economies of Speed" geprägt [CHANDLER (Visible Hand, 1977)]. Zeitfaktoren werden dabei entweder als eigenständiger Wettbewerbsvorteil formuliert [vgl. beispielsweise STALK (Time, 1988), S. 41], oder es wird auf Interdependenzen zwischen Kostenführerschaft, Differenzierung und Zeitorientierung verwiesen [vgl. BITZER (Wettbewerbsstrategien, 1992), S. 33; LINGG, EBENDA, S. 74; ALBACH/DE PAY/ROJAS (Innovationen, 1991), S. 324]. Als Zeitwettbewerb wird vielfach ausschließlich der Wettbewerb bezeichnet, der sich auf die Beschleunigung der Innovationsgeschwindigkeit neuer Produktfunktionen konzentriert. Zeitbezogene Wettbewerbsstrategien untersuchen die Wertschöpfungsprozesse der Unternehmen dahingehend, einen Kundenbedarf zeiteffizient zu befriedigen. Dabei gilt es, einen Bedarf zügig zu ermitteln und Leistungen schneller zu entwickeln und bereitzustellen, als dies der Konkurrenz möglich ist [vgl. BITZER (Wettbewerbsstrategien, 1992), S. 32]. Da zeitbezogene Wettbewerbsvorteile letztlich eine Form der Differenzierung gegenüber Konkurrenten darstellen, wird auf den Zeitwettbewerb im Rahmen dieser Arbeit nicht näher eingegangen. Gleiches gilt für den sogenannten 'Wettbewerbsvorteil der Konzentration': Während die Strategien der Kostenführerschaft und der Differenzierung jeweils die Bedienung eines gesamten Marktes durch die sie verfolgenden Unternehmen umfassen, fokussieren Unternehmen, die sich konzentrieren, ihre Geschäftsaktivitäten nur auf Teilmärkte. Konzentrationsstrategien definieren somit eher den Umfang des zu bearbeitenden Marktes als die Form der Marktbearbeitung. Unternehmen, die eine wettbewerbsstrategische Konzentration anstreben, müssen daher additiv für die Verfolgung einer Strategie der Kostenführerschaft oder der Differenzierung optieren. Die Konzentration stellt somit keinen eigenständigen Wettbewerbsvorteil dar.

138 Kostenvorteile können sich beispielsweise aus betriebsgrößenbedingten Kostendegressionseffekten ergeben [vgl. PORTER (Wettbewerbsvorteile, 2000), S. 39].

139 Vgl. PORTER (Wettbewerbsvorteile, 2000), S. 38.

situationen als geeignet: Die Kostenführerschaft bietet sich in homogenen Märkten an, in denen die Produktstandards unter den Anbietern weithin anerkannt sind und in denen es für die Unternehmen außer dem Preis kaum Möglichkeiten gibt, sich vom Leistungsangebot ihrer Wettbewerber abzuheben[140]. Ein Beispiel für einen Anbieter, der eine konsequente Strategie der Kostenführerschaft verfolgt, ist der Elektronikkonzern TEXAS INSTRUMENTS. TEXAS INSTRUMENTS konzentriert sich darauf, eine große Anzahl standardisierter Produkte zu den im Markt jeweils niedrigsten Kosten zu anzubieten[141].

Eine ausschließliche Konzentration auf die Erzielung von Kostenvorteilen kann sich für einen Anbieter jedoch wettbewerbsstrategisch als nachteilig erweisen:

Kunden fragen das preisgünstigere Produkt eines Anbieters nur dann bevorzugt nach, wenn der Nutzen der angebotenen Produkte aus ihrer Sicht vergleichbar ist. Abgesehen von dem Preis muß ein Kunde bei der Wahl zwischen den konkurrierenden Produkten indifferent sein. Nur dann wird der Kostenvorteil eines Anbieters zu einer höheren Nachfrage führen. Die Produkte sind in der Wahrnehmung der Abnehmer nicht mehr vergleichbar, sofern sich ein Wettbewerber vom Angebot des Kostenführers mit einer Leistungskomponente abhebt, die zu einer Steigerung des Nutzens führt. Das Produkt eines Kostenführers sollte daher stets auch eine „paritätische oder eine beinahe paritätische Differenzierung" gegenüber den Produkten der Wettbewerber aufweisen[142]. Eine paritätische Differenzierung liegt vor, sofern die Kunden ein Produkt aufgrund keines Merkmals - bis auf den Preis - besser bewerten als ein anderes Produkt[143].

Erfolgt die Differenzierung lediglich beinahe paritätisch, sind die Abnehmer nicht indifferent gegenüber den verschiedenen Produkten. Es wird stets Kunden geben, die den Nutzen der Differenzierung höher einschätzen als den Nutzen des günstigen Preises. Diese Kunden fragen die differenzierten Produkte der Konkurrenten nach und nicht die Produkte des Kostenführers. Will der Anbieter diese Kunden gewinnen, muß er den Differenzierungsvorteil seiner Wettbewerber kompensieren. Dies kann ihm regelmäßig nur gelingen, indem er einen erheblichen Preisnachlass gewährt. Da die Produkte des Kostenführers zumindest beinahe pa-

---

140 Vgl. WILL (Simultaneität, 1996), S. 24; vgl. CORSTEN/WILL (Wettbewerbsstrategien, 1992), S. 185 f.

141 Vgl. KOTLER/BLIEMEL (Marketing-Management, 2001), S. 669.

142 Vgl. PORTER (Wettbewerbsvorteile, 2000), S. 40 (auch Zitat).

143 Vgl. PORTER (Wettbewerbsvorteile, 2000), Fn. 6.

ritätisch differenziert sind, wird der Preisnachlaß allerdings nicht so groß sein, dass der Kostenvorsprung des Anbieters vollständig aufgehoben wird[144]. Überkompensiert der Preisvorteil den Vorteil aus der Differenzierung, wird das Produkt des Kostenführers verstärkt nachgefragt und seine Gewinnsituation verbessert sich tendenziell. Verzichtet der Kostenführer darauf, seine Produkte beinahe paritätisch zu differenzieren, wird er - um die fehlende Differenzierung zu kompensieren – oftmals einen so großen Preisnachlaß gewähren müssen, dass seine Gewinne - trotz erhöhter Nachfrage - nicht steigen.

Ein Hersteller, der eine Strategie der Kostenführerschaft verfolgt, muß somit stets auch auf die Differenzierung seiner Produkte achten.

2.3.2 Differenzierung

Unternehmen, die Differenzierungsstrategien verfolgen, heben sich mit ihren Produkten vom Leistungsangebot der Wettbewerber ab, indem sie den Abnehmern einen Zusatznutzen stiften, den die Kunden mit einer Preisprämie honorieren[145].

Ein Differenzierungsvorteil kann aus sämtlichen Leistungsmerkmalen entstehen, die die Kunden als wichtig erachten[146]. Er ergibt sich entweder aus einer Steigerung der Funktionalität oder der Qualität der Leistung[147]:

a) Funktionalität

Kunden bewerten die Funktionalität eines Leistungsangebotes danach, wie ausgeprägt es dazu beiträgt, ihre Bedürfnisse zu befriedigen. So wird es ein Abnehmer beispielsweise bei dem Kauf eines Automobils schätzen, wenn ihm eine Vielzahl kombinierbarer Ausstattungsvarianten angeboten wird.

---

144 Vgl. PORTER (Wettbewerbsvorteile, 2000), S. 40.

145 Vgl. PORTER (Wettbewerbsvorteile, 2000), S. 40 f. Die Honorierung setzt wiederum voraus, dass die Kunden den Zusatznutzen wahrnehmen. Da Kunden stets das Preis-/ Leistungsverhältnis einer Leistung bewerten, muß der geforderte Preisaufschlag für die Abnehmer in angemessenem Verhältnis zu dem gestifteten Nutzen stehen [vgl. PORTER (Wettbewerbsvorteile, 2000), S. 40 f.].

146 Vgl. ähnlich BECKER (Marketing-Konzeption, 1998), S. 375.

147 Vgl. WILL (Simultaneität, 1996), S. 25; BEA/HAAS (Management, 1997), S. 169; COOPER (Spitze, 1998), S. 16 ff.

b) Qualität

Die Qualität einer Leistung bezieht sich auf das „Niveau der zugesagten Produkteigenschaften" beziehungsweise auf die „zeitliche und inhaltliche Verläßlichkeit" der jeweils erbrachten Teilleistungen[148]. Einen Wettbewerbsvorteil durch qualitativ hochwertige Produkte zu schaffen ist das Ziel von HEWLETT PACKARD. Im Gegensatz zu beispielsweise TEXAS INSTRUMENTS zielt HEWLETT PACKARD darauf ab, ausgewählte kleine Märkte mit Produkten zu bedienen, die aufgrund von Qualitäts- und von Ausstattungsmerkmalen einen hohen Preis rechtfertigen[149].

Die Anbieter eines Marktes können sich regelmäßig über unterschiedliche Leistungsmerkmale differenzieren. Im Gegensatz zur Strategie der Kostenführerschaft verfolgen daher mehrere Unternehmen des gleichen Marktes erfolgreich eine Differenzierungsstrategie. Während sich ein Kostenführer dem Wettbewerb durch Preiskämpfe mit anderen Anbietern unmittelbar stellt und den direkten Wettbewerb durch Androhung eines Preiskampfes vermeiden kann, sind eine Differenzierungsstrategie verfolgende Unternehmen bestrebt, die Konfrontation mit anderen Anbietern zu verhindern. Sie erreichen dies, indem sie ihre Leistungen so kundennah gestalten, wie dies keinem weiteren Unternehmen wirtschaftlich möglich ist. Auch Hersteller, die sich primär auf die Verfolgung einer Differenzierungsstrategie konzentrieren, müssen daher auf ihre Kostenposition achten. Unterbleibt dies, werden die Gewinne der Unternehmen sinken, sobald der Bedarf der Kunden an dem differenzierten Produkt abnimmt oder der Differenzierungsvorteil durch Konkurrenzprodukte kompensiert wird. Die Abnehmer werden in diesen Fällen nicht mehr gewillt sein, die Preisprämie für die Differenzierung zu entrichten. Ihre Loyalität gegenüber dem Hersteller nimmt ab, und sie wenden sich dem Leistungsangebot anderer Unternehmen zu[150].

Wettbewerbsvorteile lassen sich somit über den Preis, die Funktionalität oder die Qualität einer Leistung erzielen (siehe Abb. 7).

Generell können sich Unternehmen für eine Wettbewerbsstrategie der Differenzierung, der Kostenführerschaft oder für eine Strategie entscheiden, die auf die Erzielung beider wettbewerbsstrategischer Vorteile abzielt. Konzentrieren sich

---

148 Vgl. HASTEDT/MELLWIG (Erfolgsteuerung, 1999), S. 14 (auch Zitate).

149 Vgl. KOTLER/BLIEMEL (Marketing-Management, 2001), S. 669.

150 Vgl. PORTER (Wettbewerbsstrategie, 1999), S. 84 f.

Unternehmen auf die Verfolgung nur eines Wettbewerbsvorteils, verfolgen sie eine sogenannte 'generische' Wettbewerbsstrategie[151]. Wettbewerbsstrategische Ansätze, die eine Kombination von Kosten- und Differenzierungsvorteilen beinhalten, werden als hybride Wettbewerbsstrategien bezeichnet[152].

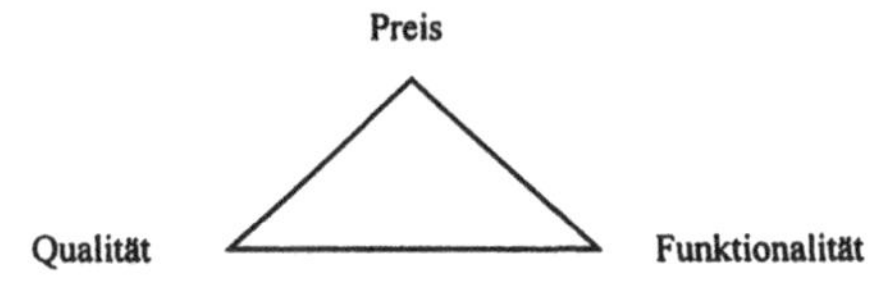

Abb. 7: Variablen einer Wettbewerbsstrategie

Es bleibt nun zu untersuchen, welche Wettbewerbsstrategie von Herstellern verfolgt werden sollte, die sich in reifen Märkten bewegen:

2.4 Auswahl zu verfolgender Wettbewerbsvorteile

Die Verfolgung einer Wettbewerbsstrategie ist solange vorteilhaft, wie die Strategie dem Hersteller einen hinreichenden Aufbau von Erfolgspotentialen ermöglicht. Im Umkehrschluß ist die Verfolgung einer Strategie nachteilig, sofern ihre wettbewerbsstrategischen Potentiale ausgeschöpft sind. In diesem Fall kann das Unternehmen mit der Strategie keine Wettbewerbsvorteile mehr erzielen. Der Anbieter ist nicht mehr flexibel, um sich in einem sich verändernden Wettbewerbsgeschehen zu behaupten und kann keine Erfolgspotentiale mehr aufbauen. In der Konsequenz gerät das Unternehmen in Gefahr, aus dem Markt ausscheiden zu müssen.

Ein Unternehmen, das an die Grenzen seiner Wettbewerbsstrategie gestoßen ist, ist der Automobilhersteller FORD: Die anfängliche Strategie von FORD, allein durch niedrige Preise ein hohes Absatzvolumen zu erzielen, erwies sich wettbewerbsstrategisch nicht mehr als sinnvoll, als die Kunden bei ihrer Kaufentscheidung stärker auf Modellvielfalt als auf niedrige Preise achteten. Die Kunden haben einen Bedarf angemeldet, den FORD mit der Kostenstrategie nicht befriedigen

[151] Vgl. FLECK (Hybride Wettbewerbsstrategien, 1995), S. 40 f.

konnte. Da der Konkurrent GENERAL MOTORS eine Strategie der Angebotsvielfalt - und damit der Differenzierung - verfolgte, die das Bedürfnis der Kunden nach Abwechslung erfüllte, verlor FORD Kunden an GENERAL MOTORS[153].

Die Grenzen der wettbewerbsstrategischen Flexibilität, an die Hersteller innerhalb einer verfolgten Wettbewerbsstrategie stoßen, sind somit von entscheidender Bedeutung für die Wahl der Strategie. Die Grenzen werden nachfolgend dargestellt:

Generische Strategien schränken die Flexibilität eines Herstellers ein, sofern die Kostensenkungs- beziehungsweise die Differenzierungspotentiale eines Produktes begrenzt werden:

a) Grenzen von Differenzierungsstrategien

Eine Begrenzung der Differenzierungspotentiale kann durch das Produkt selbst hervorgerufen werden, durch die Nachfrager oder durch die Wettbewerber:

Die Möglichkeiten, produktbezogene Differenzierungspotentiale zu erschließen, sind nicht bei jedem Produkt gleich ausgeprägt[154]. Differenzierungspotentiale weisen Produkte auf, bei denen die Kaufentscheidung nicht primär durch niedrige Kosten, sondern beispielsweise von dem psychologisch motivierten Wunsch, sich von den anderen Abnehmern abzuheben, geleitet wird. Ein Beispiel hierfür liefern Automobile: So findet sich eine Vielzahl von Fahrzeugen in der Fahrzeugkategorie 'Kleinwagen'. Obwohl sich die Automobile hinsichtlich ihrer Leistungs-, Qualitäts-, Ausstattungs- und Verbrauchsstandards weitestgehend entsprechen, gelingt es Herstellern immer wieder, sich durch besondere Fahrzeugmodelle aus der Menge vergleichbarer Kleinwagen abzuheben. Derartige Fahrzeuge sind beispielsweise MINI oder SMART-CAR.

Produkte, die Gegenstand eines Preiswettbewerbs sind, beinhalten nur geringe Differenzierungsmöglichkeiten[155]. Bei diesen Produkten ist eine Abhebung von Konkurrenzprodukten zwar auch möglich; jedoch bestehen hierfür nur verhältnismäßig wenig Möglichkeiten: Beispiele hierfür sind Produkte, die nur in Verbindung mit einem Hauptprodukt verwendet werden, wie Kühlmittel für Klimaanla-

---

[152] Hybride Wettbewerbsstrategien werden auch als Simultanstrategien, als mehrdimensionale Wettbewerbsstrategien oder als Outpacing Strategies bezeichnet [vgl. JENNER (Wettbewerbsstrategien, 2000), S. 8].

[153] Vgl. KOTLER/BLIEMEL (Marketing-Management, 2001), S. 669.

[154] Vgl. PORTER (Wettbewerbsvorteile, 2000), S. 41.

[155] Vgl. PORTER (Wettbewerbsstrategie, 1999), S. 81 f.

gen in Fahrzeugen beziehungsweise Produkte, die zur Weiterverarbeitung vorgesehen sind, wie der bereits genannte Baustahl[156].

Im Rahmen der vorliegenden Arbeit werden ausschließlich Anbieter betrachtet, die Produkte herstellen, die ein Differenzierungspotential enthalten und die somit nicht primär Gegenstand eines Preiswettbewerbs sind.

Nachfrager beschränken die erschließbaren Diffenzierungspotentiale dadurch, dass sie nicht jede Differenzierung als nutzensteigernd bewerten[157]. So werden beispielsweise Kunden nur dann den Einbau von Pollen- und Luftfiltern in Fahrzeuge als nutzensteigernd bewerten, wenn sie Allergiker sind. Anderenfalls werden sie eine derartige Differenzierung nicht durch eine Preisprämie honorieren.

Letztlich werden die von einem Hersteller zu erschließenden Differenzierungspotentiale unter Umständen auch durch die Wettbewerber begrenzt: Konkurrenten können Maßnahmen ergreifen, die das Preis-/Leistungsverhältnis eines Produktes so verändern, dass die Differenzierung für die Kunden keinen Zusatznutzen mehr darstellt. Die Abnehmer werden infolgedessen nicht mehr bereit sein, für die Differenzierung eine Preisprämie zu zahlen. Die Flexibilität der Hersteller, die Differenzierungsstrategien verfolgen, wird somit dadurch beschränkt, dass die Konkurrenz eine Veränderung des Nachfragerverhaltens bewirkt[158]. Ein Beispiel hierfür liefern Hersteller, die Serviceleistungen - wie die Reparatur und die Wartung ihrer Produkte - kostenlos anbieten. Konkurrenten, die vergleichbare Leistungen gegen Entgelt offerieren, werden weniger Kunden anziehen.

b) Grenzen von Kostenstrategien

Bei Kostenstrategien ergeben sich Grenzen der wettbewerbsstrategischen Flexibilität, sofern ein Hersteller die vorhandenen Kostensenkungspotentiale ausgeschöpft hat beziehungsweise seine Kostenführerschaft nicht mehr aufrecht erhalten kann. Dies ist der Fall, wenn es Wettbewerbern gelingt, Produkte preisgünsti-

---

156 Produkte, die nur in Verbindung mit einem Hauptprodukt zu verwenden sind, werden als „gebundene" Produkte bezeichnet [KOTLER/BLIEMEL (Marketing-Management, 2001), S. 863 (Zitat im Original apostrophiert hervorgehoben)].

157 Vgl. KLEINALTENKAMP (Dynamisierung, 1987), S. 36. In den Fällen, in denen die Nachfrager die Differenzierungspotentiale begrenzen, spricht SERVATIUS von „nachfrageblockierter Differenzierung" oder von einer „Innovationsfalle" [SERVATIUS (Methodik, 1985), S. 275 ff.].

158 Vgl. KLEINALTENKAMP (Dynamisierung, 1987), S. 40.

ger als der bisherige Kostenführer anzubieten und dieser seine Preise nicht mehr senken kann[159].

Eine Kostenstrategie begrenzt auch dann die wettbewerbsstrategische Flexibilität eines Herstellers, sofern dieser seine Produkte nicht oder nur beinahe paritätisch zu den Produkten der Wettbewerber differenziert hat und keinen Preisnachlaß zur Kompensation der fehlenden Differenzierung gewähren kann[160].

Generische Wettbewerbsstrategien schränken die Flexibilität von Unternehmen somit in vielfältiger Weise ein.

Bei Betrachtung des Konkurrenzkampfes in den Märkten des produzierenden Gewerbes wurde deutlich, dass sich die Kostensenkungs- beziehungsweise die Differenzierungspotentiale von Produkten im Zeitablauf erschöpfen. Je intensiver der Konkurrenzkampf ist, dem Hersteller ausgesetzt sind, umso bedeutsamer ist ihre wettbewerbsstrategische Flexibilität. Die Phasen des Wettbewerbszyklusses von Herstellern erfordern ein Angebot sowohl differenzierter als auch kostengünstiger Leistungen. Die Verfolgung ausschließlich generischer Strategien wird sich daher wettbewerbsstrategisch regelmäßig als unvorteilhaft erweisen. Hersteller werden ihre Flexibilität nur aufrecht erhalten können, sofern sie sich im Zeitablauf neue Wettbewerbsvorteile aufbauen, ohne die bereits vorhandenen Vorteile aufzugeben[161]. Dies wird Herstellern im Rahmen einer hybriden Strategie ermöglicht:

Unternehmen, die hybride Strategien verfolgen, streben eine ausgeprägte Differenzierungskompetenz unter Verursachung nur geringer Kosten an[162]. Die wettbewerbsstrategische Vorteilhaftigkeit hybrider Strategien soll sich durch die gleichzeitige Erzielung hoher Marktpreise für die angebotenen Leistungen sowie niedriger unternehmensinterner Kosten ergeben[163].

---

159 Vgl. CORSTEN/WILL (Wettbewerbsstrategien, 1992), S. 188.

160 Vgl. PORTER (Wettbewerbsvorteile, 2000), S. 39.

161 Vgl. KLEINALTENKAMP (Dynamisierung, 1987), S. 32.

162 Vgl. FLECK (Hybride Wettbewerbsstrategien, 1995), S. 84; PROFF/PROFF (Möglichkeiten, 1997), S. 796.

163 Vgl. FLECK (Hybride Wettbewerbsstrategien, 1995), S. 21 ff.; ZU KNYPHAUSEN/RINGLSTETTER (Wettbewerbsumfeld, 1991), S. 543 ff.; COENENBERG (Unternehmen, 1997), S. 302. Die Vorteilhaftigkeit hybrider Wettbewerbsstrategien wird in der Literatur kontrovers diskutiert. Während insbesondere PORTER eine Vorteilhaftigkeit regelmäßig für nicht erzielbar hält [vgl. PORTER (Wettbewerbsvorteile, 2000), S. 44 f.], belegen andere Untersuchungen die wettbewerbsstrategische Überlegenheit hybrider Wett-

Da die wettbewerbsstrategische Flexibilität regelmäßig eher im Rahmen hybrider Wettbewerbsstrategien gewährleistet ist als im Rahmen generischer Strategien, empfiehlt sich in reifen Märkten, die von einer hohen Wettbewerbsintensität gekennzeichnet sind, die Verfolgung von Hybridstrategien.

Je nachdem, in welcher Abfolge die Wettbewerbsvorteile angestrebt werden, wird in simultane und in sequentielle Hybridstrategien unterschieden[164]:

i) Simultane Hybridstrategien

Unternehmen, die simultane Hybridstrategien verfolgen, streben die gleichzeitige Erzielung von Kosten- und Differenzierungsvorteilen an[165]. Die jeweilige Wettbewerbsstrategie wird dabei um die bisher nicht verfolgte strategische Komponente ergänzt und mit dieser zu einer Gesamtstrategie verbunden[166].

ii) Sequentielle Hybridstrategien

Im Rahmen sequentieller Hybridstrategien werden die strategischen Teilziele nacheinander verfolgt[167]. Unter Beibehaltung des bereits erzielten Wettbewerbsvorteils wechselt der Anbieter auf die jeweils andere Wettbewerbsstrategie. Die Strategiewechsel erfolgen dabei in Abhängigkeit von der jeweiligen Wettbewerbssituation[168]: Empfiehlt sich eine Abhebung vom Leistungsangebot der Kon-

---

bewerbsstrategien im Vergleich zu generischen [vgl. unter anderem REITSPERGER/DANIEL/TALLMAN/CHRISMAR (Compatible Strategies, 1993)]. Andere Studien wiederum zeigen, dass sowohl generische als auch hybride Wettbewerbsstrategien erfolgreich verfolgt werden können [vgl. GAITANIDES/WESTPHAL (Unternehmenserfolg, 1991), S. 247 ff.].

164 Vgl. PROFF (Hybride Strategien, 1997), S. 306.

165 Vgl. FLECK (Hybride Wettbewerbsstrategien, 1995), S. 84. Es besteht somit eine Konvergenz zwischen simultanen Hybridstrategien und den von PORTER beschriebenen Paritäten zwischen Differenzierung und Kostenführerschaft [vgl. CORSTEN (Wettbewerbsstrategie, 1998), S. 117, Fn. 2]. Während hybride Strategien jedoch auf eine eher gleichgewichtete Verfolgung der Wettbewerbsvorteile abziehen, ist eine beinahe paritätische Differenzierung, die im Rahmen einer Kostenstrategie verfolgt wird, dieser von der wettbewerbsstrategischen Bedeutung her untergeordnet.

166 Vgl. FLECK (Hybride Wettbewerbsstrategien, 1995), S. 84. Beispiele für simultane Hybridstrategien stellen die Simultaneitätshypothese [vgl. CORSTEN/WILL (Produktionskonzepte, 1994), S. 286 ff.] sowie die dynamische Produktdifferenzierungsstrategie dar [vgl. KALUZA (Produktdifferenzierungsstrategie, 1996)].

167 Vgl. FLECK (Hybride Wettbewerbsstrategien, 1995), S. 83.

168 Vgl. PROFF (Hybride Strategien, 1997), S. 306. Um die Zeitpunkte eines Strategiewechsels ermitteln zu können, bedarf es einer kontinuierlichen Beobachtung des Wettbe-

kurrenten durch nicht-preisliche Maßnahmen, verfolgt der Hersteller eine Strategie der Differenzierung. Setzen sich vorrangig preisgünstige Leistungen im Markt durch, wechselt das Unternehmen auf eine Kostenstrategie.

Bisher wurde unterstellt, dass hybride Strategien - im Gegensatz zu generischen - die wettbewerbsstrategische Flexibilität von Herstellern erhöhen können. Um dies zu veranschaulichen, wird nachfolgend der Ablauf einer klassischen sequentiellen Hybridstrategie dargestellt:

Ausgangspunkt einer sequentiellen Hybridstrategie ist regelmäßig eine Differenzierung, mittels derer sich Neuanbieter von den etablierten Unternehmen abheben. Im Verlauf des Wettbewerbsprozesses setzen sich einige der differenzierten Leistungsmerkmale im Markt als Standard durch. Gelingt einem Unternehmen die Etablierung eines Standards, hat es einen wettbewerbsstrategischen Vorteil gegenüber den Unternehmen, die den Standard nicht anbieten. Der Wettbewerbsvorteil läßt sich jedoch zumeist nicht nachhaltig aufrecht erhalten: Unternehmen, die die Herausbildung des Marktstandards abgewartet haben, werden diesen nachahmen. Bieten sie den Standard preisgünstiger an als der Standardsetter, wird dieser einen Nachfragerückgang verzeichnen. Hiervor kann er sich schützen, wenn er - unter Beibehaltung des Differenzierungsvorteils - frühzeitig zu einer Strategie der Kostenführerschaft wechselt. Der Anbieter verzeichnet sodann einen Wettbewerbsvorteil gegenüber Unternehmen, die inzwischen vergleichbar differenzierte Produkte anbieten, dies jedoch zu höheren Preisen[169].

Der Markt befindet sich nun in einem kostengeleiteten Wettbewerb. Da dieser zu ruinösen Preiskämpfen führt, ergreifen die Anbieter Maßnahmen, um das Preis- und damit das Erlösniveau wieder anzuheben. Auf Grundlage des bereits erzielten Kostenvorteils wechseln die Unternehmen daher erneut zu einer Differenzierungsstrategie. Sind die Abnehmer bereit, für die differenzierten Leistungsmerkmale Preisprämien zu zahlen, erhöht sich das Preisniveau im Markt[170]. Der Differenzierungsvorteil wird jedoch wiederum nur zeitlich befristet aufrecht zu erhalten sein. Da Konkurrenten den Vorteil nachahmen, gleichen sich die Leistungen

---

werbsgeschehens und einer Bereitschaft zur frühzeitigen wettbewerbsstrategischen Umorientierung [vgl. hierzu GILBERT/STREBEL (Outpace, 1987), S. 31].

169 Vgl. KLEINALTENKAMP (Dynamisierung, 1987), S. 32.

170 Vgl. GILBERT/STREBEL (Outpace, 1987), S. 28 ff.; KLEINALTENKAMP (Dynamisierung, 1987), S. 32 f.; FLECK (Hybride Wettbewerbsstrategien, 1995), S. 62 ff.

der Anbieter im Zeitablauf wieder an und der bisherige Vorteil wird wettbewerbsstrategisch bedeutungslos[171]. Der Wettbewerb befindet sich nun auf einer „strategischen Ebene", die die Ausgangsbasis eines neuen Strategiezyklusses darstellt[172]. Damit der Wettbewerb weitergeführt werden kann, bedarf es eines wettbewerbsstrategischen Impulses. Der neue Zyklus wird in Gang gesetzt, indem die Anbieter wiederum hybride Wettbewerbsstrategien verfolgen. Erfolgt kein Impuls, setzen sich die Anbieter einem ruinösen Wettbewerb aus[173].

Eine sequentielle Hybridstrategie findet sich beispielsweise bei japanischen Automobilherstellern. Diese Anbieter haben in der Vergangenheit die Marktführung durch eine Strategie erlangt, die geringen Treibstoffverbrauch betont. Sobald andere Hersteller in der Lage waren, diesen Vorteil bei ihren Fahrzeugen ebenfalls anzubieten, gingen die Japaner zu einer Strategie über, die eine hohe technische Fahrzeugqualität beinhaltet. Als wiederum amerikanische Anbieter hinsichtlich der Qualität und der Zuverlässigkeit der Fahrzeuge fast aufgeholt hatten, wechselten die Japaner zu einer Strategie, die das Design beziehungsweise das Image der Fahrzeuge in den Mittelpunkt stellte[174].

Bei dem dargestellten Verlauf einer hybriden Wettbewerbsstrategie handelt es sich um einen idealtypischen. Kein Anbieter ist diesem Verlauf zwangsläufig ausgesetzt. So können sich die Unternehmen dem Strategieverlauf entziehen, indem sie den Markt verlassen anstatt einen Strategiewechsel zu vollziehen. Gleichermaßen können die Anbieter den Ablauf des Strategiezyklusses durch die Entwicklung von Produktinnovationen verändern oder sich dem unmittelbaren Konkurrenzkampf mit den bisherigen Wettbewerbern entziehen, indem sie ihre Geschäftsaktivitäten in andere Märkte lenken[175].

Wettbewerbsstrategien sind zwar die Grundlage dafür, wie Hersteller den Konkurrenzkampf bestreiten; sie bestimmen jedoch nicht das Verhalten, mit dem sich die Anbieter im Wettbewerb begegnen[176]. Dieses Verhalten hat entscheidende Bedeutung für den Wettbewerbserfolg der Unternehmen. Die möglichen Verhal-

---

[171] Vgl. VON OETINGER (Unternehmensstrategien, 1983), S. 45.

[172] Vgl. KLEINALTENKAMP (Dynamisierung, 1987), S. 48 f.; HERLITZ (Lean Management, 1995), S. 45.

[173] Vgl. KLEINALTENKAMP (Dynamisierung, 1987), S. 48 f.

[174] Vgl. KOTLER/BLIEMEL (Marketing-Management, 2001), S. 669.

[175] Vgl. KLEINALTENKAMP (Dynamisierung, 1987), S. 40.

[176] Vgl. BECKER (Marketing-Konzeption, 1998), S. 374.

tensweisen werden daher nachfolgend dargestellt und dahingehend untersucht, welches Verhalten sich für Hersteller empfiehlt, die sich in reifen Märkten bewegen:

3. Ausrichtung unternehmerischen Wettbewerbsverhaltens

Wettbewerbsstrategisches Verhalten drückt sich zum einen in der „Grundausrichtung" des unternehmerischen Handelns der Anbieter aus. Zum anderen umfaßt es die Art und Weise, mit der die Hersteller auf die wettbewerbsstrategischen Maßnahmen ihrer Konkurrenten reagieren.

Die wettbewerbsstrategische Grundausrichtung eines Herstellers kann sich als konventionell oder als unkonventionell darstellen. Konventionell agiert ein Anbieter, sofern er sich an die Standards des jeweiligen Wettbewerbsschauplatzes hinsichtlich der Beschaffungs-, der Fertigungs- oder der Absatzpolitik anpaßt. Unkonventionell verhält sich ein Unternehmen, wenn es sich dabei von den Marktstandards abhebt[177].

Welche Grundausrichtung sich für einen Hersteller empfiehlt, richtet sich nach der Intensität des Wettbewerbs in dem jeweiligen Markt: Je reifer der Markt ist, umso größere Überkapazitäten liegen vor und umso schärfer ist der Wettbewerb. Damit die Leistung eines Herstellers in der Vielfalt der Angebote überhaupt von den Kunden wahrgenommen werden kann, ist in reifen Märkten zumeist eine unkonventionelle Grundausrichtung erforderlich.

Das wettbewerbsstrategische Verhalten eines Unternehmens wird jedoch nicht nur durch seine Grundausrichtung bestimmt, sondern auch durch die Art, mit der der Anbieter den wettbewerbsstrategischen Maßnahmen seiner Konkurrenten begegnet:

Anbieter reagieren regelmäßig, sofern Maßnahmen, die die Marktposition der Konkurrenten verbessern, ihre eigene Marktposition bedrohen[178]. Unternehmen sind daher interessiert, Angriffe ihrer Wettbewerber zu erschweren beziehungsweise zu verhindern. Die Reaktionsweisen, mit denen sie diesen Angriffen begegnen, werden als Verteidigungs- oder als Angriffsstrategien bezeichnet.

---

[177] Dabei erweist sich ein unkonventionelles Verhalten nur als sinnvoll, sofern die Abhebung zur Erzielung eines Wettbewerbsvorteils führt.

[178] Vgl. PORTER (Wettbewerbsstrategie, 1999), S. 142.

Verteidigungs- beziehungsweise defensivstrategische Verhaltensweisen sind darauf ausgerichtet, den „strategischen Status quo" eines Unternehmens zu bewahren[179]. Der Anbieter soll so gegen den Wettbewerb immunisiert werden, dass die Angriffe durch Herausforderer unwahrscheinlicher beziehungsweise weniger bedrohlich werden[180]. Herausforderer können bestehende Wettbewerber sein oder neu in den Markt eintretende Anbieter.

Ist bereits ein Angriff erfolgt, dienen Verteidigungsstrategien dazu, die Herausforderer zu veranlassen, die Zielplanung für die begonnenen Maßnahmen einzustellen oder zumindest dahingehend zu korrigieren, dass die Zielplanung bereits bei einem geringeren Zielerfüllungsgrad als erfüllt gilt[181]. Unternehmen stehen dabei verschiedene Verteidigungsstrategien zur Verfügung[182]:

a) Verringerung der Anreize für einen Angriff

Unternehmen werden die Marktposition etablierter Anbieter nur angreifen, wenn sich ihnen Anreize bieten. In der Regel stellt ein Gewinn einen Anreiz dar[183]. Erwartet ein potentieller Herausforderer infolge eines Angriffs keinen Gewinn, wird er von dem Angriff absehen. Die Gewinne etablierter Anbieter sind ein Indiz für die Attraktivität ihrer Marktposition[184]. Unternehmen, die eine Verteidigungsstrategie verfolgen, müssen daher ständig neu darüber entscheiden, welches Gewinn-Niveau sich im Markt behaupten läßt. Um Anreize für einen Angriff zu verringern, können die Unternehmen vorübergehend auf Gewinne verzichten, indem sie den Kunden Preissenkungen oder Rabatte einräumen[185].

b) Erhöhung von Markteintrittsbarrieren

Sind bei einem Angriff etablierter Anbieter Markteintrittsbarrieren zu überwinden, sinken oftmals die Gewinnaussichten der Herausforderer. Eine Eintrittsbarriere stellt beispielsweise ein hoher Kapitalbedarf für die Forschung und Entwicklung von Produkten dar oder eine Kostendegression, die Unternehmen ab einer bestimmten Größe verzeichnen. Bei einem Herausforderer, der noch keine Degressionseffekte erzielen kann, fallen vergleichsweise hohe Kosten an[186]. Diese

---

179 Vgl. BECKER (Marketing-Konzeption, 1998), S. 375 (auch Zitat).

180 Defensivstrategien werden daher auch als Immunisierungsstrategien bezeichnet [vgl. MEYER/BLÜMELHUBER (Dienstleistungsbereich, 1998), S. 398].

181 Vgl. PORTER (Wettbewerbsvorteile, 2000), S. 631.

182 Vgl. PORTER (Wettbewerbsvorteile, 2000), S. 605 ff.

Kosten schmälern den Gewinn, den der Herausforderer infolge des Angriffs erzielen kann. Ist der Gewinn der Anreiz für den Herausforderer, reduziert sich die Wahrscheinlichkeit eines Angriffs[187]. Etablierte Anbieter können somit durch den Aufbau neuer oder durch die Erhöhung bestehender Barrieren Angriffe erschweren oder unmöglich machen.

c) Steigerung der Vergeltungserwartung

Anbieter werden die wettbewerbsstrategischen Angriffe ihrer Konkurrenten regelmäßig vergelten. Die Vergeltungsschläge können die Marktposition des Herausforderers beeinträchtigen. Die Wahrscheinlichkeit, dass die Marktposition des Herausforderers infolge der Vergeltung schlechter ist als vor dem Angriff, ist dabei umso höher, je aggressiver die Vergeltung erfolgt. Muß ein Herausforderer mit aggressiven Vergeltungsschlägen rechnen, kann ihn dies von einem Angriff abhalten. Folglich besteht eine Verteidigungsstrategie darin, bei potentiellen Herausforderern eine Vergeltungserwartung aufzubauen[188]. Dies kann erfolgen, indem ein Anbieter Entschlossenheit zur Vergeltung oder zur Errichtung von Markteintrittsbarrieren zeigt[189].

Während ein Anbieter, der Anreize verringern will, selbst auf Gewinne verzichten muß, zielt die Erhöhung von Barrieren und die Steigerung der Vergeltungserwartung darauf ab, die Gewinnerwartungen eines Herausforderers zu verringern[190].

Die Verfolgung von Verteidigungsstrategien erweist sich nicht in jeder Wettbewerbsphase als sinnvoll:

---

183 Die Höhe der Gewinne, die ein Herausforderer infolge eines erfolgreichen Angriffs erwartet, hängt davon ab, wie der Herausforderer die künftigen Marktverhältnisse beurteilt und welche Gewinnplanziele er verfolgt [vgl. PORTER (Wettbewerbsvorteile, 2000), S. 624 f.].

184 Dies setzt voraus, dass Herausforderern die Höhe der Gewinne bekannt sind beziehungsweise sie die Höhe der Gewinne annähernd einschätzen können.

185 Vgl. PORTER (Wettbewerbsvorteile, 2000), S. 624 f.

186 Vgl. hierzu und zu weiteren Markteintrittsbarrieren PORTER (Wettbewerbsstrategie, 1999), S. 37 ff.

187 Vgl. PORTER (Wettbewerbsvorteile, 2000), S. 611.

188 Vgl. PORTER (Wettbewerbsstrategie, 1999), S. 142.

189 Vgl. PORTER (Wettbewerbsvorteile, 2000), S. 620 ff.; DERSELBE (Wettbewerbsstrategie, 1999), S. 142 ff.

190 Vgl. PORTER (Wettbewerbsvorteile, 2000), S. 612.

Verteidigungsstrategien sind darauf ausgerichtet, die Nachhaltigkeit erzielter Wettbewerbsvorteile zu verstärken, indem Wettbewerb vermieden wird[191]. Verteidigungsstrategien bewähren sich folglich nicht in Märkten, in denen Wettbewerb nicht vermieden werden kann beziehungsweise in denen Wettbewerbsvorteile nicht nachhaltig aufrecht zu erhalten sind.

Die reifen Märkte des produzierenden Gewerbes sind von intensivem Wettbewerb gekennzeichnet. Es sind kaum noch Potentiale zur Erzielung von Wettbewerbsvorteilen vorhanden, die auf dem Produkt aufbauen. Strategien, die darauf abzielen, produktbezogene Wettbewerbsvorteile nachhaltig zu bewahren beziehungsweise Wettbewerb zu vermeiden, werden in diesen Märkten daher wenig erfolgversprechend sein[192].

In reifen Märkten empfiehlt sich eher die Verfolgung von Angriffsstrategien. Diese ermöglichen den Herstellern, den Wettbewerb aktiv zu gestalten, indem sie Veränderungen der Marktkräfte durch frühzeitige wettbewerbsstrategische Maßnahmen begegnen. Statt eines nachhaltig wirksamen Wettbewerbsvorteils sollten sich die Unternehmen darauf konzentrieren, einen „endlosen Strom" nur jeweils zeitlich befristet wirksamer Wettbewerbsvorteile zu erzielen[193].

Die Verfolgung von Angriffsstrategien kann dazu führen, dass sich die Anbieter nicht nur über Differenzierungs- oder Kostenvorteile von ihren Konkurrenten abheben, sondern auch hinsichtlich ihrer Wettbewerbsschauplätze beziehungsweise hinsichtlich des Aufbaus ihrer Wertketten. Folgende Angriffsstrategien stehen Herstellern dabei zur Verfügung:

---

191 Vgl. PORTER (Wettbewerbsvorteile, 2000), S. 605; JENNER (Hyperwettbewerb, 2000), S. 38.

192 Vgl. D'AVENI (Hyperwettbewerb, 1995), S. 38.

193 Vgl. COOPER (Spitze, 1998), S. 391 (auch Zitat). Das Ziel von Angriffsstrategien ist somit „die kontinuierliche Suche nach Gelegenheiten zur Wiedererfindung der Geschäfte eines Unternehmens" [ZAHN (Strategiekompetenz, 1999), S. 17]. Angriffsstrategien negieren nicht den Erfolg generischer Strategien; sie sprechen jedoch bei ausschließlicher Konzentration auf die Kostenführerschaft oder die Differenzierung den so erzielten Wettbewerbsvorteilen die Nachhaltigkeit ab [vgl. COOPER (Spitze, 1998), S. 13 f.].

- Die Anbieter verändern ihre Leistungsarchitektur[194], indem sie einzelne Aktivitäten ihrer Wertkette neuartig erbringen oder indem sie ihre gesamte Wertkette neu strukturieren.
- Die Hersteller bestimmen ihren Wettbewerbsschauplatz neu, wobei auch hier die Wertketten der Unternehmen neu strukturiert werden.
- Die Unternehmen erwerben die angestrebte Marktposition durch Vornahme hoher wettbewerbsstrategischer Investitionen.

Ein Anbieter verändert seine Wertkette, indem er seine Kosten senkt oder seine Leistungen stärker differenziert.

Ein Wettbewerbsschauplatz wird neu ausgerichtet, indem ein Hersteller sein Leistungsprogramm austauscht, erweitert oder verkleinert[195]. Den Wettbewerbsschauplatz sollten Hersteller verändern, wenn die Potentiale des bisherigen Wettbewerbsschauplatzes erschlossen sind. Da die Wettbewerbsintensität in diesem Fall zumeist sehr hoch ist, kann sich ein Anbieter so dem Konkurrenzkampf auf seinem bisherigen Wettbewerbsschauplatz entziehen und die Erfolgspotentiale erschließen, die der veränderte Wettbewerbsschauplatz bietet.

Läßt ein Anbieter seine Wertkette und seinen Wettbewerbsschauplatz unverändert, können Wettbewerbsvorteile auf Basis wettbewerbsstrategischer Investitionen erzielt werden[196].

Jede dieser Strategien kann die Unternehmen - zumindest für einen bestimmten Zeitraum - vor einem wettbewerbsstrategischen Angriff schützen (siehe Abb. 8).

In Märkten, in denen die Anbieter Angriffsstrategien verfolgen, stellt sich der Konkurrenzkampf somit oftmals als Wettbewerb um einzigartig strukturierte Wertketten beziehungsweise um Wettbewerbsschauplätze dar.

---

194 Eine Leistungsarchitektur bezeichnet "die Gestalt und das Zusammenspiel aller wertschöpfungsgenerierenden Prozesse, die zur Erstellung und Vermarktung einer spezifizierten Produkt- oder Dienstleistungskonfiguration erforderlich sind" [PAULS (Business-Migration, 1998), S. 142].

195 Vgl. PORTER (Wettbewerbsvorteile, 2000), S. 655.

196 Vgl. PORTER (Wettbewerbsvorteile, 2000), S. 649 f.

		Wertkette (im Vergleich zu den Konkurrenten)		
		identisch	**partiell neu**	**vollständig abweichend**
Wettbewerbsschauplatz (im Vergleich zu den Konkurrenten)	**identisch**	wettbewerbs-strategische Investitionen	Neustrukturierung	Neustrukturierung
	abweichend	Neubestimmung	Neustrukturierung und Neubestimmung	Neustrukturierung und Neubestimmung

Abb. 8: Angriffsstrategien[197]

Die Verfolgung von Angriffsstrategien beeinflußt das Wettbewerbsgeschehen in den Märkten erheblich:

Hersteller stehen unmittelbar nur mit den Anbietern im Wettbewerb, die den Kunden über ihre Leistungsarchitektur ähnliche „Nutzenwerte" bieten[198]. Konzentrieren sich Hersteller mit ihren wettbewerbsstrategischen Maßnahmen auf einen Wettbewerbsschauplatz, werden sie mit den Marktkräften konfrontiert, die auf den jeweiligen Schauplatz einwirken[199]. Die Anbieter setzen sich der ausschließlichen Konkurrenz mit den jeweils anderen Unternehmen auf dem Schauplatz aus. Verändern Hersteller ihre Leistungsarchitektur beziehungsweise ihren Wettbewerbsschauplatz, integrieren sie oftmals Aktivitäten in ihre Wertkette, die bisher Bestandteil von Wertketten waren, die innerhalb des Wertsystems vor- oder nachgelagert sind oder anderen Wertsystemen entstammen. Die Wertschöpfungsstrukturen der Wertsysteme verschieben sich und die Anbieter werden mit neuen Wettbewerbern beziehungsweise mit Wettbewerbskräften konfrontiert, die in anderer Intensität auf die Unternehmen einwirken, als dies vor Ergreifung der Angriffsstrategie der Fall war. Um diese Wettbewerbskräfte antizipieren zu können, müssen die Anbieter ihre Wettbewerbsstrategien beziehungsweise ihre wettbewerbsstrategischen Maßnahmen anpassen.

Die Verfolgung von Angriffsstrategien führt somit dazu, dass sich neue Wettbewerbsschauplätze formieren und sich bestehende Schauplätze zurückbilden beziehungsweise auflösen.

---

197 Angelehnt an PORTER (Wettbewerbsvorteile, 2000), S. 650.
198 Vgl. ähnlich PAULS (Business-Migration, 1998), S. 95 (auch Zitat).
199 Vgl. PORTER (Wettbewerbsstrategie, 1999), S. 33.

Es ist für jeden Hersteller wichtig, die Grenzen seines Wettbewerbsschauplatzes zu kennen:

Unternehmen behaupten sich im Rahmen ihrer Stärken und Schwächen gegenüber den Chancen und Risiken ihres Wettbewerbsschauplatzes. Um wettbewerbsstrategische Maßnahmen zielgerichtet ergreifen zu können, ist es erforderlich, dass der Wettbewerbsschauplatz der Anbieter abgegrenzt ist. Nur so können die zur Verfügung stehenden Informationen über die den Wettbewerb beeinflussenden Kräfte selektiv auf Relevanz geprüft, zugeordnet und interpretiert[200] und die Gefahr des Nichteinbezugs relevanter Wettbewerbskräfte vermieden werden[201]. In Märkten, in denen sich die Wettbewerbsschauplätze der Anbieter verändern, können die einmal getroffenen „Grundannahmen strategischer Unternehmensführung" - die Identifikation von Wettbewerbsschauplätzen und Wettbewerbern - nicht mehr aufrecht erhalten werden. Damit wettbewerbsstrategische Maßnahmen zielgerichtet ergriffen werden und die Anbieter langfristig existieren können, sind die Abgrenzungen von Wettbewerbsschauplätzen in diesen Märkten daher regelmäßig zu überprüfen und gegebenenfalls neu festzulegen[202].

Nachfolgend werden die klassischen Abgrenzungsmerkmale von Wettbewerbsschauplätzen dargestellt und dahingehend untersucht, inwieweit sie sich in reifen Märkten zur Steuerung der wettbewerbsstrategischen Maßnahmen von Herstellern eignen:

III. Dienstleistungen als wettbewerbsstrategische Option für Hersteller

1. Obsoleszenz traditioneller Wettbewerbsschauplätze

1.1 Branchen

Wettbewerbsschauplätze können nach verschiedenen Kriterien abgegrenzt werden. Die klassische Abgrenzung erfolgt nach Branchen. Diese umfassen Unternehmen, welche untereinander austauschbare Produkte oder Produktkategorien anbieten. Als austauschbar gelten Produkte, sofern eine Preissteigerung bei einem Produkt eine Nachfragesteigerung bei einem anderen Produkt auslöst[203]. Herstel-

200 Vgl. HAMEL/PRAHALAD (Zukunft, 1995), S. 304.

201 Vgl. PORTER (Wettbewerbsstrategie, 1999), S. 67 ff.

202 Vgl. HEUSKEL (Industriegrenzen, 1999), S. 27 (auch Zitat).

203 Als substituierbar gelten somit Produkte mit einer hohen Kreuzpreiselastizität der Nachfrage [vgl. KOTLER/BLIEMEL (Marketing-Management, 2001), S. 658 f.].

ler, die eine Branche als ihren Wettbewerbsschauplatz betrachten, sehen folglich die Anbieter von Substituten ihrer Produkte als ihre Wettbewerber an.

Sofern Hersteller hingegen die Anbieter als Wettbewerber ansehen, die um die gleichen Kundengruppen konkurrieren, wird ein Markt als Wettbewerbsschauplatz abgegrenzt[204].

Wettbewerbsschauplätze können nicht nur nach Branchen oder nach Märkten unterteilt werden. Auch innerhalb von Branchen ist eine Segmentierung möglich:

Die Anbieter einer Branche offerieren Leistungen, die den Abnehmern einen vergleichbaren Nutzen stiften. Da sich die Branchenteilnehmer dabei verschiedener Wettbewerbsstrategien bedienen, schwankt die Intensität des Wettbewerbs unter den Anbietern einer Branche. Der Wettbewerb ist umso intensiver, je vergleichbarer die Wettbewerbsstrategien der Anbieter sind. Folglich ist der Wettbewerb zwischen den Unternehmen am intensivsten, die die gleiche Wettbewerbsstrategie verfolgen. Branchen werden daher anhand der von den Branchenteilnehmern verfolgten Wettbewerbsstrategien in sogenannte 'strategische Gruppen' unterteilt:

1.2 Strategische Gruppen

Eine strategische Gruppe bilden die Unternehmen innerhalb einer Branche, die eine gleiche oder eine ähnliche Wettbewerbsstrategie verfolgen[205]. Die Anbieter werden den strategischen Gruppen anhand ausgeprägter wettbewerbsstrategischer Unterschiede zugeordnet. Die Mitglieder einer Gruppe sind zumeist vergleichbar hinsichtlich der Qualität der von ihnen angebotene Produkte, der verwendeten technologischen Standards, der praktizierten Preispolitik und der genutzten Absatzkanäle[206]. Alle Gruppenmitglieder unterliegen dem Einfluß der Marktkräfte in ähnlicher Intensität und nähern sich bezüglich der von ihnen erschlossenen Anteile am Marktpotential im Zeitablauf an[207].

Strategische Gruppen werden nachfolgend beispielhaft anhand einer Betrachtung der Haushaltsgerätebranche dargestellt: Eine strategische Gruppe definiert sich in dieser Branche über eine hohe Produkt- und Service-Qualität. Zu dieser Gruppe gehören Unternehmen wie MIELE, BAUKNECHT, KRUPS und BRAUN. Eine weitere

---

204 Vgl. KOTLER/BLIEMEL (Marketing-Management, 2001), S. 663.
205 Vgl. KOTLER/BLIEMEL (Marketing-Management, 2001), S. 667.
206 Vgl. MAUTHE (Strategische Analyse, 1984), S. 211.
207 Vgl. PORTER (Wettbewerbsstrategie, 1999), S. 183 ff.

Gruppe umfaßt Großanbieter wie SIEMENS, BOSCH und AEG, die sich durch ein breites Produktangebot mit durchschnittlichem Qualitäts- und Service-Niveau auszeichnen. Zur dritten strategischen Gruppe gehören wiederum Anbieter, die ebenfalls ein durchschnittliches Qualitäts- und Service-Niveau anbieten, sich dabei allerdings nur auf wenige Produkte konzentrieren. Die letzte Gruppe bilden Unternehmen, die bei einem breiten Sortiment eine reine Kostenstrategie verfolgen beziehungsweise die ausschließlich Billigprodukte anbieten[208].

Die Aufteilung von Unternehmen nach Wettbewerbsschauplätzen dient der Steuerung wettbewerbsstrategischer Maßnahmen[209]. Dabei ist eine Abgrenzung von Wettbewerbsschauplätzen nur sinnvoll, wenn sie eine effiziente und effektive Steuerung der Maßnahmen auch unter einem sich verändernden Wettbewerbsgeschehen ermöglicht[210].

Es ist nachfolgend zu untersuchen, inwieweit die klassischen Abgrenzungen von Wettbewerbsschauplätzen nach Branchen diesem Zweck in den Märkten des produzierenden Gewerbes gerecht werden. Dabei wird zunächst dargestellt, welche Auswirkungen die derzeitigen Veränderungen des Wettbewerbsgeschehens in den Märkten auf die Abgrenzung der Wettbewerbsschauplätze haben:

1.3 Auflösung traditioneller Wettbewerbsschauplätze durch Migration

Die derzeitige Entwicklung des Wettbewerbs in den Märkten des produzierenden Gewerbes führt dazu, dass Leistungsangebote heute so gestaltet werden, dass sie immer stärkere „Substitutions- und Komplementärbeziehungen" zu vor- und nachgelagerten Wertketten des jeweils betrachteten Wertsystems beziehungsweise zu branchenfremden Wertsystemen aufweisen[211]. Die Wertschöpfungsstrukturen in den Branchen formieren sich neu und beziehen auch Wertschöpfungsanteile ein, die bisher in anderen Branchen generiert wurden. Einige Unternehmen integrieren dabei Leistungen in ihre Leistungsarchitektur, die primär von Anbietern anderer Branchen erbracht werden. Die Anbieter begeben sich auf einzelnen Stu-

---

208 Vgl. KOTLER/BLIEMEL (Marketing-Management, 2001), S. 667 f.

209 Vgl. HERLITZ (Lean Management, 1995), S. 12.

210 Als Effizienz wird der „Zielerfüllungsgrad" im Hinblick auf Kosten, Zeit und Qualität verstanden, als Effektivität die Zielgestaltung beispielsweise hinsichtlich der Flexibilität [vgl. KREIKEBAUM (Organisationsmanagement, 2002), S. 3 (auch Zitat)].

fen ihrer Wertkette in fremde Branchen und entwickeln eine „Geschäftslogik", die in der eigenen und in der fremden Branche Gültigkeit besitzt[212]. Durch ihre „Wanderung" kombinieren die Anbieter innerhalb ihrer Leistungsarchitektur Einzelnutzen aus der Heimatbranche[213] sowie der Zielbranche[214]. Es kommt „zum Zusammenwachsen beziehungsweise zum Verschmelzen zweier Wettbewerbsschauplätze"[215]. Dabei dekonstruieren die Unternehmen ihre Wertketten und rekombinieren sie zu einem „flexiblen Verbundsystem von Aktivitäten"[216]. Die Wertkette eines Unternehmens weicht nach einer solchen branchenübergreifenden Wanderung von den Wertketten der in der Heimat- und in der Zielbranche etablierten Unternehmen ab[217]. Durch die Aufnahme eines branchenfremden Leistungsangebotes wird jede Wertschöpfungsstufe zum „unabhängigen eigenen Markt"[218] und der Wettbewerb zwischen einst in ihrer Wertkette vergleichbaren Unternehmen wird zum „Wertschichtenwettbewerb"[219]. Der Konkurrenzkampf entscheidet sich nicht mehr über die Fähigkeit der Anbieter, sich innerhalb bestehender Wettbewerbsschauplätze wettbewerbsstrategisch bestmöglich zu positionieren, sondern darüber, „intelligente" neue Leistungsarchitekturen beziehungsweise neue Wettbewerbsschauplätze zu schaffen[220].

---

211 Vgl. PAULS (Business-Migration, 1998), S. 66 (auch Zitat); ähnlich PORTER (Wettbewerbsstrategie, 1999), S. 36.

212 Vgl. PAULS (Business-Migration, 1998), S. 101 (auch Zitat).

213 Als Heimatbranche gilt die Branche, in der ein Unternehmen vor der Wanderung ausschließlich im Wettbewerb stand.

214 Als Zielbranche wird die Branche bezeichnet, in die ein Unternehmen wandert.

215 Das Zusammenwachsen der beiden Branchen erfolgt über den Zufluß relativer Wertströme von den Wettbewerbern der Branche, in die gewandert wird, zu dem wandernden Unternehmen [vgl. PAULS (Business-Migration, 1998), S. 128]. Es wird dabei implizit unterstellt, dass in einen bestehenden Markt gewandert wird und dass dies durch Maßnahmen erfolgt, die den Kunden in diesem Markt einen Nutzen stiften. PAULS bezeichnet den Zufluß relativer Wertströme als „immaterielle Verbundenheit", während wettbewerbsstrategische Maßnahmen in der Zielbranche eine „materielle Verbundenheit" begründen. Je ausgeprägter die immaterielle Verbundenheit ist, umso schneller erodiert die Heimatbranche als Wettbewerbsschauplatz des wandernden Unternehmens [vgl. EBENDA, S. 128 f. (auch Zitate)].

216 Vgl. HEUSKEL (Industriegrenzen, 1999), S. 36 (auch Zitat). „Increasingly, successful companies do not just *add* value, they *reinvent* it" [NORMANN/RAMÍREZ (Interactive Strategy, 1993), S. 65].

217 Vgl. HEUSKEL (Industriegrenzen, 1999), S. 16.

218 HEUSKEL (Industriegrenzen, 1999), S. 120.

219 Vgl. HEUSKEL (Industriegrenzen, 1999), S. 36 (auch Zitat).

220 Vgl. HEUSKEL (Industriegrenzen, 1999), S. 27 f.

Die Wanderung in eine fremde Branche wird als Business-Migration[221] bezeichnet. Sie kann vertikal oder horizontal erfolgen[222]:

a) Vertikale Migration

Bei der vertikalen Migration wandert ein Unternehmen in Branchen, die seiner Wertschöpfungsstufe vor- oder nachgelagert sind. Ein Beispiel für eine vertikale Migration ist im VOLKSWAGEN-Konzern zu finden. Dort wurde die Vertriebstätigkeit noch vor einiger Zeit über das Händler-Netzwerk organisiert. Derzeit geht VOLKSWAGEN dazu über, das Netzwerk zu verkleinern und die Vertriebsaktivitäten auf Konzernebene zu bündeln[223]. VOLKSWAGEN integriert somit eine Wertschöpfungsstufe in seine Wertkette, die bisher fremdvergeben wurde.

b) Horizontale Migration

Eine horizontale Migration findet statt, wenn ein Anbieter in Branchen wandert, die sich auf der gleichen Wertschöpfungsstufe befinden. Eine horizontale Migrationsbewegung zeigt ebenfalls VOLKSWAGEN, indem die konzerneigene Bank Kaskoversicherungen anbietet.

Anhand des letztgenannten Beispiels kann verdeutlicht werden, wie umfassend branchenübergreifende Erfolgspotentiale entstehen können:

Während der Marktanteil der Automobilhersteller im Kasko-Bereich in 2002 noch bei circa 5% lag, planen die Anbieter, den Versicherungen bis 2011 weitere 11% abzunehmen. Vier von fünf Herstellern wollen ihren Kunden eine Kfz-Versicherung anbieten, wobei jeder dritte Neuwagen über einen Automobilhersteller versichert werden soll[224]. Die Hersteller bauen sich durch die Migration erhebliche Erfolgspotentiale auf. Sie stellen sich dem Wettbewerb mit Versicherungen und setzen sich den Wettbewerbskräften aus, denen die Versicherungsbranche unterliegt. Hätten sich die Automobilhersteller mit ihren wettbewerbsstrategischen Aktivitäten ausschließlich auf ihre ursprüngliche Branche konzentriert, wä-

---

221 Bei 'Business-Migration' handelt es sich um einen Begriff, der sich bisher nicht umfänglich in der Literatur durchgesetzt hat [vgl. PAULS (Business-Migration, 1998), S. 135]. Im Rahmen der vorliegenden Arbeit findet nachfolgend ausschließlich der Begriff 'Migration' Anwendung.

222 Vgl. PAULS (Business-Migration, 1998), S. 135 f.

223 Vgl. O. V. (Vertrieb, 2004), HTTP://WWW.FUHRPARK.DE vom 02.07.2004.

ren die dort erschließbaren Marktpotentiale längst ausgeschöpft und der starke Wettbewerbsdruck hätte viele Anbieter aus dem Markt gedrängt.

Das sich verändernde Wettbewerbsgeschehen führt dazu, dass Branchen wachsen und degenerieren, entstehen und verschwinden, konvergieren und divergieren[225]. Es trägt dazu bei, dass die klassischen Abgrenzungen von Wettbewerbsschauplätzen im Zeitablauf instabil werden[226] und eindeutige Branchengrenzen kaum noch identifiziert werden können[227]. Längst bieten Banken nicht mehr allein Finanzdienstleistungen an, sondern beispielsweise auch die Erbringung von Dienstleistungen aus dem IT-Bereich oder die Herausgabe von Kunden- beziehungsweise von Kreditkarten für die Kunden von Supermarktketten[228].

Hersteller befinden sich heute zumeist in einem intensiven Konkurrenzkampf und die Erfolgspotentiale, die auf Grundlage von Produkten erschlossen werden können, sind weitestgehend ausgeschöpft. Die Erschließung neuer Erfolgspotentiale ist Herstellern zwangsläufig nicht möglich, sofern sie ihr wettbewerbsstrategisches Handeln auf ihre jeweilige Branche beschränken und ausschließlich mit den Unternehmen in Wettbewerb treten, die substituierbare Produkte anbieten. Zur Sicherung ihrer langfristigen Existenz müssen Hersteller auch Erfolgspotentiale erschließen, die nicht produktbezogen sind. Eine einmal gewählte Abgrenzung von Wettbewerbsschauplätzen darf daher nicht als gegeben betrachtet werden. Die Abgrenzung der Schauplätze muß vielmehr einer kontinuierlichen Neugestaltung unterliegen[229]. In den Mittelpunkt wettbewerbsstrategischen Vorgehens sollte statt eines Verharrens in definierten Branchengrenzen zunehmend eine Transformation ehemaliger Branchengrenzen rücken.

Eine Abgrenzung von Wettbewerbsschauplätzen nach Branchen erweist sich in reifen Märkten somit wettbewerbsstrategisch regelmäßig als nicht zweckmäßig.

---

224 Vgl. HTTP://WWW.MUMMERT-CONSULTING.DE vom 13.05.2002.

225 Vgl. PAULS (Business-Migration, 1998), S. 63 f.; HEUSKEL (Industriegrenzen, 1999), S. 46.

226 Vgl. PAULS (Business-Migration, 1998), S. 68; ferner KIM/MAUBORGNE (Branchengrenzen, 1999), S. 50.

227 Vgl. PAULS (Business-Migration, 1998), S. 64. SCHENDEL spricht aufgrund des gravierenden Einflusses der Umweltfaktoren in diesem Zusammenhang auch von einer „industriellen Revolution" [SCHENDEL (Strategy, 1994), S. 9].

228 HEUSKEL spricht in diesem Zusammenhang von einem „Finanzdienstleistungskaufhaus" [HEUSKEL (Industriegrenzen, 1999), S. 128].

229 Vgl. SCHENDEL (Strategy, 1994), S. 9.

Es ist daher nachfolgend zu untersuchen, anhand welcher Merkmale Wettbewerbsschauplätze sinnvollerweise abgegrenzt werden sollten:

2. Neudefinition von Wettbewerbsschauplätzen

Betrachten Hersteller eine Branche als ihren Wettbewerbsschauplatz, nehmen sie die Abgrenzung anhand der angebotenen Produkte beziehungsweise Produktkategorien vor. Die Anbieter definieren ihren Wettbewerbsschauplatz über ihr Leistungsangebot und somit aus Sicht ihrer Unternehmen. Um geeignete Merkmale für die Abgrenzung von Wettbewerbsschauplätzen finden zu können, ist daher zunächst die Perspektive zu überprüfen, aus der Wettbewerbsschauplätze zu bestimmen sind:

In reifen Märkten entscheidet sich der Markterfolg von Herstellern regelmäßig über die Qualität der Kundenbeziehungen. Um Abnehmer zu binden, ist Kundennähe erforderlich. Die angebotenen Leistungen müssen die Bedürfnisse der Nachfrager befriedigen. Dies gelingt regelmäßig nur, wenn von den Herstellern vielfältige Leistungskomponenten im Rahmen eines Leistungsbündels[230] erbracht werden. Im Sinne der Kundennähe sind dabei zwangsläufig auch Leistungen zu erbringen, die traditionell von Anbietern anderer Branchen erbracht werden[231]. Leistungsbündel sollten daher anhand des Nutzens zusammengestellt werden, den sie den Abnehmern bei der Lösung eines Problems stiften, nicht anhand der in einer Branche angebotenen Produkte oder Produktkategorien[232]. Ein Beispiel für eine kundennahe Leistungsbündelung zeigt die Initiative 'SIEMENS One' des SIEMENS-Konzerns in den USA: Im Rahmen dieser Initiative bietet SIEMENS den Kunden Leistungsbündel an, die Elemente aus verschiedenen Konzernbereichen umfassen. So werden beispielsweise für Flughäfen Sicherheitspakete angeboten, die ein Krisenmanagement, die Absicherung von Gebäuden, Energie- und Kommunikationsnetzen sowie Abwehrmaßnahmen gegen terroristische Angriffe

---

230 Das Angebot von Leistungsbündeln stellt eine „Strategie der Entwicklung, Gestaltung und Erstellung vernetzter Leistungsangebote" dar [REICHWALD/MÖSLEIN (Innovationsstrategien, 1997), S. 90].

231 Vgl. LEHMANN (Dienstleistungsmanagement, 1993), S. 17; PAULS (Business-Migration, 1998), S. 117.

232 Vgl. hierzu ENGELHARDT/KLEINALTENKAMP/RECKENFELDERBÄUMER (Leistungsbündel, 1993), S. 407; PAULS (Business-Migration, 1998), S. 141.

beinhalten. Durch die Bündelung von Leistungen konnte SIEMENS den Umsatz um rund US$ 1 Mrd steigern[233].

Das Leistungsprogramm von Herstellern ist bei einer konsequenten Kundenorientierung somit auf Basis des erzielbaren Kundennutzens zusammenzustellen. Da der Kundennutzen maßgeblich für den Erfolg des Unternehmens ist, sollte der Kundennutzen auch die Abgrenzung der Wettbewerbsschauplätze von Herstellern bestimmen. Wettbewerbsschauplätze sind infolgedessen nicht aus Sicht der Anbieter, sondern aus der Perspektive der Kunden festzulegen. Die Grenzen der Wettbewerbsschauplätze werden durch die Bedürfnisse der Abnehmer bestimmt. Der Nutzen, den ein Leistungsbündel für einen Kunden aufweist, wird durch die Leistungsarchitektur des Anbieters gestiftet. Verändern sich die Bedürfnisse der Kunden, ist dies in der Leistungsarchitektur der Anbieter zu berücksichtigen. Anderenfalls sinkt der Nutzen des Leistungsbündels für die Abnehmer. Die anhand des Kundennutzens festgelegten Grenzen eines Wettbewerbsschauplatzes sind daher nur solange stabil, bis Veränderungen in den Bedürfnissen der Abnehmer auftreten. In diesem Fall muß die Leistungsarchitektur der Hersteller dem veränderten Bedarf der Kunden angepaßt werden, indem die nunmehr wettbewerbsstrategisch bedeutsamen Leistungen in das Angebotsprogramm aufgenommen werden[234].

Bei der Definition von Wettbewerbsschauplätzen ist jedoch zu berücksichtigen, dass sich nicht jede branchenübergreifende Bündelung von Leistungen für einen Hersteller wettbewerbsstrategisch als sinnvoll erweist. Eine Leistungsbündelung ist nur sinnvoll, sofern durch eine „intelligente Kombination" der Einzelnutzen ein neuer beziehungsweise ein neuartiger Kundennutzen geschaffen werden kann. Ein neuartiger Nutzen entsteht, indem ein Hersteller die Eigenschaften seiner Leistungen verändert oder indem er vorhandene Leistungen innerhalb seiner Leistungsarchitektur neu kombiniert[235].

Um beurteilen zu können, welche branchenübergreifende Bündelung von Leistungen sich für Hersteller als vorteilhaft erweisen kann, sind nachfolgend die Optionen aufzuzeigen, die den Unternehmen hierfür zur Verfügung stehen:

---

233 Vgl. HTTP://WWW.SIEMENS.COM vom 15.04.2002; BORCHARDT (Siemens, 2004), HTTP://-WWW. FTD.DE vom 20.02.2004.

234 Vgl. PAULS (Business-Migration, 1998), S. 131.

235 Vgl. PAULS (Business-Migration, 1998), S. 210 (auch Zitat).

3. Neuausrichtung von Wettbewerbsschauplätzen in reifen Märkten

3.1 Möglichkeiten der Produktdifferenzierung

In reifen Märkten ist die Gestaltung des Leistungsprogramms eines Herstellers von erheblicher wettbewerbsstrategischer Bedeutung. Damit die Leistung eines Anbieters von den Kunden wahrgenommen werden kann, muß sie sich von vergleichbaren Leistungen der Konkurrenten abheben.

Da die Hersteller in reifen Märkten regelmäßig alle Kostensenkungspotentiale ausgeschöpft haben, kann die Abhebung zumeist nur über einen Differenzierungsvorteil erfolgen. Dabei stehen Herstellern unterschiedliche Möglichkeiten zur Verfügung, Differenzierungspotentiale zu erschließen:

Ansätze für eine Leistungsdifferenzierung ergeben sich in erster Linie aus dem Produkt. Dabei können

- technische,
- ästhetische,
- imagebezogene sowie
- leistungsadditive

Differenzierungsquellen genutzt werden. Bei der technischen Differenzierung wird die Unterscheidbarkeit des Produktes durch Veränderung seiner funktionalen oder seiner physikalischen Eigenschaften erzielt. Das sogenannte 'Kernprodukt' wird dabei beispielsweise über die Qualität oder über das verwendete Material differenziert.

Bei der ästhetischen beziehungsweise bei der imagebezogenen Differenzierung wird das äußere Erscheinungsbild beziehungsweise die Wahrnehmung des Produktes für eine Differenzierung genutzt. Eine solche Differenzierung kann über die Farbe, das Design sowie über den Markennamen des Produktes erfolgen. Produkte, die imagebezogene oder ästhetische Differenzierungsmerkmale beinhalten, werden auch als formale Produkte bezeichnet.

Hebt sich ein Hersteller von seinen Konkurrenten ab, indem er seinen Kunden Leistungen anbietet, deren Nutzen über den Nutzen des formalen Produktes hinausgeht, handelt es sich um eine produktadditive oder produktbegleitende Differenzierung beziehungsweise um ein erweitertes Produkt[236]. Produktadditive Nutzen bieten Dienstleistungen wie Product Services, die die Wartung und die Reparatur der Produkte umfassen, oder auch Finanzdienstleistungen.

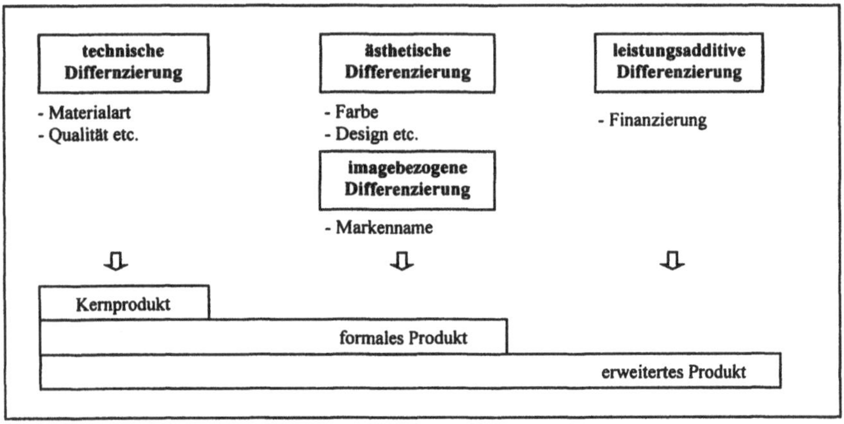

Abb. 9: Quellen der Produktdifferenzierung

Zwischen den einzelnen Differenzierungsquellen bestehen vielfältige Interdependenzen. So kann beispielsweise eine imagebezogene Differenzierung durch ästhetische, durch technische oder durch leistungsadditive Maßnahmen sowohl unterstützt als auch konterkariert werden.

Die Differenzierungsquellen stehen den Anbietern nicht zu jedem Zeitpunkt des Wettbewerbskampfes uneingeschränkt zur Verfügung. Die Höhe des ausschöpfbaren Differenzierungspotentials eines Produktes schwankt mit dem Reifegrad des Marktes.

Differenzierungspotentiale werden im Zeitablauf ausgeschöpft. Das verfügbare Potential ist in jungen Schrittmachermärkten erheblich größer als in reifen Basismärkten. Da eine Vielzahl der Anbieter die produkttechnologischen Standards beherrscht, haben sich die Produkte in reifen Märkten technologisch angeglichen[237]. Den Herstellern bieten sich daher nur noch wenige Möglichkeiten, sich über eine

---

236 Vgl. OLEMOTZ (Wettbewerbsvorteile, 1995), S. 55 f. Zu anderweitigen Unterteilungen der sogenannten 'virtuellen Produktebenen' vgl. beispielsweise RAPP (Dienstleistungen, 1993), S. 137 oder KOTLER/BLIEMEL (Marketing-Management, 2001), S. 716 ff.

237 Vgl. GRUHLER (Strukturwandel, 1990), S. 105.

technische Differenzierung von ihren Konkurrenten abzuheben. Neben der technologischen Standardisierung ist zumeist auch eine Vereinheitlichung des äußeren Erscheinungsbildes der Produkte wahrzunehmen. Infolgedessen unterscheiden sich die Produkte auch kaum mehr ästhetisch voneinander. Eine Differenzierung ist in reifen Märkten daher ausschließlich über produktadditive oder über imagebezogene Leistungskomponenten möglich[238].

Das Differenzierungspotential eines Produktes verändert sich jedoch nicht nur mit den Marktsituationen, in denen sich ein Anbieter befindet. Inwieweit ein Differenzierungspotential vorhanden ist, hängt auch von der Bedürfnisstruktur der Kunden ab:

Die Nachfrage nach einer Leistung richtet sich danach, in welchem Umfang die Leistung zur Befriedigung der Abnehmerbedürfnisse beiträgt[239]. Produkte zeichnen sich primär durch eine technologische Funktion aus, die ein Problem der Abnehmer löst. Derzeit fordern die Kunden die Befriedigung zunehmend komplexerer Bedürfnisse. Die Kunden erwarten, dass die Leistung der Hersteller einen über die technologische Funktion hinausgehenden Problemlösungsbeitrag liefert. Die Bedürfnisse der Kunden sind daher nur durch ein Angebot von Produkt und produktadditiver Dienstleistung zu befriedigen.

In reifen Märkten können sich Hersteller somit regelmäßig nur durch ein produktadditives Dienstleistungsangebot voneinander abheben[240]. Um sich langfristig im Markt zu behaupten, müssen die Anbieter Erfolgspotentiale außerhalb ihrer klassischen Tätigkeitsfelder aufbauen. Um in einem reifen Markt zu bestehen, sind neue Geschäftsfelder und damit neue Wettbewerbsschauplätze zu erobern[241].

---

238 Vgl. HENKEL (Dienstleistung, 1993), S. 46; SOLIMAN/JUSTUS/ARENA (Hersteller, 1997), S. 19; ALBACH (Dienstleistungsunternehmen, 1989), S. 399; HOMBURG/GARBE (Industrielle Dienstleistungen, 1996), S. 270; BÜHNER (Technologieorientierung, 1988), S. 395; RIESENBECK/HERRMANN (Dienstleistungsbranchen, 2000), S. 29; BUTTLER/STEGNER (Dienstleistung, 1990), S. 939.

239 Vgl. BEA/HAAS (Management, 1997), S. 115; PINE/PEPPERS/ROGERS (Customers, 1995), S. 103.

240 Vgl. OLEMOTZ (Wettbewerbsvorteile, 1995), S. 88. Zur steigenden Bedeutung produktadditiver Dienstleistungen - insbesondere im Maschinen- und Anlagenbau - vgl. beispielsweise JOCHAM (Maschinenbau, 2002), S. 12.

241 Vgl. HEUSKEL (Industriegrenzen, 1999), S. 7.

Der ehemalige Produzent von Sachleistungen muß heute zu einem Anbieter komplexer Leistungssysteme werden[242].

Nicht jede Dienstleistung, die ein Hersteller produktadditiv anbieten kann, bringt jedoch den gewünschten Differenzierungseffekt beziehungsweise stellt eine intelligente Nutzen-Kombination mit dem Produkt dar. Nachfolgend sind daher zunächst die Dienstleistungen aufzuzeigen, die im Zusammenhang mit Produkten angeboten werden können:

3.2 Typologie herstellerrelevanter Dienstleistungen

Im Zusammenhang mit der Herstellung von Produkten lassen sich zwei relevante Formen von Dienstleistungen unterscheiden:

- Dienstleistungen als Bestandteil des Produktionsprozesses (produktionskomplementäre Dienstleistungen)
- Dienstleistungen als Bestandteil des Absatzprogramms (produktkomplementäre Dienstleistungen).

Dienstleistungen, die Bestandteil des Produktionsprozesses sind, übernehmen Vorleistungs- beziehungsweise Hilfsfunktionen bei der Produkterstellung. Diese Dienstleistungen gehen als Input in dem Produkt unter und sind daher nicht Bestandteil des Absatzprogramms der Hersteller. Der Bedarf an produktionskomplementären Dienstleistungen entsteht ausschließlich innerhalb des Herstellerunternehmens. Produktionskomplementäre Dienstleistungen stellen beispielsweise Leistungen des Rechenzentrums dar.

Produktkomplementäre Dienstleistungen werden hingegen als Output Bestandteil des Absatzprogramms von Herstellern und können ergänzend zum Produkt oder unabhängig von diesem angeboten werden[243]. Diese Dienstleistungen können dabei vor (Pre-Sales-) oder nach (After-Sales-Services) dem Kaufakt erbracht werden. Bei einem Pre-Sales-Service handelt es sich beispielsweise um die Erstellung eines Kostenvoranschlages, während After-Sales-Services die Reparatur oder die

---

242 Ein gebündeltes Angebot von Produkt und Dienstleistung wird auch als „Dienstleistungsfabrik" bezeichnet [CHASE/GARVIN (Dienstleistungsfabrik, 1993), S. 295].

243 Notwendige Voraussetzung für eine unabhängig von der Sachleistung angebotene Dienstleistung ist die Existenz eines Marktes [vgl. OLEMOTZ (Wettbewerbsvorteile, 1995), S. 24 f.].

Wartung eines Produktes umfassen[244]. Im Gegensatz zu produktionskomplementären Dienstleistungen weisen produktkomplementäre Dienstleistungen oftmals nur noch einen geringen Bezug zum Produkt auf. Gar keinen Bezug haben beispielsweise die genannten Baufinanzierungen, die Automobilhersteller neben ihren Produkten anbieten.

Dienstleistungen, die sowohl als innerbetrieblicher Input Verwendung finden als auch als selbständiger Output der Nachfrage unterliegen, werden als duale Dienstleistungen bezeichnet.

Alle Dienstleistungen können von den Unternehmen sowohl selbst erstellt als auch fremdbezogen werden[245].

Entstehung Verwendung	Eigenerstellung	Fremdbezug
	produktionskomplementäre Dienstleistungen	
inputbezogen	z. B. Bereitstellung von Leistungen des Rechenzentrums für andere Abteilungen innerhalb des Unternehmens	z. B. Vergabe von Leistungen des Rechenzentrums an unternehmensexterne Anbieter
	produktkomplementäre Dienstleistungen	
outputbezogen	z. B. Bereitstellung von Leistungen des herstellereigenen Wartungsdienstes für die Kunden	z. B. Vergabe von Wartungsdienstleistungen an unternehmensexterne Anbieter
	duale Dienstleistungen	
input- und outputbezogen	z. B. Bereitstellung von Leistungen der herstellereigenen Schulungsabteilung für die Mitarbeiter des Unternehmens und die Kunden	z. B. Vergabe von Mitarbeiter- und Kundenschulungen an unternehmensexterne Anbieter

Abb. 10: Beispielhafte herstellerrelevante Dienstleistungen

Es läßt sich nicht mit jeder Dienstleistung, die mit der Herstellung von Produkten im Zusammenhang steht, ein Wettbewerbsvorteil erzielen. Ein Dienstleistungsangebot liefert nur dann eine intelligente Nutzen-Kombination mit einem Produkt, wenn es die Voraussetzungen eines Wettbewerbsvorteils erfüllt: Zum einen muß für die Dienstleistung ein Bedarf im Markt bestehen und zum anderen muß die Dienstleistung dazu beitragen, dass sich ein Hersteller in der Wahrnehmung

[244] Vgl. ENGELHARDT/RECKENFELDERBÄUMER (Trägerschaft, 1993), S. 265.
[245] Vgl. FRESE (Strategien, 1994), S. 68.

der Abnehmer von anderen Anbietern abhebt. Eine Dienstleistung erfüllt diese Voraussetzungen nur, sofern sie bestimmte Eigenschaften aufweist, die nachfolgend dargestellt werden:

3.3 Voraussetzungen wettbewerbsstrategisch wirksamer produktadditiver Dienstleistungen

Die Leistung eines Herstellers wird nur nachgefragt, wenn sie dazu beiträgt, ein Problem der Abnehmer zu lösen[246]. Den größten Beitrag zu einer Problemlösung leistet das Produkt selbst: Ein Kunde fragt ein Produkt nur nach, wenn er dessen technologische Funktion benötigt. Das Abnehmerproblem wird somit in erster Linie durch das Produkt gelöst. Folglich leistet eine Dienstleistung einen Beitrag zur Lösung des Problems, sofern der Bedarf an der Dienstleistung im Zusammenhang steht mit der Nachfrage nach dem Produkt. Ein Bedarfszusammenhang liegt vor, wenn „Verwandtschaften zwischen einzelnen Nutzenwerten" bestehen. Eine wettbewerbsstrategisch vorteilhafte Bündelung von Leistungen setzt daher eine Nutzenverwandtschaft zwischen dem Produkt und der Dienstleistung voraus[247].

Eine Nutzenverwandtschaft besteht, sofern der Bedarf an einem Produkt den Bedarf an einer Dienstleistung auslöst und umgekehrt. Eine Dienstleistung weist eine Nutzenverwandtschaft mit einem Produkt auf, sofern sie im Zusammenhang mit der Anschaffung des Produktes nachgefragt werden kann. Dies ist zum Zeitpunkt des Kaufs und während des Zeitraumes der Nutzung des Produktes möglich:

Ein Beispiel für Dienstleistungen, die im Zusammenhang mit der Anschaffung des Produktes nachgefragt werden, sind Finanzdienstleistungen. Ein Abnehmer, der ein Produkt nachfragt, muß sich für eine Form der Finanzierung entscheiden. Es besteht daher ein direkter Bedarfszusammenhang zwischen dem Produkt und Dienstleistungen, die die Finanzierung des Produktes umfassen beziehungsweise die die Nutzung des Produktes ermöglichen. Zu diesen Dienstleistungen gehören Ratenkauf-, Miet- und Leasingverträge.

---

246 Vgl. ENGELHARDT/SCHWAB (Dienstleistungen, 1982), S. 506.

247 Vgl. PAULS (Business-Migration, 1998), S. 210 (auch Zitat). Die Wettbewerbsintensität in der Automobilindustrie ist jedoch inzwischen so ausgeprägt, dass auch Leistungen angeboten werden, die keine Nutzenverwandtschaft mehr aufweisen [siehe hierzu die angebotenen Baufinanzierungen der VOLKSWAGEN Bank].

In der Phase, in der das Produkt genutzt wird, entsteht ein Bedarf, das Produkt zu warten beziehungsweise gegebenenfalls zu reparieren. Es liegt somit ebenfalls ein unmittelbarer Zusammenhang zwischen der Aufrechterhaltung der Gebrauchsfähigkeit des Produktes und einem Angebot an Product Services vor[248].

Ein über den Kaufvorgang beziehungsweise die Nutzungsphase des Produktes hinausgehender Bedarfszusammenhang läßt sich auch zwischen dem Produkt und sonstigen nutzungsbegleitenden Dienstleistungen feststellen. Diese sogenannten 'Value Added Services' umfassen beispielsweise die Bereitstellung von Versicherungsleistungen für das Produkt. Die Versicherung steht zwar nicht in einem so engen Bedarfszusammenhang mit Produkten wie deren Finanzierung und die Aufrechterhaltung ihrer Gebrauchsfähigkeit, jedoch ist für die Nutzung mancher Produkte eine Versicherung erforderlich beziehungsweise empfehlenswert. Beispiele für derartige Versicherungen sind die Kfz- oder bestimmte Maschinen- und Feuerversicherungen.

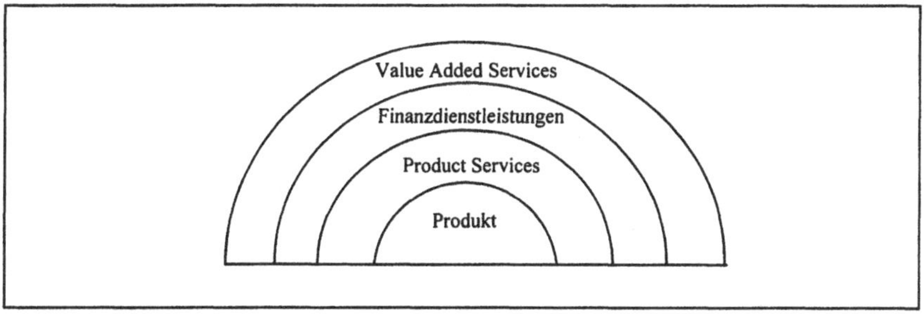

Abb. 11: Dienstleistungsportfolio von Herstellern

Für alle genannten Dienstleistungen kann ein - mehr oder weniger enger - Bedarfszusammenhang mit den Produkten von Herstellern identifiziert werden. Die Dienstleistungen können den Kunden daher einen Beitrag zur Lösung ihrer Probleme liefern. Die erste Voraussetzung für eine Wettbewerbsrelevanz ist somit erfüllt. Mit einem Beitrag zur Lösung eines Problems läßt sich seitens eines Herstellers jedoch noch kein Wettbewerbsvorteil erzielen. Hierfür ist es erforderlich, dass sich die Dienstleistung in der Wahrnehmung der Kunden von den Leistungen der Konkurrenten abhebt. Die weitere Voraussetzung für die wettbewerbs-

---

248 Vgl. VON PIERER (Dienstleistung, 1993), S. 92.

strategische Wirksamkeit einer produktadditiven Dienstleistung ist somit ein Differenzierungseffekt. Inwieweit sich ein Hersteller über ein Dienstleistungsangebot differenzieren kann, hängt davon ab, wie stark sich die Dienstleistung in einem Markt durchgesetzt hat:

Gilt eine Dienstleistung in einem Markt als Standardangebot, das von einer Vielzahl von Herstellern angeboten wird, hat die Dienstleistung in der Wahrnehmung der Kunden einen obligatorischen Charakter[249]. Da sich kein Anbieter mehr über ein solches Dienstleistungsangebot von seinen Konkurrenten abheben kann, eignen sich obligatorische Dienstleistungen nicht zur Erzielung von Wettbewerbsvorteilen[250].

Obwohl sie keine wettbewerbsstrategischen Vorteile begründen, sind obligatorische Dienstleistungen trotzdem von den Anbietern des Marktes zu erbringen: Da sich die Dienstleistungen als Marktstandard etabliert haben, setzen die Abnehmer voraus, dass jeder Anbieter die Dienstleistung erbringt. Verzichtet ein Hersteller darauf, wird er oftmals nicht in die Investitionsüberlegungen der Kunden einbezogen und kann sein Produkt nicht veräußern[251]. Ein Beispiel für produktadditive Dienstleistungen, die in den meisten Märkten einen Standard darstellen, sind angebotene Telefon-Hotlines, die bei Problemen mit der Installation und der Anwendung technischer Geräte genutzt werden können.

Eine wettbewerbsstrategisch relevante Differenzierung können Hersteller nur über Dienstleistungen erreichen, die in der Wahrnehmung der Kunden fakultativ sind:

Einen fakultativen Charakter weisen Dienstleistungen auf, die sich in einem Markt noch nicht als Standardangebot etabliert haben. Da die Kunden nicht davon ausgehen, fakultative Dienstleistungen im Angebotsprogramm jedes Herstellers vorzufinden, können die Hersteller die Abnehmer mit dem Leistungsangebot "überraschen" und sich von Konkurrenten abheben, die die Leistung nicht anbieten. Anders als bei einem Verzicht auf obligatorische Dienstleistungen verzeichnet ein Hersteller keine wettbewerbsstrategischen Nachteile, sofern er fakultative Dienstleistungen nicht anbietet. So werden zum Beispiel auch dann die Produkte

---

249 Vgl. TÖPFER (Dienstleistungen, 1996), S. 23 ff., m. d. d. V.

250 Vgl. hierzu ähnlich TÖPFER (Dienstleistungen, 1996), S. 25.

251 Der Kunde nimmt den Anbieter in diesem Falle nicht in sein 'evoked set' potentieller Problemlöser auf [vgl. CAMPBELL (Evoked Set, 1969); MEYER/BLÜMELHUBER (Dienstleistungsbereich, 1998), S. 378].

eines Automobilherstellers nachgefragt, wenn dieser keine Baufinanzierungen anbietet. Baufinanzierungen gelten noch nicht als obligatorischer Bestandteil von Fahrzeugangeboten.

Hersteller können sich somit nur über Dienstleistungen voneinander abheben, die noch keinen Marktstandard darstellen. Das produktadditive Dienstleistungsangebot eines Herstellers eignet sich daher nur zur Erzielung von Wettbewerbsvorteilen, sofern es einen Beitrag zur Problemlösung der Kunden liefert und von diesen als fakultativ wahrgenommen wird. Hat sich die Dienstleistung in einem Markt bereits etabliert, kann sie nicht mehr Grundlage eines Wettbewerbsvorteils sein.

Da der von den Abnehmern wahrgenommene Charakter einer Dienstleistung von der Intensität der Nachfrage abhängt, verändert sich der Charakter der Dienstleistung innerhalb eines Marktes im Zeitablauf:

Wird ein Dienstleistungsangebot in einem Markt neu eingeführt, stellt es sich für die Kunden anfänglich als fakultativ dar. Die Dienstleistung etabliert sich jedoch als Standard und erhält in der Wahrnehmung der Kunden zunehmend einen obligatorischen Charakter. Da obligatorische Dienstleistungen keine Wettbewerbsvorteile begründen, sinkt die wettbewerbsstrategische Relevanz der Dienstleistung für einen Hersteller in dem Maße, in dem sie sich in dem jeweiligen Markt als Standard durchsetzt.

Die wettbewerbsstrategische Bedeutung einer Dienstleistung verändert sich jedoch nicht nur innerhalb eines Marktes. Da eine Dienstleistung in jedem Markt einer unterschiedlich starken Nachfrage unterliegt, schwankt die Wettbewerbsrelevanz der Dienstleistung auch von Markt zu Markt[252]:

Von den Dienstleistungen, die eine enge Nutzenverwandtschaft zu Produkten aufweisen, haben sich insbesondere Finanzdienstleistungen in den einzelnen Märkten des produzierenden Gewerbes in unterschiedlicher Intensität durchgesetzt. Während Finanzdienstleistungsangebote in einigen Märkten bereits als obligatorisch gelten, weisen sie in den meisten Märkten des produzierenden Gewerbes noch einen fakultativen Charakter auf:

Fest etabliert haben sich Finanzdienstleistungsangebote in der Automobilindustrie. Beim Erwerb eines Automobils setzen die Kunden heute voraus, dass die Hersteller auch Finanzierungsmöglichkeiten anbieten. Dabei hat sich das Leasing

---

[252] Vgl. ähnlich TÖPFER (Dienstleistungen, 1996), S. 30.

als bevorzugte Form für die Beschaffung von Fahrzeugen herausgebildet[253]. Alle wesentlichen europäischen Automobilhersteller bieten Finanzdienstleistungen heute über eigene Banken und Leasinggesellschaften an[254] und erzielen damit einen erheblichen Anteil ihrer Gesamterträge. So liefern beispielsweise im VOLKSWAGEN-Konzern Financial Services den größten Beitrag zum operativen Gewinn und auch GENERAL MOTORS erzielt kaum noch Gewinne aus dem Verkauf von Automobilen[255]. Künftig planen Automobilhersteller, rund ein Drittel ihrer Erträge über Finanzdienstleistungen zu erzielen[256].

Die Intensität, mit der sie sich durchgesetzt haben, bewirkt, dass produktadditive Finanzdienstleistungen von den Kunden der Automobilhersteller nicht mehr als fakultativ, sondern bereits als obligatorisch angesehen werden. Automobilhersteller können sich daher heute nicht mehr allein mit einem Finanzdienstleistungsangebot von ihren Wettbewerbern abheben. Zur Differenzierung sind längst neue und umfassende „Produkt- und Erlebniswelten" um das Automobil herum zu schaffen[257]. Das Selbstverständnis der Hersteller hat sich heute so verändert, dass sie sich als „Provider" verstehen, die für ihre Kunden nicht nur die Nutzung von Automobilen, sondern die Mobilität über sämtliche Verkehrsträger sicherstellen müssen[258].

Finanzdienstleistungen werden in dieser Intensität ausschließlich von Automobilherstellern angeboten. In den anderen Märkten des produzierenden Gewerbes haben sie sich nur verhältnismäßig wenig durchgesetzt. Wie sehr sich die Angebotsintensität in den Märkten unterscheidet, wird deutlich bei Betrachtung des abgeschlossenen Neugeschäftsvolumens leasingspezifischer Finanzdienstleistungen: In 2003 wurden fast 90% des Volumens aller über die Vertriebswege von Herstellern abgeschlossenen Leasingverträge allein durch Automobilhersteller realisiert.

---

253 Vgl. STÄDTLER (Leasing, 2003), S. 23; ferner HTTP://WWW.AUTOBANKEN.DE/UEBERUNS.-PHP vom 04.07.2003.

254 Vgl. STENNER (Captives, 2002), S. 158.

255 Vgl. REINKING (Autobauer, 2003), HTTP://WWW.FTD.DE vom 21.11.2003.

256 Vgl. GLEISNER (Automobil-Finanzierung, 2001), S. 45, ferner BERGMANN/HAKE (Kfz-Finanzdienstleistungsmarkt, 2003), S. 197.

257 Vgl. GLEISNER (Automobil-Finanzierung, 2001), S. 45 .

258 Vgl. BECKER (Mobilität, 2001), S. B 11 f.; BADE (Mobilitätsprovider, 2001), S. B 11.

Nur etwa 10% verteilten sich auf alle sonstigen Hersteller des produzierenden Gewerbes[259].

Finanzdienstleistungen werden von den sonstigen Herstellern jedoch nicht nur in einer - im Verhältnis zu Automobilherstellern - geringeren Intensität angeboten. Auch innerhalb der Leistungsprogramme der Hersteller nehmen Finanzdienstleistungen eine nur unterdurchschnittliche Bedeutung ein, wie eine beispielhafte Betrachtung der Angebotsprogramme der Maschinenbauer zeigt: Von diesen Herstellern bieten fast 86% Product Services an, jedoch nur knapp 37% Finanzdienstleistungen[260]. Maschinenbauer integrieren offensichtlich in erster Linie Dienstleistungen in ihr Angebotsprogramm, die der Aufrechterhaltung der Gebrauchsfähigkeit der Produkte dienen. Sie bieten schwerpunktmäßig Dienstleistungen an, die auf dem Know-how beruhen, das auch für die Herstellung der Produkte erforderlich ist. Maschinenbauer richten ihren Wettbewerbsschauplatz somit nach der klassischen Abgrenzung nach Branchen aus. Automobilhersteller hingegen haben ihre Schauplätze längst verändert.

Dass Finanzdienstleistungen von Maschinenbauern deutlich weniger intensiv angeboten werden als von Automobilherstellern, ist aus zweierlei Gründen bemerkenswert:

Bei den im Rahmen der vorliegenden Arbeit betrachteten Unternehmen handelt es sich zum einen um Hersteller von Produkten, die nicht primär dem Preiswettbewerb unterliegen. Die Produkte zeichnen sich nicht dadurch aus, dass sie standardisiert sind und vorrangig aufgrund eines günstigen Preises nachgefragt werden. Der Erwerb der Produkte ist regelmäßig kostenintensiv. Dies löst bei den Kunden der Maschinenbauer gleichermaßen den Bedarf an einer Finanzierung des Produktes aus wie bei den Kunden der Automobilhersteller. Zum anderen stellen insbesondere leasingspezifische Finanzdienstleistungen eine der bedeutendsten Formen der Investitionsfinanzierung dar, die gerade bei dem von Herstellern angebotenen Leasinggeschäft steigende Wachstumsraten aufweist.

---

259 Vgl. IFO INSTITUT FÜR WIRTSCHAFTSFORSCHUNG (Mobilien-Leasing, 2004), S. 4 i. V. m. S. 6.

260 Gemäß einer Studie der MHB MELLWIG HASTEDT BECKER CONSULT GMBH, Eschborn/Frankfurt am Main, in Zusammenarbeit mit dem VDMA, Frankfurt am Main 2001. Einer anderen Studie zufolge bieten mehr als drei Viertel aller Maschinenbauer Product Services an und nur rund 25% Finanzdienstleistungen [vgl. IFO INSTITUT FÜR WIRTSCHAFTSFORSCHUNG (Maschinenbau, 2001), S. 104 ff.].

Maschinenbauer, die kein produktadditives Leasing anbieten, verzichten somit offensichtlich auf die Erschließung erheblicher Erfolgspotentiale.

Produktadditives Leasing wird in der Praxis auch als Hersteller-, als Händler- oder als Vendor-Leasing bezeichnet[261]. Im Rahmen der vorliegenden Arbeit wird der Begriff 'Herstellerleasing' verwendet. Nachfolgend werden die Erfolgspotentiale des Herstellerleasing dargestellt. Dabei werden die Ansatzpunkte aufgeführt, über die sich mit einem Leasingangebot ein Wettbewerbsvorteil erzielen läßt und es wird die wirtschaftlichen Bedeutung des Leasing näher dargestellt:

3.4 Wettbewerbsstrategische Bedeutung eines produktadditiven Leasinggeschäfts

Mit einem produktadditiven Leasingangebot kann ein Hersteller den Kunden einen Nutzen stiften, den andere Finanzierungsformen nicht ermöglichen:

a) Reduktion von Abwicklungsaufwand durch Leistungsbündelung

Bei dem Erwerb eines Produktes nimmt ein Kunde regelmäßig verschiedene Leistungskomponenten in Anspruch. So sind beispielsweise die Finanzierung, die Versicherung und die fachgerechte Verwertung des Produktes sicherzustellen. Die Abwicklung einer Investition ist daher oftmals sehr aufwändig beziehungsweise sehr zeitintensiv[262]. Bietet ein Hersteller neben dem Produkt auch die Finanzierung desselben an, wird der Aufwand der Kunden reduziert. Durch die Bündelung der Leistungen wird das Herstellerunternehmen für den Kunden zu einem „One-Stop-Shop"[263]. Da unterstellt werden kann, dass eine Reduktion des Aufwandes Zufriedenheit bei den Kunden auslöst, steigern Hersteller durch ein Leasingangebot die Zufriedenheit ihrer Abnehmer[264]. Zudem beschleunigt ein Angebot „aus einer Hand" regelmäßig die Investitionsentscheidung der Kunden[265].

---

[261] Vgl. BÜSCHGEN (Grundlagen, 1998), Rz. 25; STÄDTLER (Leasing, 2000), S. 4.

[262] So kann beispielsweise die Beschaffung der Finanzierung so aufwändig sein, dass die Kunden auf die Vornahme einer Investition verzichten [vgl. HASTEDT (Hersteller-Leasing, 2001), S. 12].

[263] Vgl. BAUMGARTEN/KOOB (Herstellerleasing, 1999), S. 501 (auch Zitat).

[264] Vgl. STALK/PECAUT/BURNETT (Know-how, 1997), S. 81 ff.; ähnlich GERHARDT (Dienstleistungen, 2000), S. 9; ferner GLEISNER (Automobil-Finanzierung, 2001), S. 45.

[265] Vgl. HÖVEL (Leasingtransaktionen, 1991), S. 1029.

b) Bilanzneutralität des Leasing

Unternehmen berücksichtigen bei der Wahl einer Investitionsfinanzierung zunehmend die damit verbundenen Auswirkungen auf die Bilanzstruktur. Die Kunden sind bei einer Finanzierung verstärkt daran interessiert, kein Fremdkapital in der Bilanz auszuweisen, um so im Verhältnis die Eigenkapitalquote zu erhöhen. Die Eigenkapitalquote ist relevant für das durch Banken bei einer Kreditfinanzierung vorzunehmende Rating und beeinflußt im Rahmen der Beurteilung der wirtschaftlichen Verhältnisse sowohl die Höhe als auch die Konditionen der zu gewährenden Kredite[266]. Vor diesem Hintergrund erlangen Investitionsfinanzierungen wie Leasing, die sich bilanziell regelmäßig nicht niederschlagen, zunehmende Bedeutung[267].

c) Fälligkeit der Leasingraten im Zeitablauf

Beim Erwerb eines Produktes ist der Kaufpreis bei der Lieferung fällig. Der Kunde bezahlt das Produkt, bevor er sich dessen Nutzungspotential erschließen kann. Im Rahmen eines Leasingvertragsverhältnisses sind die Leasingraten im Zeitablauf (pro rata temporis) zu entrichten. Im Gegensatz zum Kauf zahlt der Kunde, während er sich das Nutzungspotential des Produktes erschließt. Da der Abnehmer die Leasingraten dem Nutzen des Produktes gegenüberstellt, tritt dessen Anschaffungspreis in den Hintergrund[268]. Anders als bei einem Kauf, ist der Preis des Produktes bei Abschluß eines Leasingvertrages für viele Kunden nicht investitionsentscheidend. Ein Leasingangebot kann daher die Bereitschaft der Abnehmer erhöhen, ein Produkt nachzufragen.

---

266 Vgl. SCHLEICHER (Bilanz, 2004), S. B8; RÜPPEL (Leasing, 2003), S. B14. Die Kreditkonditionen werden dem Ausfallrisiko angepaßt, das mit der Kreditvergabe verbunden ist. Je besser die wirtschaftlichen Verhältnisse des Kreditnehmers sind, umso geringer ist das Risiko und umso weniger muß der Kunde für den Kredit bezahlen.

267 Vgl. BÖHLICH (Bonität, 2004), S. B8; LINTHOUT (Banken, 2003), S. B11. Leasingvertragsverhältnisse sind schwebende Geschäfte, die dem Grundsatz der Nichtbilanzierung unterliegen. Ein Bilanzausweis erfolgt nur dann, wenn eine Vertragspartei vorleistet oder mit ihrer Leistung rückständig ist beziehungsweise „wenn der Wert der Leistungsverpflichtung im Vergleich zum Wert des Anspruchs übergewichtig geworden ist“ [vgl. HASTEDT/MELLWIG (Leasing, 1998), S. 62 (auch Zitat)]. Bei der Beurteilung der wirtschaftlichen Verhältnisse eines Unternehmens werden jedoch regelmäßig auch Verpflichtungen aus laufenden Leasingverträgen berücksichtigt.

268 Vgl. OTTO (Kooperationen, 1987), S. 23.

d) Positive Steuerwirkungen

Neben dem Liquiditätseffekt hat der Abschluß eines Leasingvertrages für die Kunden auch steuerliche Auswirkungen. So sind die Leasingraten als Betriebsausgaben steuerlich voll abzugsfähig. Bei einer Finanzierung mit Eigenkapital sind hingegen nur die Abschreibungen steuerlich relevant.

Besondere Bedeutung haben die gewerbesteuerlichen Effekte des Leasing:

Wird eine gewerbliche Investition über einen Kredit mit einer Laufzeit von über einem Jahr finanziert, unterliegen die Kreditzinsen beim Kreditnehmer hälftig der Gewerbeertragsteuer[269]. Entsprechend sind auch bei Investitionen, die über Leasing finanziert werden, die Leasingraten zur Hälfte dem Gewerbeertrag des Leasingnehmers hinzuzurechnen[270]. Da die Leasingraten jedoch bereits bei der Leasinggesellschaft der Gewerbesteuer unterworfen werden, entfällt die Hinzurechnungsbelastung beim Leasingnehmer[271]. Auf Basis der derzeitigen Gesetzeslage trägt ein Kunde somit beim Leasing regelmäßig eine geringere Gewerbesteuerlast als beim Kauf[272].

Ein Leasingangebot ermöglicht Hersteller zudem vielfach den Aufbau von Markteintrittsbarrieren, die von anderen Anbietern nur schwer oder gar nicht zu überwinden sind:

Um sich von Wettbewerbern abzuheben, müssen Hersteller Leistungen anbieten, die ihren Kunden einen Nutzen stiften, der über dem Nutzen ansonsten vergleichbarer Leistungen liegt. Produkttechnologien können zumeist zügig durch Konkurrenten imitiert werden. Dienstleistungen sind hingegen vielfach nicht unmittelbar nachzuahmen. Sie stellen immaterielle, individuelle und daher schwer zu stan-

---

269 Vgl. HASTEDT/MELLWIG (Leasing, 1998), S. 99. Dem Gewerbeertrag eines Unternehmens ist die Hälfte der Zinsen für langfristig in Anspruch genommenes Fremdkapital hinzuzurechnen, sofern die Zinsen bei der Ermittlung des Gewinns als Betriebsausgabe abgesetzt worden sind [vgl. § 8 Nr. 1 GewStG i. V. m. Abschnitt 47 Abs. 4 GewStR und § 7 GewStG].

270 Die Hinzurechnungsbelastung gilt gemäß § 8 Nr. 7 GewStG für Mietzinsen. Da Leasing steuerrechtlich der Miete gleichgestellt ist [vgl. grundlegend BGH vom 08.10.1975, S. 157], gilt die Hinzurechnungspflicht auch für Leasingraten.

271 Vgl. hierzu HASTEDT/MELLWIG (Leasing, 1998), S. 102 f.

272 Der Abschluß eines Leasingvertrages erweist sich für den Kunden gegenüber dem Kauf des Objektes finanziell als vorteilhaft, wenn die Gewerbesteuerersparnis nicht durch die Marge des Leasinganbieters überkompensiert wird [vgl. HASTEDT/MELLWIG (Leasing, 1998), S. 104 ff.].

dardisierende Leistungen dar[273]. Gelingt es einem Anbieter, mit einem Leasingangebot einen Nutzen zu stiften, den kein Konkurrent erzielen kann, entzieht sich der Hersteller dem Wettbewerbskampf auf seinem ursprünglichen Wettbewerbsschauplatz. Er wendet sich einem neuen Wettbewerbsschauplatz zu, der solange keiner unmittelbaren Konkurrenz ausgesetzt ist, bis auch andere Unternehmen einen vergleichbaren Kundennutzen anbieten[274]. Ein Leasingangebot kann somit wie eine Barriere wirken, die anderen Anbietern den Zugang zu einem Wettbewerbsschauplatz verwehrt[275].

Derartige Barrieren erweisen sich insbesondere gegenüber Anbietern aus Billiglohnländern wettbewerbsstrategisch als wirksam: Diese Anbieter bieten Produkte zu niedrigen Preisen über standardisierte Vertriebsprozesse an. Die Produkte sind daher Gegenstand eines Preiswettbewerbs. Bis auf Märkte, in denen sich Leasingangebote bereits als obligatorisch durchgesetzt haben, versuchen sich Unternehmen mit einem Leasinggeschäft jedoch primär über die Leistung von ihren Konkurrenten abzuheben und nicht über den Preis. Da sie regelmäßig Bestandteil einer Differenzierungsstrategie sind, werden produktadditive Dienstleistungen zumeist nicht von Anbietern aus Billiglohnländern offeriert[276]. Inländische Hersteller können sich dem Wettbewerb mit diesen Anbietern somit durch ein Leasingangebot entziehen[277]. Gelingt es, bei den Abnehmern Präferenzen für ein Leasingangebot auszubilden, wird ein Markteintritt von Billiganbietern erschwert oder gänzlich verhindert[278].

---

273 Bei Produkten erlangen die Käufer Besitz und Nutzen. Die Kunden, die Dienstleistungen in Anspruch nehmen, erhalten lediglich einen Nutzen [vgl. BERRY/YADAV (Dienstleistungen, 1997), S. 58].

274 Bis dies der Fall ist, wird von einer „Monopolisierung der Marktstellung" des Unternehmens gesprochen [vgl. OLEMOTZ (Wettbewerbsvorteile, 1995), S. 82 (auch Zitat), m. d. d. V.] beziehungsweise von „kaptiver Nachfrage" [SIMON (Preispolitik, 1994), S. 722].

275 Die Ergreifung eines produktadditiven Dienstleistungsangebotes durch einen Hersteller ermöglicht diesem auch in konkurrenzärmeren Wettbewerbsphasen den Aufbau von Markteintrittsbarrieren. Dabei profiliert sich der Anbieter in einem Schrittmachermarkt nicht in erster Linie technologisch, sondern hebt sich durch ein Dienstleistungsangebot von den anderen Anbietern ab. Der Hersteller gestaltet so aktiv die Spielregeln des Marktes.

276 Werden Dienstleistungen angeboten, handelt es sich vorrangig um Dienstleistungen, mittels derer sich die Anbieter nicht von ihren Konkurrenten abheben können, wie beispielsweise der Zurverfügungstellung von Bedienungsanleitungen.

277 Vgl. HOMBURG/GARBE (Industrielle Dienstleistungen, 1996), S. 32 f.

278 Vgl. hierzu HENKEL (Dienstleistung, 1993), S. 46.

Ein Leasinggeschäft bietet Herstellern somit vielfältige Ansatzpunkte zur Erzielung wettbewerbsstrategischer Vorteile. Mit der Aufnahme eines produktadditiven Leasingangebotes sind jedoch neben den unmittelbar wettbewerbsrelevanten Auswirkungen noch weitere Effekte verbunden, die die Wettbewerbsposition der Hersteller stärken:

Ein Leasingangebot kann dazu genutzt werden, das Leistungsprogramm von Herstellern kundennaher zu gestalten und die Bereitschaft der Leasingnehmer zum Abschluß eines Anschlußvertrages zu erhöhen:

Kunden binden sich regelmäßig nur an Hersteller, die Kundennähe zeigen. Diese ist umso ausgeprägter, je stärker die Bedürfnisse der Abnehmer durch die Leistungen des Herstellers befriedigt werden. Um ein kundennahes Angebot erbringen zu können, muß sich der Anbieter durch Interaktion mit den Kunden über deren Bedürfnisse informieren[279]. Erwerben die Abnehmer ein Produkt, endet ihre Interaktion mit dem Hersteller im Zeitpunkt des Kaufs. Nehmen Kunden ein Leasingangebot in Anspruch, findet eine Kommunikation zwischen dem Anbieter und den Abnehmern auch über den Zeitpunkt des Erwerbs hinaus statt[280]. Im Rahmen der Interaktion können Kundenbedürfnisse ermittelt und innerhalb des Leistungsprogramms des Anbieters berücksichtigt werden[281]. Ein Neuinvestitionsbedarf der Abnehmer ist frühzeitig zu identifizieren und zu befriedigen[282].

Durch ein Leasinggeschäft können sich Hersteller des weiteren dem Preiskampf mit den Anbietern entziehen, die ausschließlich Sachleistungen anbieten:

Leistungsbündel aus Produkt und Dienstleistung werden von den Abnehmern als Gesamtleistung im Hinblick auf ihren Beitrag zu einer Problemlösung beurteilt. Ein Angebot von Produkt und Leasing stiftet den Kunden einen anderen Nutzen als ein reines Produktangebot. Ein Hersteller, der beide Leistungen anbietet, konkurriert daher nur mit den Herstellern, die mit ihren Leistungen einen vergleichbaren Nutzen bieten. Durch ein Leasingangebot können sich Hersteller somit einem unmittelbaren produktbezogenen Preiskampf entziehen.

---

279 Vgl. BERRY/YADAV (Dienstleistungen, 1997), S. 65. Zur Bedeutung der Interaktion zwischen Herstellern und Kunden vgl. SPILKER (Investgüterhersteller, 1999), S. 114.

280 Vgl. beispielsweise STENNER (Autobanken, 2002), S. 93.

281 Vgl. ähnlich RÜGER (Kunden, 1995), S. B5.

282 Vgl. HASTEDT (Leasinggesellschaft, 2000), S. 26; OTTO (Kooperationen, 1987), S. 23; DIETZ (Autos, 1999), S. B4; allgemeiner: KOTLER/BLIEMEL (Marketing-Management, 2001), S. 902.

Ein Leasinggeschäft kann zudem dazu beitragen, die Zahlungsbereitschaft der Kunden besser auszuschöpfen, als dies im Rahmen eines Verkaufs möglich ist:

Eine hohe Zahlungsbereitschaft für die Finanzdienstleistung kann dazu genutzt werden, eine geringe Zahlungsbereitschaft für das Produkt „auszugleichen"[283]. So sind beispielsweise Kunden von Automobilherstellern oftmals bereit, einen höheren Grundpreis für ein Fahrzeug zu zahlen und eine umfangreichere Sonderausstattung zu bestellen, wenn ihnen auch die Finanzierung des Automobils angeboten wird[284].

Bei Investitionen, die nicht in erster Linie aufgrund eines niedrigen Preises getätigt werden, können Hersteller im Rahmen des Leasingangebotes zudem auf Preiszugeständnisse im Sinne von Rabattierungen verzichten. Das Leasinggeschäft ermöglicht oftmals auch Kunden eine Investition, die beispielsweise ein Produkt deshalb nicht kaufen können, weil ihr Kapital anderweitig gebunden ist[285].

In reifen Märkten ist bei den Produkten regelmäßig ein negativer Ertragsverlauf zu beobachten. Die Erträge aus einem Leasinggeschäft können einen solchen Ertragsverlauf ausgleichen:

In reifen Märkten haben sich die Leistungsmerkmale konkurrierender Produkte weitestgehend angeglichen. Da sich keine Preisprämien mehr für eine produktbezogene Differenzierung durchsetzen lassen, ist bei den meisten Produkten im Zeitablauf ein Preisverfall zu verzeichnen, der zu Ertragseinbrüchen bei den Herstellern führt. Nimmt ein Hersteller in einem reifen Markt ein Leasinggeschäft auf, das einen positiven Ertragsverlauf aufweist, können die durch das Produktangebot hervorgerufenen Ertragseinbrüche „kalkulatorisch ausgeglichen" und der Gesamtertragsverlauf „geglättet" werden[286]. Die Zielrendite aus dem Produkt beziehungsweise die „unverbindliche Preisempfehlung" für das Produkt kann so „ohne spürbare Absenkung des Preisniveaus" aufrechterhalten werden[287].

Ein Leasinggeschäft ermöglicht Herstellern des weiteren die Erzielung von Cross-Selling-Potentialen:

---

283 Vgl. SIMON (Preispolitik, 1993), S. 204.
284 Vgl. LORENZ (Finanzdienstleister, 2001), S. 234.
285 Vgl. hierzu beispielsweise TATENHORST (Absatz, 1997), S. B3.
286 Vgl. hierzu JUGEL/ZERR (Dienstleistungen, 1989), S. 164.
287 Vgl. STENNER (Captives, 2002), S. 158 (auch Zitate).

Wickelt ein Hersteller ein Leasinggeschäft zur Zufriedenheit seiner Kunden ab, sind diese oftmals bereit, bei einem neuerlichen Investitionsbedarf wiederum das Produkt des Anbieters nachzufragen[288]. Entsprechend wird ein Kunde, der mit dem Produkt eines Herstellers zufrieden ist, mit einer hohen Wahrscheinlichkeit auch die von dem Hersteller angebotenen Finanzdienstleistungen nachfragen. Ein Leasingangebot eröffnet Herstellern somit Möglichkeiten zur Erschließung von Cross-Selling-Potentialen und damit zur langfristigen Kundenbindung[289].

Ein Leasingangebot kann letztlich auch zur Steigerung der Umsatzkontinuität bei Herstellern beitragen:

Die Qualität von Produkten ist heute regelmäßig hoch. Da sich infolgedessen die Zeiträume verlängern, in denen die Produkte genutzt werden können, verzögern sich bei den Abnehmern die Zeitpunkte des jeweiligen Neuinvestitionsbedarfs. Dies führt bei den Anbietern zu einem Rückgang der Nachfrage und damit zu Ertragseinbußen. Dieser Entwicklung können Hersteller durch Aufnahme eines Leasinggeschäfts entgegenwirken:

Die Umsätze aus einem Verkauf und aus einem Leasinggeschäft werden zu unterschiedlichen Zeitpunkten vereinnahmt. Im Gegensatz zum Kaufpreis werden die Leasingraten im Zeitablauf gezahlt. In fortgeschrittenen Phasen des Lebenszyklusses setzt bei dem Produkt ein Nachfrage- und damit ein Ertragsrückgang ein. Da der Hersteller zu diesem Zeitpunkt noch die Umsätze aus den Leasingverträgen vereinnahmt, ermöglicht das Leasinggeschäft selbst dann noch Umsatzzuwächse, wenn der Lebenszyklus des Produktes beendet ist[290].

Inwiefern der Verlauf von Produkt- und Dienstleistungsumsätzen auseinanderläuft, wird anhand eines Kauf-, eines Leasing- und eines Wartungsgeschäfts beispielhaft dargestellt:

Betrachtet wird ein Automobilhersteller, der ein Fahrzeug zu einem Kaufpreis von netto EUR 50.000,00 anbietet. Nach der Markteinführung kann der Hersteller im ersten Jahr ein Auto verkaufen, im nächsten Jahr zwei, im Jahr darauf drei, im vierten Jahr nur zwei und letztlich nur ein Auto. Der Umsatzverlauf aus dem Automobilverkauf ist in Abb. 12 dargesellt.

---

[288] Vgl. hierzu LAY/JUNG-ERCEG (Strategieentwicklung, 2002), S. 6.
[289] Vgl. hierzu STENNER (Autobanken, 2002), S. 93.
[290] Vgl. FORSCHNER (Investitionsgüter-Marketing, 1988), S. 194.

Werden die Autos nicht gekauft, sondern geleast, fallen die Umsätze aus dem Leasinggeschäft im Vergleich zu den Verkaufsumsätzen zeitlich versetzt an[291]. Dabei wird eine Laufzeit der Leasingverträge von vier Jahren unterstellt.

Besonders deutlich wird der phasenweise verschobene Verlauf von Produkt- und Dienstleistungsumsätzen bei den Wartungsleistungen[292]. Diese werden bis zum Ende der angenommenen Nutzungsdauer des Automobils von 12 Jahren in Anspruch genommen.

Der Hersteller vereinnahmt die Umsätze aus der Wartung und aus dem Leasinggeschäft somit über einen zum Teil wesentlich längeren Zeitraum als die Umsätze aus dem Verkauf des Produktes[293].

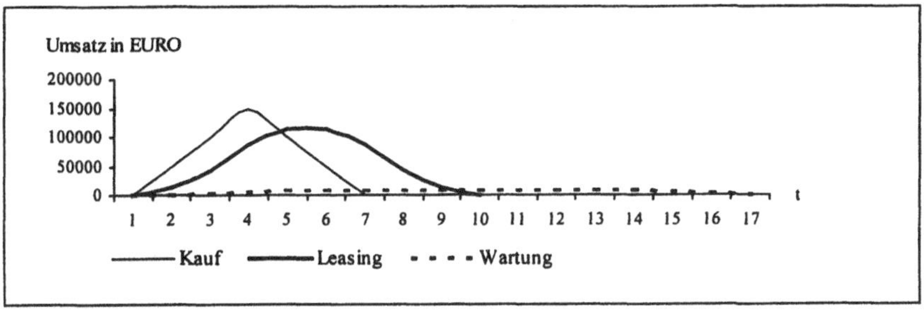

Abb. 12: Verlauf von Produkt- und Dienstleistungsumsätzen

4. Wirtschaftliche Bedeutung des produktadditiven Leasing

In Deutschland zeigt das Leasing von Mobilien eine kontinuierliche Wachstumsentwicklung. In 2004 wurden über 24% aller gesamtwirtschaftlichen Mobilieninvestitionen über Leasing finanziert (sogenannte 'Leasingquote[294]'). Dies ent-

---

[291] Bei den Leasingverträgen wird ein kalkulatorischer Zinssatz von 7%, eine volle Amortisation sowie eine vorschüssige monatliche Zahlungsweise angenommen.

[292] Als Wartungsumsatz werden pro Automobil jährlich 2% des Kauf- beziehungsweise des Anschaffungspreises angenommen. Dabei wird unterstellt, dass diese Umsätze vollständig vom Automobilhersteller vereinnahmt werden beziehungsweise die Kunden die Wartung vom Hersteller durchführen lassen.

[293] Vgl. hierzu ähnlich SIMON (Preispolitik, 1994), S. 732.

[294] „Als Leasingquote umfaßt wird der Anteil der Leasinginvestitionen eines Jahres an den gesamten Bruttoanlageinvestitionen der Wirtschaft ohne den Wohnungsbau bezeichnet. Entsprechend kann man auch Quoten für das Mobilien-Leasing (gemessen an den gesamtwirtschaftlichen Ausrüstungsinvestitionen), das Immobilien-Leasing, das EDV-

spricht rund EUR 41 Mrd. Im Gegensatz zu den gesamtwirtschaftlichen Ausrüstungsinvestitionen, die in 2004 im Vergleich zum Vorjahr um 1% abnahmen, konnten die Neuinvestitionen im Leasing gegenüber 2003 um 5% gesteigert werden[295]. Für 2005 wird wiederum ein positives Wachstum des Leasing-Neugeschäfts erwartet[296].

Produktadditives Leasing wird von Herstellern nicht nur national, sondern auch international als Instrument zur Förderung des Absatzes eingesetzt: Viele Hersteller weiten ihre Absatzmärkte aus[297], indem sie bisher nicht bediente Märkte erschließen beziehungsweise indem sie ihre Kunden bei vorzunehmenden Auslandsinvestitionen begleiten[298]. Dies hat zur Folge, dass eine Vielzahl deutscher Großunternehmen derzeit erhebliche Anteile ihres Konzernumsatzes im Ausland erwirtschaftet[299]. Allein die Maschinenbauer haben in 2004 über 70% ihres Umsatzes in ausländischen Märkten erzielt[300].

Wie das nationale zeigt auch das internationale Leasing derzeit in allen europäischen Leasingmärkten einen Wachstumstrend[301].

Leasing, usw. bilden" [IFO INSTITUT FÜR WIRTSCHAFTSFORSCHUNG (Leasing, 2002), S. 4].

295 Die Prozentsätze wurden anhand von Planangaben ermittelt [vgl. IFO INSTITUT FÜR WIRTSCHAFTSFORSCHUNG (Mobilien-Leasing, 2004), S. 5]. Die Entwicklung der gesamtwirtschaftlichen Ausrüstungsinvestitionen gilt als wichtigster Indikator für die Entwicklung des Leasinggeschäfts und umgekehrt [vgl. STÄDTLER (Zukunft, 2003), S. B1; SCHULZ (Wachstum, 2003), S. B1].

296 Vgl. IFO INSTITUT FÜR WIRTSCHAFTSFORSCHUNG (Mobilien-Leasing, 2004), S. 12.

297 Vgl. KOLLER/RAITHEL/WAGNER (Internationalisierungsstrategien, 1998), S. 176 ff.

298 Vgl. BENCARD (Leasing, 1997), S. 11.

299 Vgl. PERLITZ (Management, 2000), S. 14, m. d. d. V.

300 Vgl. VDMA (Export, 2005), HTTP:\\WWW.VDMA.DE vom 17.02.2005.

301 Nachdem das internationale Leasing - insbesondere infolge steuerrechtlicher Neuregelungen - in den letzten Jahren rückläufig war, stieg es in 2003 um fast 20% auf 3,1% [vgl. IFO INSTITUT FÜR WIRTSCHAFTSFORSCHUNG (Mobilien-Leasing, 2004), S. 7]. Die steuerrechtlichen Änderungen beziehen sich in erster Linie auf § 2b EStG [vgl. STÄDTLER (Leasing, 2003), S. 5]. Die durchschnittlichen Wachstumsraten und die Leasingquoten innerhalb der einzelnen Länder differieren stark. Die Unterschiede sind vorrangig auf die länderspezifischen wirtschaftlichen, steuer- und zivilrechtlichen Rahmenbedingungen sowie die in einigen Staaten der Europäischen Union herrschenden restriktiven Bestimmungen für die Aufnahme von Geschäftsaktivitäten durch Leasinggesellschaften zurückzuführen. So werden in einigen Ländern Leasinggesellschaften als Kreditinstitute angesehen und bedürfen zur Aufnahme ihrer Geschäftstätigkeit einer Bankzulassung. In anderen Staaten ist eine sogenannte 'Leasinglizenz' erforderlich [vgl. hierzu beispielsweise FINK (Leasing-Finanzierung, 1998), Rz. 8 ff.; DERSELBE (Staaten, 1998),

Das Mobilienleasing hat somit für Deutschland und für Gesamteuropa eine erhebliche wirtschaftliche Bedeutung. Bemerkenswert ist dabei, dass die verschiedenen Leasinganbieter sehr unterschiedliche Zuwachsraten beim abgeschlossenen Neugeschäftsvolumen verzeichnen: Der entscheidende Wachstumstreiber ist das produktadditive Leasing, das Hersteller anbieten[302]. In 2004 stellen in Deutschland fast 44% aller Leasinginvestitionen Herstellerleasing dar (dies entspricht EUR 20,6 Mrd)[303].

Die positive Entwicklung des Leasing-Neugeschäfts wird durch die derzeit stattfindenden Veränderungen des Wettbewerbsgeschehens in den Märkten noch verstärkt:

Produktinnovationen werden in immer kürzeren Zeitabständen in den Märkten bereitgestellt. Ist ein Kunde an der Nutzung des jeweils neuesten Produktes interessiert, muß er zu dessen Erwerb meist erhebliches Kapital aufbringen. Die Kostenbelastung führt dazu, dass die Abnehmer bei einer Investitionsentscheidung nicht mehr primär den Erwerb des Eigentums an den Produkten anstreben. Die Kunden sind heute vielmehr daran interessiert, sich ausschließlich das Nutzungspotential eines Produktes für einen befristeten Zeitraum zu erschließen[304]. So können Innovationen genutzt werden und die Abnehmer brauchen sich nicht um die Entsorgung der Produkte zu kümmern[305]. Einige Leasinganbieter reagieren auf diese Entwicklung, indem sie Verträge entwickeln, im Rahmen derer die Kunden lediglich ein Entgelt für die meßbar in Anspruch genommenen Nutzungseinheiten eines Produktes zahlen[306]. Beispiele hierfür sind:

Rz. 1 ff.]. Der Großteil des gesamteuropäischen Neugeschäftsvolumens im Mobilienleasing wird derzeit in Großbritannien, Deutschland, Frankreich und Italien realisiert, wobei fast die Hälfte des Neugeschäftsvolumens auf Großbritannien und Deutschland entfällt [vgl. SPITTLER (Leasing, 2003), S. 229].

302 Vgl. ZÖLLER (Grundlagen, 1978), S. 33; ENGEL (Leasing, 1993), Rz. 57.

303 Die Prozentsätze wurden anhand von Planangaben ermittelt [vgl. IFO INSTITUT FÜR WIRTSCHAFTSFORSCHUNG (Mobilien-Leasing, 2004), S. 4]. Dabei ist zu berücksichtigen, dass die statistisch erfaßte Anlagenvermietung auch Immobilien umfaßt. Daten die sich nur auf die Vermietung mobilier Anlagen beziehen, liegen nicht vor.

304 Vgl. HASTEDT (Hersteller-Leasing, 2001), S. 12; BERGER (Herstellerleasing, 1988), S. 27; FEDERSCHMIDT (Fahrzeug-Leasing, 1999), S. 33.

305 Vgl. THEYE (Finanzierung, 2003), S. B11.

306 Vgl. HASTEDT (Hersteller-Leasing, 2001), S. 12. Vgl. ferner JACKE (Deutschland, 1999), S. B 5; BÜSCHGEN (Öko-Leasing, 1999), S. 7.

- Leasingverträge über Automobile, bei denen die Leasingrate auf Basis der gefahrenen Kilometer berechnet wird[307].
- Leasingverträge über Maschinen, bei denen sich das Entgelt nach den genutzten Stunden oder nach den mit der Maschine produzierten Werkstücken beziehungsweise nach den in Anspruch genommenen Leistungseinheiten („per stroke") richtet. So kann die Leasingrate für ein Fotokopiergerät zum Beispiel anhand der Anzahl der gezogenen Kopien errechnet werden.
- Leasingverträge über medizinisch-technische Geräte, bei denen sich die Leasingrate danach bemißt, wie viele Patienten innerhalb einer Nutzungseinheit mit einem Gerät behandelt werden können[308].

Die Abnehmer verzeichnen jedoch nicht nur hohe Kosten, sofern sie häufig Produktinnovationen erwerben. Kosten fallen auch dadurch an, dass die Produkte durch eine zunehmende technologische Komplexität teurer werden. Infolgedessen streben heute viele Kunden an, ihre Produkte nicht mehr zu kaufen, sondern zu finanzieren[309].

Steht den Abnehmern keine Finanzierungsalternative zum Kauf zur Verfügung, verzögern sie regelmäßig den Zeitpunkt von Neuinvestitionen, indem sie die Beschaffungszyklen der Produkte verlängern oder Produkte vom Gebrauchtmarkt beziehen[310]. Ein solches Abnehmerverhalten verstärkt sich in Konjunkturphasen, die - wie derzeit - von einer Investitionszurückhaltung gekennzeichnet sind[311].

Zudem konzentrieren Unternehmen ihre Geschäftsaktivitäten derzeit verstärkt auf das eigentliche Kerngeschäft[312]. Anderweitige Tätigkeiten werden über Beteiligungs- beziehungsweise Tochterunternehmen abgewickelt oder fremdbezogen. Den sich hieraus ergebenden Bedarf decken Leasinggesellschaften, indem sie zunehmend auch über das Finanzierungsgeschäft hinausgehende Aktivitäten anbie-

---

307 Vgl. HÖRL (Wahl, 2000), S. B 10; LÜTZENKIRCHEN (Kraftfahrzeug-Leasing, 2000), S. 249.

308 Vgl. hierzu beispielsweise KRATZER (Modern, 2003), S. B10.

309 Vgl. KELLER (Maschinenbau, 2001), S. B 8.

310 Vgl. TESSNER (Autofinanzierung, 1995), S. 133.

311 Vgl. allgemein O. V. (Entscheidungsträger, 2003), S. 17; IFO INSTITUT FÜR WIRTSCHAFTSFORSCHUNG (Mobilien-Leasing, 2004), S. 12.

ten. Ein typisches Beispiel hierfür ist der Full Service, den unter anderem die Gruppe DEUTSCHE LEASING im Bereich des Automobilleasing anbietet. Im Full Service enthalten sind bargeldloses Tanken, eine Service-Hotline, die Versicherung und die Steuer für das Fahrzeug sowie die Rundfunkgebühren für das Autoradio[313].

Zusammenfassend wird deutlich, dass Leasing eine hohe wirtschaftliche Bedeutung hat. Insbesondere das Herstellerleasing bietet im Rahmen der derzeit stattfindenden Entwicklungen in den Märkten des produzierenden Gewerbes erhebliche Erfolgspotentiale.

Hat sich ein Leasingangebot noch nicht als Standard durchgesetzt, ermöglicht es Herstellern, sich in reifen Märkten von ihren Wettbewerbern abzuheben. Bietet ein Hersteller seinen Kunden mit produktadditivem Leasing einen höheren Nutzen (Mehrwert) als andere Anbieter, kann er die bestehenden Kunden an sich binden und neue Kunden gewinnen.

Der Mehrwert eines Leasinggeschäfts kann sich für die Kunden daraus ergeben, dass der Hersteller einziger Leasinganbieter ist. Offerieren Konkurrenten ein Leasinggeschäft mit einem vergleichbaren Nutzen, kann ein Wettbewerbsvorteil daraus resultieren, dass der Hersteller sein Leasingangebot zu einem günstigeren Preis oder mit einer höheren Qualität beziehungsweise mit einer ausgeprägteren Funktionalität anbietet als die Wettbewerber.

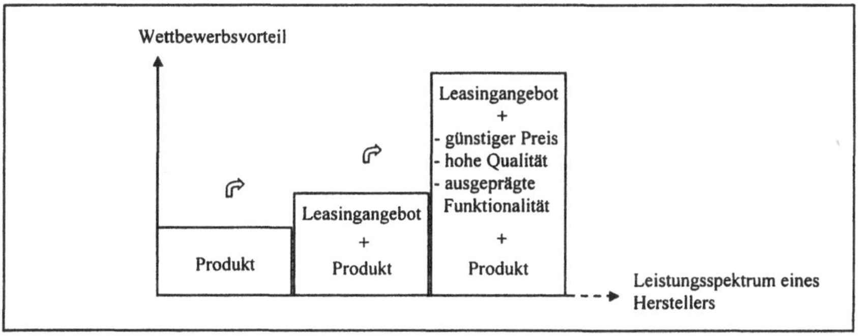

Abb. 13: Wettbewerbsvorteil durch ein Leasinggeschäft (Mehrwert)

---

312 Vgl. LAUER (Kerngeschäft, 2002), HTTP://WWW.ABSATZWIRTSCHAFT.DE vom 24.05.2004.

313 Vgl. HTTP.//WWW.DEUTSCHE-LEASING.DE/FULL_SERVICE.HTML vom 05.06.2004.

Besonders in konjunkturell schwachen Zeiten, in denen die Abnehmer regelmäßig ein zurückhaltendes Investitionsverhalten und ein ausgeprägtes Kostenbewußtsein zeigen, kann ein produktadditives Leasingangebot die einzige Möglichkeit sein, den Absatz der Produkte eines Herstellers zu steigern beziehungsweise den Absatz der Produkte überhaupt auf dem bisherigen Niveau zu halten.

Birgt ein Leasinggeschäft für einen Hersteller Erfolgspotentiale, ist es wettbewerbsstrategisch bedeutsam. In diesem Fall ist ein produktadditives Leasingangebot in das Leistungsprogramm des Herstellers aufzunehmen.

Der Hersteller muß sich sodann für eine Form entscheiden, in der die mit dem Leasinggeschäft verbundenen Leistungen koordiniert werden. Im *Zweiten Kapitel* werden die möglichen Koordinationsformen sowie die gängigen Ansätze zur Unterstützung der Wahl einer Koordinationsform aufgezeigt. Unter Einbezug dieser Ansätze werden die Faktoren herausgearbeitet, die für die Entscheidung über eine Koordinationsform relevant sind. Darauf aufbauend wird ein eigenes Modell entwickelt, aus dem Handlungsempfehlungen für die Wahl der Koordinationsform des Leasinggeschäfts eines Herstellers abzuleiten sind.

Zweites Kapitel

Integration eines Leasingangebotes in das Leistungsprogramm von Herstellern

I. Konsequenzen eines veränderten Leistungsprogramms

Herstellern stehen verschiedene Möglichkeiten zur Verfügung, ein Leasinggeschäft abzuwickeln:

Ein Hersteller, der Leasing anbietet, muß die damit verbundenen Leistungen nicht selbst erbringen. Der Hersteller kann das Leasinggeschäft auch durch unternehmensexterne Anbieter abwickeln lassen. In diesem Fall beschränkt sich die Tätigkeit des Herstellers darauf, Leasingverträge über seine Vertriebskanäle zu akquirieren. Alle im Rahmen des Leasingvertragsverhältnisses anfallenden Aufgaben übernimmt der Fremdanbieter.

Erbringt ein Hersteller die mit dem Leasinggeschäft verbundenen Leistungen selbst, wird im weiteren Verlauf der vorliegenden Arbeit von Internalisierung oder von hierarchischer Koordination gesprochen; der Bezug der Leistungserbringung durch einen unternehmensexternen Anbieter wird als Externalisierung oder als marktliche Koordination bezeichnet.

Neben dem Markt und der Hierarchie existiert noch eine Vielzahl weiterer, sogenannter 'hybrider Koordinationsformen'[314]. So kann Leasing beispielsweise im Rahmen eines Joint Ventures oder im Rahmen eines Netzwerkes verschiedener Unternehmen erbracht werden. Der Markt und die Hierarchie stellen nur die Extreme eines Kontinuums von Koordinationsformen dar. Der Übersicht halber beschränken sich die weiteren Ausführungen schwerpunktmäßig auf die Externalisierung und die Internalisierung der mit einem Leasinggeschäft verbundenen Leistungen (siehe Abb. 14).

Hersteller bedienen sich der Internalisierung und der Externalisierung der mit einem Leasinggeschäft verbundenen Leistungen in sehr unterschiedlicher Intensität: Während alle größeren Automobilhersteller das Leasinggeschäft über eigene Leasinggesellschaften und Banken abwickeln, beziehen die Maschinenbauer, die Leasing anbieten, die Leistungserbringung fast ausnahmslos fremd: So kooperiert beispielsweise der Spritzgießmaschinenhersteller DEMAG ERGOTECH GmbH mit

---

[314] Vgl. WILLIAMSON (Institutions, 1985).

der Gruppe DEUTSCHE LEASING[315]. Weniger als 5% der Maschinenbauer erbringen die mit dem Leasinggeschäft verbundenen Leistungen selbst[316].

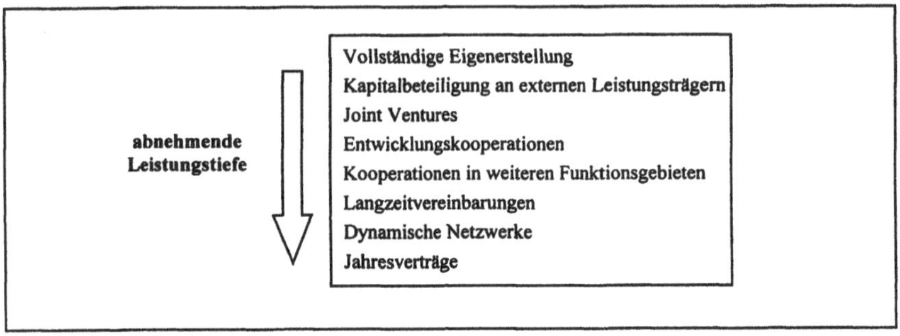

Abb. 14: Mögliche Koordinationsformen
Quelle: Darstellung angelehnt an PICOT/REICHWALD/WIGAND (Unternehmung, 1996), S. 46.

Nimmt ein Hersteller ein produktadditives Leasingangebot in sein Leistungsprogramm auf, hat dies Auswirkungen auf die Struktur seines Unternehmens:

Mit der Entscheidung über eine Koordinationsform optieren Hersteller für eine bestimmte Leistungstiefe[317]. Diese gibt den Umfang an, in dem ein Unternehmen Produkte oder Dienstleistungen selbst erstellt beziehungsweise fremdbezieht[318]. Die Leistungstiefe legt fest, welche Ressourcen von dem Anbieter vorzuhalten sind und bestimmt maßgeblich die Struktur beziehungsweise die Komplexität des Unternehmens.

Wird eine Leistungserbringung internalisiert, ist das Unternehmen mit den erforderlichen Ressourcen auszustatten. Der Prozeß der Leistungserbringung

---

315 Vgl. HTTP://WWW.DEUTSCHE-LEASING.DE/~F478F8D3211.HTML?FROM=1070467908 vom 05.07.2002.

316 Gemäß einer Studie der MHB MELLWIG HASTEDT BECKER CONSULT GMBH, Eschborn/ Frankfurt am Main, in Zusammenarbeit mit dem VDMA, Frankfurt am Main 2001.

317 Ein Maß zur Beurteilung des Umfangs der Leistungstiefe ist die Wertschöpfungsquote, die den Anteil der Wertschöpfung eines Unternehmens ins Verhältnis zur Gesamtleistung setzt [vgl. PICOT (Leistungstiefe, 1991), S. 337 f.]. BACHER äußert sich kritisch zur Verwendbarkeit der Wertschöpfungsquote [vgl. BACHER (Outsourcing, 2000), S. 33, Fn. 6]. Ein Synonym für die Leistungstiefe ist die Betriebstiefe [vgl. IHDE (Betriebstiefe, 1988)].

318 Vgl. SCHÄFER (Unternehmung, 1974), S. 103.

bindet Kapital und Managementkapazitäten und erfordert die Interaktion verschiedener Leistungseinheiten[319]. Hohe Leistungstiefen verursachen daher regelmäßig einen erheblichen Organisations- und Steuerungsaufwand[320].

Eine geringe Leistungstiefe „entlastet" hingegen die Struktur des Anbieterunternehmens, da die zur Leistungserbringung erforderlichen Ressourcen von dem Fremdanbieter vorgehalten werden.

Nachfolgend werden die verschiedenen Formen der Koordination eines Leasinggeschäfts näher dargestellt. Dabei sind zunächst die Gruppen der Leasinganbieter aufzuzeigen:

II. Formen der Koordination eines produktadditiven Leasinggeschäfts

1. Gruppen der Leasinganbieter

Die Anbieter leasingspezifischer Leistungen werden hinsichtlich ihrer wirtschaftlichen beziehungsweise ihrer gesellschaftsrechtlichen Abhängigkeit vom Hersteller der Leasingobjekte in hersteller*ab*hängige und in hersteller*un*abhängige Leasinganbieter unterteilt. Beide Anbietergruppen übernehmen innerhalb der Leasingvertragsverhältnisse jeweils die Funktion des Leasinggebers. Sie zeigen dabei allerdings unterschiedliche Geschäftsinteressen und treten in unterschiedlicher Form im Markt auf:

a) Herstellerunabhängige Leasinggesellschaften

Herstellerunabhängige Leasinggesellschaften werden gesellschaftsrechtlich zumeist von Banken dominiert[321]. Bei Leasinggeschäften mit herstellerunabhängigen Leasinggebern stehen der Hersteller des Leasingobjektes und der Leasingnehmer nur in mittelbarer vertraglicher Beziehung zueinander: Der Leasingvertrag wird zwischen dem Leasinggeber und dem Leasingnehmer abgeschlossen[322], während der Hersteller des Leasingobjektes in kaufrechtliche Beziehung zum

---

319 Vgl. allgemein PICOT/REICHWALD/WIEGAND (Unternehmung, 1996), S. 264.

320 Vgl. hierzu beispielsweise ROEVER (Gefahr, 1991), S. 233; DERSELBE (Ketten-Reaktion, 1991), S. 243.

321 Vgl. LÜTZENKIRCHEN (Kraftfahrzeug-Leasing, 2000), S. 234. Sofern im weiteren Verlauf dieser Arbeit herstellerunabhängige Leasinggesellschaften betrachtet werden, handelt es sich ausschließlich um bankenabhängige Unternehmen.

322 Vgl. BÜSCHGEN (Grundlagen, 1998), Rz. 25.

Leasinggeber tritt. Die Vertragsbeziehungen im Rahmen eines herstellerunabhängigen Leasinggeschäfts werden als 'Dreiecksverhältnis'[323] dargestellt:

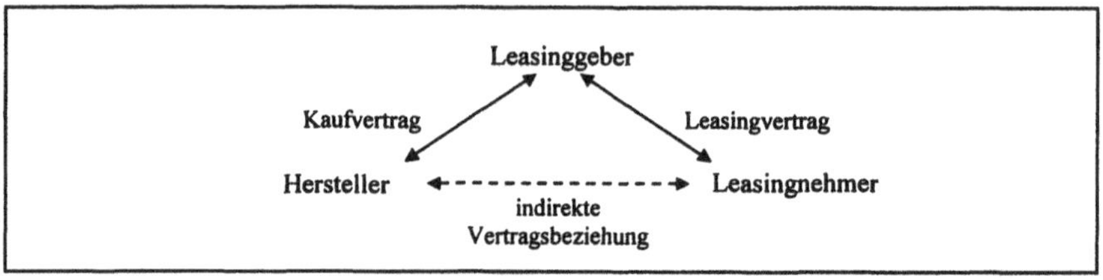

Abb. 15: Vertragsbeziehungen des herstellerunabhängigen Leasing

b) Herstellerabhängige Leasinggesellschaften

Beim herstellerabhängigen Leasing wird das Dreiecksverhältnis, welches das herstellerunabhängige Leasing kennzeichnet, durch ein unmittelbares Leasingvertragsverhältnis zwischen dem Leasingnehmer und dem Hersteller des Leasingobjektes ersetzt[324]. Der Hersteller tritt in diesem Fall als Leasinggeber auf. Ein derartiges Leasinggeschäft wird auch als 'direktes Herstellerleasing' bezeichnet.

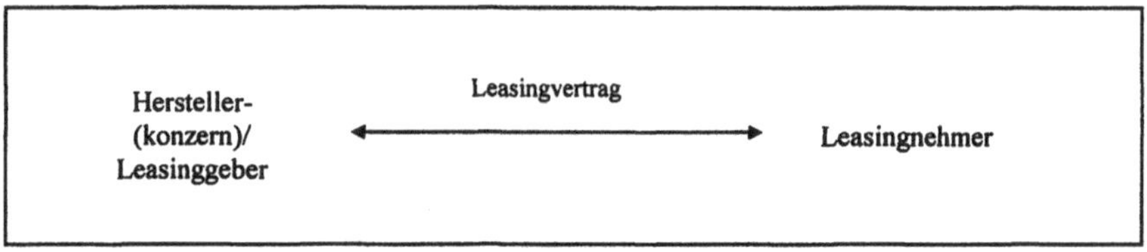

Abb. 16: Vertragsbeziehungen des herstellerabhängigen Leasing

Die Motive von Herstellern und Leasinggesellschaften für die Übernahme der Leasinggeberschaft unterscheiden sich:

Leasinggesellschaften sind vorrangig an der Erzielung eines Gewinns aus der Finanzierung des Nutzungspotentials eines Objektes interessiert[325]. Sie weisen kein

323 Vgl. BERGER (Herstellerleasing, 1988), S. 11, m. d. d. V.; ENGEL (Leasing, 1993), Rz. 43 ff.

324 Vgl. ENGEL (Leasing, 1993), Rz. 133.

325 Vgl. BGH vom 05.04.1978, S. 571; FLUME (Leasing, 1972), S. 10.

- über ihr „Sicherungsinteresse hinausgehendes - unternehmerisches Sachinteresse" auf[326] und übernehmen innerhalb des Dreiecksverhältnisses ausschließlich die Funktion eines „Kreditgebers"[327].

Das unternehmerische Interesse eines Herstellers besteht darin, seine Produkte im Markt abzusetzen, ungeachtet der Vertriebsform. Vertreibt ein Hersteller seine Produkte über Leasing, verzeichnet er den gleichen Absatzerfolg wie bei einem Verkauf[328]. Hersteller treten daher primär als Leasinggeber auf, um den Absatz ihrer Produkte zu fördern. Leasing wird in erster Linie angeboten, um einen Gewinn aus dem (Mehr-)Absatz der Produkte zu erzielen.

Je stärker das Leasinggeschäft zum Gesamtgewinn eines Herstellers beiträgt, umso eher wird es als Profit Center mit eigener Erfolgsverantwortung geführt. In diesen Fällen steht für den Hersteller nicht mehr allein der Gewinn aus dem gesteigerten Produktabsatz im Vordergrund. Der Hersteller zeigt zumeist auch ein Interesse an dem Finanzierungsgewinn aus dem Leasinggeschäft. Die Profit Center-Struktur erklärt, warum sich beispielsweise der VOLKSWAGEN-Konzern nicht nur auf die Finanzierung der eigenen Automobile beschränkt, sondern sein Gewinnpotential dadurch erweitert, dass er „eine der größten Direktbanken in Deutschland" beherbergt[329].

Eine besonders ausgeprägte Profit Center-Struktur zeigen Hersteller, die die Funktion des Leasinggebers nicht unmittelbar selbst ausüben, sondern die Leasinggeberschaft auf ein kapital- beziehungsweise auf ein gesellschaftsrechtlich verbundenes Unternehmen übertragen. Die Leasingnehmer schließen in diesem

---

326 Vgl. BERGER (Herstellerleasing, 1988), S. 12 (auch Zitat); grundlegend FLUME (Rechtsverhältnis, 1972), S. 53 ff.

327 Vgl. BERGER (Herstellerleasing, 1988), S. 13.

328 Vgl. BERGER (Herstellerleasing, 1988), S. 34 f.; BFH vom 05.02.1987, S. 448 ff.; GRAF VON WESTPHALEN (Leasingvertrag, 1998), Rz. 167; RUNGE/BREMSER/ZÖLLER (Leasing, 1978), S. 33; FLUME (Leasing, 1972), S. 10; KRONKE (Finanzierungsleasing, 1990), S. 386; BUNTE (Anwendung, 1988), S. 637; HIDDEMANN (Rechtsprechung, 1978), S. 834; BETGE (Absatzförderung, 1990), S. 38; OTTO (Vertriebs-Leasing, 1986), S. 23 ff. Insofern „stellt sich doch Leasing als eine *Absatzalternative* neben dem Verkauf dar. Beiden Vertriebsformen gemeinsam ist der Verdienst des Herstellers am Warenumsatz" [BERGER (Herstellerleasing, 1988), S. 26]. Somit steht das „Finanzierungsinteresse beim Herstellerleasing [...] im Schatten des Absatzinteresses" [BERGER, EBENDA, S. 27]. Ein Absatzerfolg tritt nur ein, sofern ein Eigentumsübergang der Leasingobjekte vom Hersteller zur Leasinggesellschaft stattfindet.

329 Vgl. REINKING (Autobauer, 2003), HTTP://WWW.FTD.DE vom 21.11.2003 (auch Zitat, im Original apostrophiert hervorgehoben).

Fall die Leasingverträge nicht mit dem Hersteller-, sondern mit dem Konzernunternehmen ab. Die Einschaltung dieser sogenannten 'Captives'[330] führt dazu, dass wiederum drei Parteien in das Leasinggeschäft eingebunden sind, weshalb hier auch vom 'indirekten' Herstellerleasing gesprochen wird.

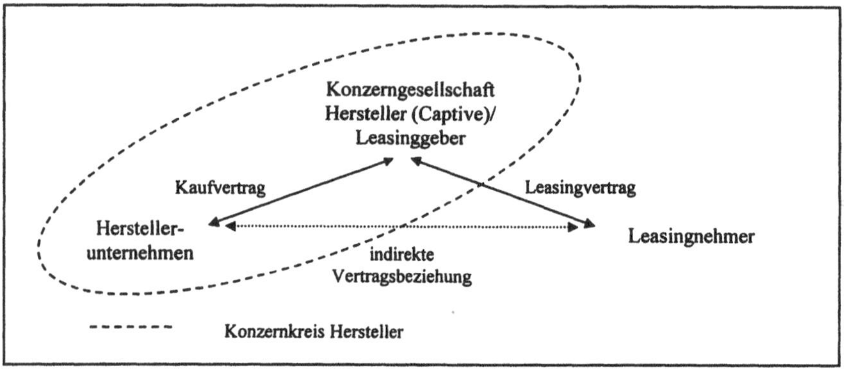

Abb. 17: Vertragsbeziehungen unter Einschaltung einer Captive

Im Gegensatz zum direkten Herstellerleasing, bei dem vertragliche Beziehungen unmittelbar zwischen dem Leasingnehmer und dem Hersteller als Leasinggeber bestehen[331], existiert beim indirekten Herstellerleasing ein formales Dreiecksverhältnis. Obwohl die Captive ein Profit Center darstellt und damit einer eigenen Erfolgsverantwortung unterliegt, wird nach herrschender Meinung angenommen, dass der Geschäftszweck der Captive vorrangig darin besteht, den Absatz der Produkte des Herstellers zu fördern. Die Captive betreibt faktisch das „Geschäft des Herstellers"[332] und übernimmt keine primäre Finanzierungsfunktion, wie dies bei

---

330 Vgl. GIRSBERGER (Finanzierungsleasing, 1997), Rz. 23, m. d. d. V.; STENNER (Captives, 2002), S. 158.

331 Vgl. BERGER (Herstellerleasing, 1988), S. 26.

332 Vgl. FLUME (Rechtsverhältnis, 1972), S. 2. (auch Zitat). Da die Captive faktisch das Geschäft des Herstellers betreibt, werden Leasingvertragsverhältnisse, die über eine Captives abgewickelt werden, nicht als Dreiparteienleasing bezeichnet [vgl. BERGER (Herstellerleasing, 1988), S. 35; FLUME (Leasing, 1972), S. 10]. Anders: GRAF VON WESTPHALEN (Leasingvertrag, 1998), Rz. 167. GRAF VON WESTPHALEN ordnet das indirekte Herstellerleasing aufgrund der formalen Einschaltung eines Dritten als Dreiparteienleasing ein. Zudem spricht GRAF VON WESTPHALEN auch dann von hersteller*ab*hängigem Leasing, sofern ein Hersteller und eine herstellerunabhängige Leasinggesellschaft „eine auf

herstellerunabhängigen Leasinggesellschaften der Fall ist. Das Dreiecksverhältnis wird daher „in seiner wirtschaftlichen Bedeutung relativiert"[333].

Die unterschiedliche Interessenlage herstellerabhängiger und -unabhängiger Leasinggesellschaften wird auch durch die Form ihres Marktauftrittes verdeutlicht:

Während sich herstellerunabhängige Anbieter durch einen eigenen Marktauftritt positionieren müssen, treten herstellerabhängige Leasinggesellschaften zumeist nur mittelbar im Markt auf. Sie bieten ihre Leasingverträge ausschließlich über die bereits vorhandenen Absatzkanäle der Hersteller an[334]. Die Absatzkanäle umfassen in der Regel Händlernetze, Call-Center sowie Internetauftritte[335].

Leasinggesellschaften unterscheiden sich jedoch nicht nur hinsichtlich ihrer wirtschaftlichen beziehungsweise ihrer gesellschaftsrechtlichen Abhängigkeit vom Herstellerunternehmen, sondern auch bezüglich der verleasten Objektportfolien:

Generell haben Leasinganbieter die Wahl, entweder eine Vielzahl oder nur bestimmte Kategorien von Objekten zu verleasen. Ein begrenztes Objektportfolio bieten Leasinggesellschaften an, um Wettbewerbsvorteile gegenüber nicht spezialisierten Anbietern zu erzielen. Durch die Konzentration eignen sich die Anbieter ausgeprägte Objekt- beziehungsweise Marktkenntnisse an, die es ihnen ermöglichen, besonders kundennahe Leistungen anzubieten. Zudem verzeichnen die Anbieter durch Mengeneffekte oftmals günstige Einkaufs- beziehungsweise Verwertungskonditionen für die Leasingobjekte, so dass sie Kalkulationsvorteile gegenüber anderen Anbietern erzielen können. Objekte, auf die sich Leasingan-

---

Dauer angelegte, enge Geschäftsverbindung" unterhalten [vgl. DERSELBE (Qualifikation, 1984), S. 2094 (auch Zitat)]. Da herstellerunabhängigen Leasinggesellschaften jedoch auch in diesen Fällen regelmäßig kein produktbezogenes Absatzinteresse, sondern ein ausschließliches Finanzierungsinteresse unterstellt werden kann, ist bei langfristigen Geschäftsbeziehungen zwischen einem Hersteller und einer herstellerunabhängigen Leasinggesellschaft CANARIS zu folgen, der in diesen Fällen von „absatzförderndem" oder „lieferantennahem Finanzierungsleasing" spricht [vgl. CANARIS (Grundprinzipien, 1990), S. 415, (auch Zitate, im Original kursiv hervorgehoben)].

333 BERGER (Herstellerleasing, 1988), S. 34. Vgl. ferner (mit vereinzelt unterschiedlicher Terminologie) OLG FRANKFURT AM MAIN vom 14.07.1981, S. 724; OLG KARLSRUHE vom 24.10.1985, S. 94; LG FRANKFURT AM MAIN vom 28.01.1985, S. 757; FLUME (Rechtsverhältnis, 1972), S. 2; BUNTE (Anwendung, 1988), S. 637; FAHRHOLZ (Leasing, 1979), S. 7; DAGEFÖRDE (Finanzierungsleasing, 1992), S. 111 f.

334 Vgl. BAUMGARTEN/KOOB (Herstellerleasing, 1999), S. 493 f.

335 Vgl. CZOTSCHER (Markt, 2003), S. B11.

bieter oftmals spezialisieren, sind zumeist in großen Stückzahlen weiterverwertbar - wie beispielsweise Automobile oder EDV-Hardware.

Unter Berücksichtigung des Objektportfolios und der wirtschaftlichen beziehungsweise der gesellschaftsrechtlichen Abhängigkeit des Leasinggebers vom Hersteller des Leasingobjektes lassen sich vier strategische Gruppen von Leasinganbietern abgrenzen[336]:

i) Herstellerabhängige Spezialisten

Als Leasinganbieter treten herstellerabhängige Leasinggesellschaften auf, die ausschließlich die Produkte des Herstellers verleasen, mit dem sie verbunden sind. Diese Anbieter sind sowohl hersteller- als auch objektbezogen spezialisiert. Ein Beispiel für eine derartige Leasinggesellschaft ist die BMW FINANCIAL SERVICES GMBH. Das Leistungsangebot dieses Anbieters wird über ein Händler-Netz vertrieben. Während Kreditfinanzierungen auch für die Fabrikate anderer Hersteller angeboten werden, ist der Abschluß eines Leasingvertrages über ein Fremdfabrikat nur möglich, sofern ein BMW-Händler ein solches Fahrzeug in seinem Automobilbestand vorhält. Ansonsten werden ausschließlich Fahrzeuge der Marke BMW verleast.

ii) Herstellerabhängige Generalisten

Eine weitere Gruppe stellen herstellerabhängige Anbieter dar, die auch die Produkte anderer Hersteller in ihrem Portfolio halten. Diese Leasinggesellschaften sind objektbezogene Generalisten. Ein Beispiel stellt die IBM GLOBAL FINANCING DEUTSCHLAND dar, die Leasing für eine Auswahl von Produkten anderer Hersteller anbietet. Vom gesamten Finanzierungsportfolio des Unternehmens entfallen ca. 80% auf IBM-eigene Produkte und 20% auf Produkte von Fremdanbietern[337].

iii) Herstellerunabhängige Spezialisten

Des weiteren existieren herstellerunabhängige Gesellschaften, die objektbezogen spezialisiert sind. Beispiele hierfür sind die SIXT-LEASING GMBH oder die DEUT-

---

[336] Vgl. BAUMGARTEN/KOOB (Herstellerleasing, 1999), S. 492 f.
[337] Vgl. hierzu KOENEN (IT-Investitionen, 2003), S. B2.

SCHE AUTO-LEASING GMBH, die - unabhängig vom Fabrikat - ausschließlich Automobile verleasen.

iv) Herstellerunabhängige Generalisten

Letztlich finden sich Anbieter, die weder hersteller- noch objektbezogen spezialisiert sind. Diese Gruppe wird unter anderem durch die DEUTSCHE LEASING AG oder durch die VR-LEASING AG repräsentiert.

Die Gruppen der Leasinganbieter können anhand ihrer unterschiedlichen Geschäftsinteressen wiederum in zwei Hauptgruppen unterteilt werden:

Da Hersteller durch ein produktadditives Leasingangebot in erster Linie den Absatz ihrer Produkte fördern, sind herstellerabhängige Leasinggesellschaften zumeist auf bestimmte Objekte spezialisiert.

Das Geschäftsinteresse herstellerunabhängiger Leasinggesellschaften ist hingegen regelmäßig objektunabhängig. Diese Leasinggesellschaften kooperieren regelmäßig mit einer großen Anzahl unterschiedlicher Hersteller und halten daher zumeist ein breites Portfolio an Objekten. Sofern herstellerabhängige oder -unabhängige Leasinggesellschaften Gegenstand der weiteren Betrachtung sind, handelt es sich jeweils um diese Hauptgruppen.

wirtschaftliche/ gesellschaftsrecht-liche Abhängigkeit	herstellerabhängig	**Herstellerabhängige Spezialisten (Hauptgruppe)**	herstellerabhängige Generalisten
	herstellerunabhängig	herstellerunabhängige Spezialisten	**herstellerunabhängige Generalisten (Hauptgruppe)**
		Spezialisierung	Generalisierung
		Objektportfolio	

Abb. 18: Gruppen der Leasinganbieter

Die Leistungen, die bei einem produktadditiven Leasingangebot zu erbringen sind, können generell entweder von dem Herstellerunternehmen selbst beziehungsweise von der Captive des Herstellers oder von einem konzernfremden

Anbieter koordiniert werden. Die verschiedenen Formen der Koordination werden nachfolgend beschrieben:

2. Externalisierung

2.1 Zusammenarbeit zwischen Herstellern und herstellerunabhängigen Leasinggesellschaften[338]

2.1.1 Formen der Zusammenarbeit

Der Fremdbezug leasingspezifischer Leistungen kann über drei Koordinationsformen erfolgen. Diese umfassen die reine Vermittlung von Kunden, den Abschluß einer Kooperationsvereinbarung sowie die Bündelung von Aktivitäten im Rahmen eines Joint Ventures.

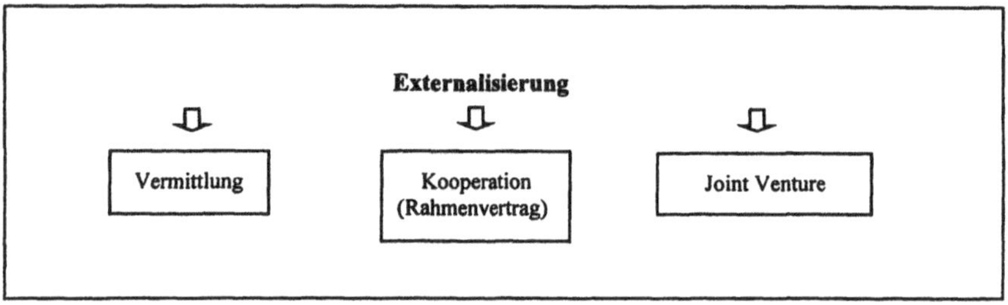

Abb. 19: Koordinationsformen einer externalisierten Leistungserbringung

Oftmals beschränkt sich die Zusammenarbeit eines Herstellers mit herstellerunabhängigen Leasinggesellschaften darauf, dass der Hersteller potentielle Leasingnehmer an eine Leasinggesellschaft vermittelt. Handelt es sich dabei stets um die gleiche Leasinggesellschaft, wird regelmäßig eine Kooperationsvereinbarung abgeschlossen. Die Zusammenarbeit im Rahmen der Kooperation kann von der reinen Kundenvermittlung bis hin zum gemeinsamen Marktauftritt zwischen dem Hersteller und der Leasinggesellschaft reichen. Der Rahmenvertrag ist Grundlage für die spätere Abwicklung der jeweiligen Einzelleasingverträge[339]. Da der Rah-

338 Sofern im Zusammenhang mit der Externalisierung leasingspezifischer Leistungen von „Leasinggesellschaften" die Rede ist, handelt es sich stets um herstellerunabhängige Unternehmen. Ist eine herstellerabhängige Gesellschaft Gegenstand der Betrachtung, wird dies explizit erwähnt beziehungsweise von „Captives" gesprochen.

339 Vgl. GRAF VON WESTPHALEN (Leasingvertrag, 1998), Rz. 210.

menvertrag nur als „Absichtserklärung"[340] hinsichtlich der Kooperation wirkt, bindet er die Parteien nicht im Sinne einer ausschließlichen Zusammenarbeit. Infolgedessen kann der Hersteller potentielle Leasingnehmer auch an andere Leasinganbieter vermitteln und die Leasinggesellschaft ihre Leistungen weiterhin einer Vielzahl von Herstellern zur Verfügung stellen.

Besonders eng ist die Kooperation im Rahmen eines Joint Ventures: Die Leasingaktivitäten werden in einer zu diesem Zweck gegründeten Gesellschaft abgewickelt. Die Geschäftsbesorgung übernimmt die Leasinggesellschaft[341]. Ein Beispiel für ein Joint Venture, welches das Leasing von Landmaschinen umfaßt, ist die CLAAS FINANCIAL SERVICES GMBH, ein Gemeinschaftsunternehmen der CLAAS KGAA und der BNP PARIBAS LEASE GROUP[342]. Ein Joint Venture im IT-Bereich stellte bis 2004 die DEUTSCHE LEASING-GATX GMBH & CO. KG dar, die je zur Hälfte von der DEUTSCHEN SPARKASSEN LEASING AG & CO. KG und der GATX CAPITAL CORPORATION gehalten wurde[343].

Sofern im weiteren Verlauf der Arbeit die Zusammenarbeit zwischen einem Hersteller und einer Leasinggesellschaft betrachtet wird, handelt es sich um eine Kooperation, die auch Joint Ventures umfaßt. Die reine Vermittlung von Leasingnehmern an Leasinggesellschaften, mit denen keine Kooperationsvereinbarungen bestehen, wird nicht berücksichtigt.

Damit Hersteller sich für eine Form der Koordination des Leasinggeschäfts entscheiden können, ist es erforderlich, den Ablauf der Zusammenarbeit mit einer Leasinggesellschaft und die sich dabei möglicherweise ergebenden Konflikte darzustellen:

---

340 Vgl. DINNENDAHL (Zusammenarbeit, 1981), S. 75 (auch Zitat).

341 Vgl. hierzu beispielsweise KRATZER/KREUZMAIR (Leasing, 2002), S. 22 f. Im Rahmen derartiger Joint Ventures schließt der Hersteller die Leasingverträge zumeist in seinem Namen, aber auf Rechnung der Leasinggesellschaft ab. Der Hersteller bleibt einziger Ansprechpartner des Kunden [vgl. FIGGE (Geschäfte, 1999), S. B6].

342 Vgl. HTTP://WWW.CLAAS.COM/DE/FINANCIAL/FINAN_HOME_CLAASDE.HTML vom 19.06.2005.

343 Die DEUTSCHE LEASING AG hat zum 01.10.2004 die Anteile der GATX Corp. an der DEUTSCHE LEASING-GATX GMBH & CO. KG übernommen [vgl. HTTP://WWW.DEUTSCHE-LEASING.DE/DEUTSCHE_COMPUTER_LEASING.HTML vom 19.06.2005].

2.1.2 Ablauf der Zusammenarbeit

Im Rahmen der Zusammenarbeit beauftragt die Leasinggesellschaft den Hersteller, seine Vertriebskanäle für die Akquisition von Leasingverträgen zu nutzen. Gleichzeitig verpflichtet sich die Leasinggesellschaft, dem Hersteller die für die Akquisition erforderlichen Leasingkenntnisse zu vermitteln. Die Aufgabenverteilung innerhalb einer Kooperation stellt sich typischerweise wie folgt dar:

Der Hersteller bietet seinen Kunden die Finanzierung einer Investition über Leasing an. Bei Interesse leitet der Hersteller den Antrag auf Abschluß eines Leasingvertrages an die Leasinggesellschaft weiter. Diese prüft die Vertragsinhalte, die Fungibilität[344] der Objekte sowie die Zahlungsfähigkeit (Bonität) des Kunden. Bei der Beschaffung der hierfür benötigten Unterlagen wird die Leasinggesellschaft regelmäßig vom Hersteller unterstützt. Wird der Antrag angenommen, bestellt der Leasinggeber das Leasingobjekt gemäß der Spezifikation des Kunden beim Hersteller oder tritt in die bereits durch den Kunden vorgenommene Bestellung ein[345]. Mit der Abnahme des Objektes durch den Leasingnehmer beginnt die Leasingvertragslaufzeit und der Kaufpreis wird an den Hersteller gezahlt[346].

Während der Laufzeit des Leasingvertrages überwacht die Leasinggesellschaft den regelmäßigen Eingang der Leasingraten. Gelegentlich sind Vertragsänderungen vorzunehmen, wenn einzelne Leasingobjekte aus dem Leasingvertrag herausgelöst oder hinzugefügt werden sollen.

---

344 Leasingobjekte müssen so beschaffen sein, dass sie vom Leasinggeber nach Beendigung des Leasingvertrages weiterverwertet werden können, sei es durch Verkauf oder durch Weitervermietung [vgl. ENGEL (Leasing, 1998), Rz. 74]. Die Fungibilität ist Voraussetzung für die Annahme, dass es sich bei dem Leasingvertrag nicht um Spezial-Leasing handelt, welches die steuerrechtliche Zuordnung des Leasingobjektes zum Leasingnehmer zur Folge hätte [vgl. SPITTLER (Leasing, 1999), S. 304, i. V. m. S. 310 f.]. Je stärker sich eine Leasinggesellschaft auf bestimmte Objektkategorien spezialisiert hat und je enger die Zusammenarbeit mit dem Hersteller ist, umso standardisierter kann die Prüfung der Fungibilität vorgenommen werden.

345 GRAF VON WESTPHALEN (Leasingvertrag, 1998), Rz. 213 ff.; BECKMANN (Zustandekommen, 1998), Rz. 3 f.

346 Vgl. BECKMANN (Zustandekommen, 1998), Rz. 86 sowie Rz. 88a. Neuere Vertragsmodelle beinhalten vereinzelt auch einen Leasingbeginn, der nicht dem Zeitpunkt der Abnahme des Leasingobjektes entspricht. In diesen Fällen wird oftmals der auf die Abnahme folgende Erste eines Kalendermonats als Leasingbeginn gewählt. Dieses Vorgehen soll Buchungen im Rechnungswesen - insbesondere im Falle eines Forderungsverkaufs - vereinfachen.

Steht der Ablauf einer Vertragslaufzeit bevor, informiert die Leasinggesellschaft den Hersteller, so dass dieser den Kunden frühzeitig hinsichtlich der Verlängerung des bestehenden oder des Abschlusses eines neuen Leasingvertrages kontaktieren kann.

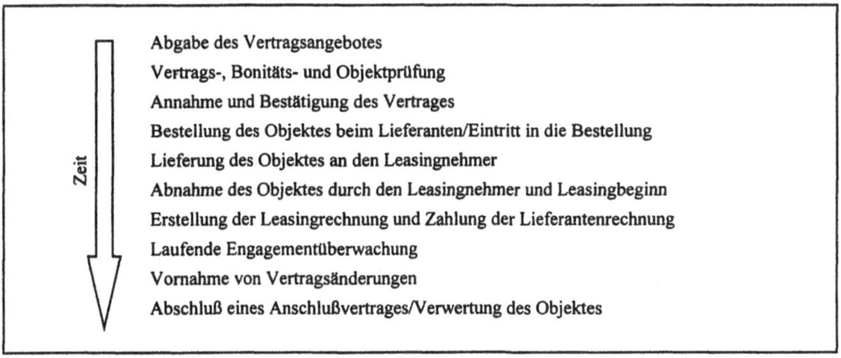

Abb. 20: „Lebenslauf" eines Leasingvertrages

Erwirbt der Leasingnehmer das Objekt am Ende der Vertragslaufzeit nicht, wird es anderweitig verwertet. Existiert ein Gebrauchtmarkt für die Objekte, übernimmt der Hersteller zumeist die Verwertung. Er verpflichtet sich in diesem Fall bereits bei Abschluß des Leasingvertrages zum Rückkauf der Objekte. Verwertet der Hersteller die Leasingobjekte nicht, beauftragt die Leasinggesellschaft oftmals institutionelle Verwertungsunternehmen. So arbeitet beispielsweise die GRUPPE DEUTSCHE LEASING hinsichtlich der Verwertung von Maschinen unter anderem mit der ANGERMANN BAHRS & LÜDERS GMBH & CO. KG zusammen[347].

Leasinggesellschaften gründen vereinzelt auch eigene Verwertungsorganisationen, wenn sie über hinreichend große zu verwertende Objektkontingente verfügen und durch die Verwertung kalkulationsrelevante Mengeneffekte erzielen können. Derartige Organisationen finden sich insbesondere bei Leasinggesellschaften, die sich auf das Automobilleasing spezialisiert haben[348]. Die Verwertung der Fahrzeuge wird in diesem Fall über Gebrauchtwagenanbieter gesteuert, die zum Konzern der Leasinggesellschaft gehören. Ein Beispiel hierfür stellt die

347 Vgl. HTTP://WWW.ANGERMANN-LUEDERS.DE vom 15.09.2004.
348 Vgl. GEHRICKE (Gebrauchtwagenhändler, 1999), S. B10.

AUTOEXPO DEUTSCHE AUTO-MARKT GMBH dar, die eine Tochtergesellschaft der DEUTSCHEN SPARKASSEN LEASING AG & CO. KG ist[349].

Im Einzelfall weicht die Verteilung der Aufgaben zwischen Hersteller und Leasinggesellschaft in der Praxis von der dargestellten Aufgabenverteilung ab. So bietet beispielsweise die POSTBANK LEASING GMBH den Firmenkunden der DEUTSCHEN POSTBANK AG Automobilleasing in Zusammenarbeit mit der VR-LEASING AG an. Die POSTBANK LEASING GMBH übernimmt den Vertrieb und die Prüfung der Zahlungsfähigkeit der potentiellen Leasingnehmer; die VR-LEASING AG die übrige Abwicklung des Leasinggeschäfts[350].

Arbeiten Hersteller und Leasinggesellschaften nicht nur national, sondern auch grenzüberschreitend zusammen, sind verschiedene Formen der Zusammenarbeit möglich:

2.1.3 Internationale Zusammenarbeit

Bietet ein Hersteller neben seinen Produkten auch Leasing international an, sind in das Leasingvertragsverhältnis Vertragspartner aus verschiedenen Ländern eingebunden. Internationales Leasing wird als grenzüberschreitendes oder als Cross-Border-Leasing bezeichnet.

Cross-Border-Leasing umfaßt zum einen Leasinggeschäfte, die im Anschluß an ein Exportgeschäft erfolgen. Bei derartigen Transaktionen, auch Cross-Border-Leasing im weiteren Sinne genannt, weist der Leasingvertrag nationalen Charakter auf[351]. Er wird regelmäßig mit einer Beteiligungs- oder Tochtergesellschaft des Leasinggebers im Domizilland des Leasingnehmers geschlossen[352]. Zum anderen

---

349 Vgl. DEUTSCHE LEASING GRUPPE (Geschäftsbericht, 2002/2003), S. 59.

350 Im Bereich des Immobilien-Leasing arbeitet die POSTBANK AG mit verschiedenen Immobilien-Leasinggesellschaften zusammen [vgl. HTTP://WWW.POSTBANK.DE, Pressemitteilung vom 16.02.2001].

351 Cross-Border-Leasing kann auch nach der Richtung der Gebrauchsüberlassung unterschieden werden. Beim 'Inbound Cross-Border-Leasing' ist der Leasingnehmer im Inland und der Leasinggeber im Ausland ansässig. Hinsichtlich des Objektes findet eine dem Import vergleichbare Gebrauchsüberlassung statt. Ist der Leasingnehmer im Ausland und der Leasinggeber im Inland ansässig, handelt es sich um sogenanntes 'Outbound Cross-Border-Leasing' [vgl. KUIPERS (Cross Border Leasing, 1995), S. 47 f.]. Die Bezeichnung eines Landes als 'Inland' oder als 'Ausland' hängt von der jeweiligen Betrachtungsperspektive ab.

352 Vgl. KUIPERS (Cross Border Leasing, 1995), S. 46 f.; DAGEFÖRDE (Finanzierungsleasing, 1992), S. 8 f.

umfaßt Cross-Border-Leasing Verträge, bei denen der Leasinggeber und der Leasingnehmer in unterschiedlichen Ländern ansässig sind[353]. Die Leasingverträge werden in diesen Fällen grenzüberschreitend abgeschlossen. Derartige Leasingvertragsverhältnisse werden als Cross-Border-Leasing im engeren Sinne bezeichnet. Sofern sich die weiteren Ausführungen auf Cross-Border-Leasing beziehen, handelt es sich stets um Cross-Border-Leasing im engeren Sinne.

Verfügt die mit einem Hersteller kooperierende Leasinggesellschaft nicht über eine Beteiligungs- beziehungsweise Tochtergesellschaft im Domizilland des Leasingnehmers, wird das Leasinggeschäft regelmäßig an einen vor Ort ansässigen Leasinganbieter vermittelt. Die Vermittlung erfolgt über sogenannte 'Leasing-Clubs'[354]. Das Leasingvertragsverhältnis wird von einer Korrespondenzgesellschaft auf nationaler Ebene im Ausland abgewickelt, der Kaufvertrag grenzüberschreitend. So fungiert beispielsweise die GEFA-LEASING GMBH als Korrespondenzgesellschaft des Leaseclub in Deutschland[355].

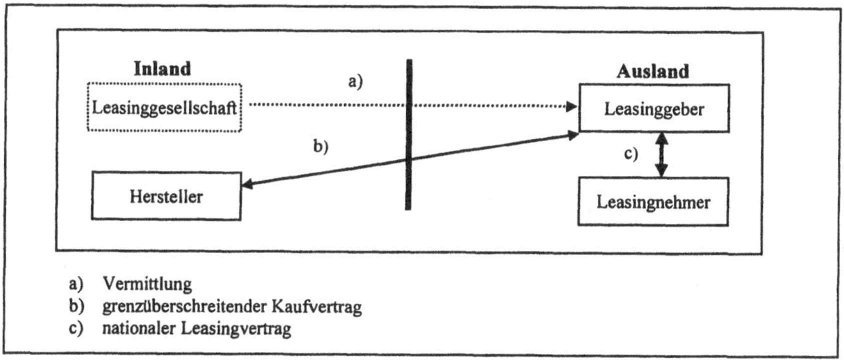

Abb. 21: Internationales Leasing mittels einer Korrespondenz-Leasinggesellschaft

---

353 Vgl. GIRSBERGER (Finanzierungsleasing, 1997), Rz. 29, m. d. d. V.; KUIPERS (Cross Border Leasing, 1995), S. 45; DAGEFÖRDE (Finanzierungsleasing, 1992), S. 8 f., m. d. d. V.

354 Vgl. GIRSBERGER (Finanzierungsleasing, 1997), Rz. 30; HÖVEL (Leasingtransaktionen, 1991), S. 1030, m. d. d. V.

355 Vgl. HTTP://WWW.LEASECLUB.NET/MAIN_GERMANY.HTM vom 16.06.2004.

Unterhält die mit dem Hersteller kooperierende Leasinggesellschaft eine ausländische Beteiligungs- oder Tochtergesellschaft (sogenanntes 'Offshoring'[356]), wird diese mit der Abwicklung des Leasingvertrages beauftragt. Hierbei sind folgende Abwicklungsvarianten möglich:

i) Die Muttergesellschaft vermittelt das Leasinggeschäft an ihr Beteiligungs- beziehungsweise Tochterunternehmen, welches mit dem Leasingnehmer einen Leasingvertrag nach nationalem Recht abschließt. Der Kaufvertrag zwischen dem ausländischen Leasinggeber und dem Hersteller wird grenzüberschreitend abgewickelt. Diese Abwicklungsvariante entspricht der Vermittlung des Geschäfts an eine ausländische Leasinggesellschaft über einen Leasing-Club.

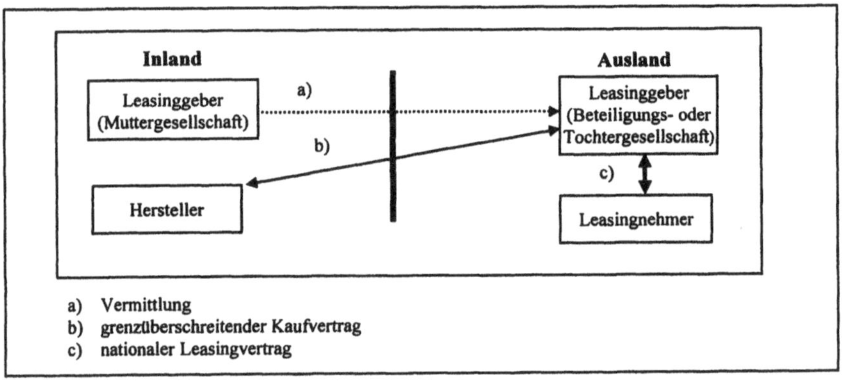

Abb. 22: Internationales Leasing mittels einer Beteiligungs- oder Tochtergesellschaft (1. Variante)

ii) Das Mutterunternehmen erwirbt das Leasingobjekt mittels eines nationalen Kaufvertrages vom Hersteller und veräußert es konzernintern an die Beteiligungs- oder Tochtergesellschaft. Diese schließt einen nationalen Leasingvertrag mit dem ausländischen Leasingnehmer ab.

---

[356] Vgl. IFO INSTITUT FÜR WIRTSCHAFTSFORSCHUNG (Mobilien-Leasing, 2004), S. 13.

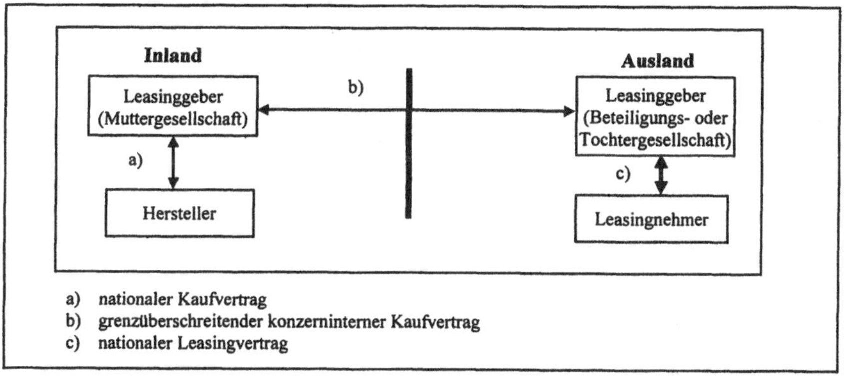

Abb. 23: Internationales Leasing mittels einer Beteiligungs- oder Tochtergesellschaft (2. Variante)

iii) Die Muttergesellschaft erwirbt das Leasingobjekt mittels eines nationalen Kaufvertrages vom Hersteller und schließt einen konzerninternen Leasingvertrag mit ihrer Beteiligungs- beziehungsweise Tochtergesellschaft ab. Diese überläßt dem ausländischen Leasingnehmer das Objekt zur Nutzung im Rahmen eines nationalen Unter-Leasingvertrages.

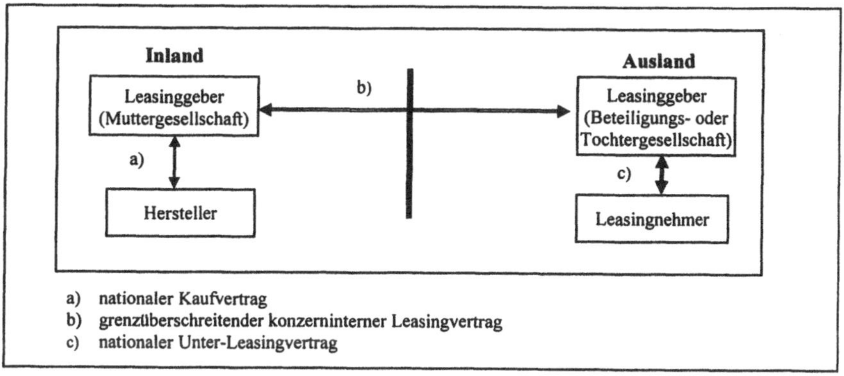

Abb. 24: Internationales Leasing mittels einer Beteiligungs- oder Tochtergesellschaft (3. Variante)

Die Zusammenarbeit von Herstellern und Leasinggesellschaften dient dazu, die Ziele der Kooperationspartner gemeinsam effizienter beziehungsweise effektiver zu erreichen[357]. Die Erreichung der Ziele ist gefährdet, sofern sich Konflikte innerhalb der Kooperation ergeben, die nicht gelöst werden können. Leasingspezifische Kooperationen bergen ein erhebliches Konfliktpotential. Dieses resultiert vornehmlich aus einer Kollision der Interessen und aus opportunistischem Verhalten[358] der Kooperationspartner.

2.2 Konfliktpotential innerhalb der Zusammenarbeit

2.2.1 Interessenskollisionen

Die Interessen von Herstellern und herstellerunabhängigen Leasinggesellschaften kollidieren im Rahmen einer Zusammenarbeit in erster Linie aufgrund unterschiedlicher Geschäftsinteressen und aufgrund von Unstimmigkeiten hinsichtlich der Zahlung von Vermittlungsprovisionen:

a) Unterschiedliche Geschäftsinteressen von Hersteller und Leasinggesellschaft

Ein produktadditives Leasinggeschäft dient Herstellern als Instrument der Absatzförderung. Hersteller streben durch die Zusammenarbeit mit einer Leasinggesellschaft in erster Linie eine Erhöhung ihrer Absatzzahlen an. Leasinggesellschaften sind hingegen daran interessiert, aus dem Leasingvertrag einen möglichst hohen Finanzierungsgewinn zu erzielen. Ihr Interesse besteht folglich darin, die Produkte des Herstellers möglichst langfristig zu verleasen[359]. Das Neugeschäftsinteresse der Hersteller und das Interesse der Leasinganbieter, die Leasingobjekte den Kunden langfristig zur Nutzung zu überlassen, können kollidieren[360]. Dies ist beispielsweise der Fall, wenn die Leasinggesellschaft den Abschluß eines Leasingvertrages aufgrund der nicht hinreichenden Zahlungsfähigkeit eines Kunden ablehnt. Kann der Kunde das Produkt nicht anderweitig finanzieren, verzeichnet der Hersteller keinen Umsatz. Die Risikoüberlegungen der Leasinggesellschaft dominieren hier das Absatzinteresse des Herstellers.

---

357 Vgl. BACKHAUS/PILTZ (Strategische Allianzen, 1990); S. 2 ff.; STREBEL (Unternehmenskooperation, 1983), S. 59.

358 Als Opportunismus gilt die stärkste Form der Verfolgung eines Eigeninteresses zum Nachteil anderer [vgl. SCHÄTZER (Outsourcing-Entscheidungen, 1999), S. 65].

359 Hierbei wird implizit unterstellt, dass der Finanzierungsgewinn des Leasinggebers mit der Länge der Laufzeit des Leasingvertrages steigt.

360 Vgl. auch HTTP://WWW.COMPUTERWOCHE.DE/HEFTARCHIV/1986/19860207/A73318.-HTML. vom 14.07.2004.

Leasinggesellschaften erklären sich regelmäßig bereit, einen Leasingvertrag trotz der unzureichenden Zahlungsfähigkeit eines Leasingnehmers abzuschließen, wenn der Hersteller für den Vertrag eine Mithaft übernimmt. Die Mithaft besteht zum Beispiel in einer Rückkaufvereinbarung für das Leasingobjekt, in einer Bürgschaft oder in einer Mieteintrittsverpflichtung für den Fall, dass die Zahlungen des Leasingnehmers ausbleiben[361]. Durch seine Mithaft kann der Hersteller die Anzahl abgeschlossener Leasingverträge erhöhen und Interessenskollisionen vermeiden[362].

Die Interessen von Herstellern und herstellerunabhängigen Leasinggesellschaften kollidieren insbesondere, wenn die verleasten Produkte häufige Innovationszyklen beziehungsweise Technologiewechsel aufweisen[363]:

Über die Innovationshäufigkeit beeinflussen die Hersteller das Investitionsverhalten der Abnehmer. Jede Innovation soll die Kunden als „new game"[364] anreizen, eine Neuinvestition zu tätigen. Wird ein Leasingvertrag abgeschlossen, ist dieser über einen wesentlichen Teil der Nutzungszeit des Objektes für beide Vertragsparteien unkündbar[365]. Der unkündbare Zeitraum wird als Grundmietzeit bezeichnet[366]. Entwickelt der Hersteller eine Produktinnovation, kann der Leasingnehmer das Leasingobjekt bis zum Ablauf der Grundmietzeit regelmäßig nicht austauschen[367]. Eine lange Grundmietzeit schränkt somit die Flexibilität der Leasingnehmer hinsichtlich der Nutzung von Produktinnovationen - und damit die Durchsetzung des Neugeschäftsinteresses der Hersteller - ein[368]. Insbesondere bei Objekten aus dem IT-Bereich versuchen Leasinggesellschaften, die hieraus resultierenden Konflikte zu vermeiden. So wird der Wechsel auf die nächste Produktgeneration

---

361 Der Hersteller tritt bei Ausfall des Leasingnehmers selbst als Leasingnehmer in den Vertrag ein.

362 Die Praxis zeigt jedoch, dass sich oftmals auch erhebliche Konflikte ergeben, sofern ein Hersteller aus einer Mithaft in Anspruch genommen wird.

363 Vgl. HTTP://WWW.COMPUTERWOCHE.DE/HEFTARCHIV/1986/19860207/A73318.HTML vom 14.07.2004.

364 Vgl. MEFFERT/REMMERBACH (Marketingstrategien, 1999), S. 197 (auch Zitat).

365 Ein Leasingvertrag ist allerdings nur solange unkündbar, wie er gemäß der vertraglichen Bedingungen erfüllt wird [vgl. HASTEDT/MELLWIG (Leasing, 1998), S. 16].

366 Vgl. BFH vom 26.01.1970, S. 264.

367 Strebt ein Leasingnehmer an, einen Leasingvertrag vor Ablauf der vereinbarten Vertragslaufzeit - jedoch nach Ablauf der Grundmietzeit - zu beenden, wird dies in der Praxis von Seiten der Leasinggesellschaft regelmäßig gegen Zahlung einer Aufwandsentschädigung ermöglicht.

368 Vgl. hierzu FRINGS (Bindungsängste, 2003), S. B8.

im Rahmen von Leasingverträgen ermöglicht, die die Kunden - nach Ablauf der Grundmietzeit - in bestimmten Intervallen kündigen können[369]. Dabei haben sich sogenannte 'Austausch'- oder 'up date'-Verträge im Markt etabliert. Im Rahmen derartiger Verträge kann das jeweils bisher genutzte Produkt zu bestimmten Zeitpunkten gegen eine Innovation ausgetauscht werden.

b) Unstimmigkeiten hinsichtlich der Zahlung von Vermittlungsprovisionen

Ein weiteres Konfliktpotential beinhalten Kooperationen im Hinblick auf die Zahlung von Vermittlungsprovisionen[370]. Üblicherweise erhält ein Hersteller für jeden vermittelten Leasingvertrag eine Provision von der Leasinggesellschaft. Die Provision beträgt regelmäßig 1-3% des Netto-Anschaffungswertes des Leasingobjektes. Konflikte entstehen, sofern sich die Kooperationspartner hinsichtlich der Höhe der Provision nicht einigen können.

Konflikte zwischen Leasinggesellschaften und Herstellern resultieren jedoch nicht nur aus einer Kollision der Interessen der Kooperationspartner. Ein Konfliktpotential entsteht auch durch opportunistisches Verhalten der Vertragspartner[371]:

2.2.2 Opportunistisches Verhalten

Ein Unternehmen verhält sich opportunistisch, sofern es Maßnahmen ergreift, um eigene Interessen zum Nachteil seines Kooperationspartners durchzusetzen. Im Rahmen einer leasingspezifischen Kooperation können sich sowohl der Hersteller als auch die Leasinggesellschaft opportunistisch verhalten:

---

369 Vgl. hierzu HASTEDT/MELLWIG (Leasing, 1998), S. 18 i. V. m. S. 46.

370 Vgl. hierzu BAUMGARTEN/KOOB (Herstellerleasing, 1999), S. 506 f. Zu Gestaltungsoptionen bei Leasingverträgen vgl. beispielsweise FRINGS (Fahrzeugrückgabe, 2003), S. B4; LÜTZENKIRCHEN (Mobilitätsanbieter, 2003), S. B8.

371 Vgl. allgemein zu opportunistischem Verhalten in Kooperationen BACKHAUS/MEYER (Strategische Allianzen, 1993), S. 334; FREILING (Strategische Allianzen, 1998), S. 25 f.; GROTE (Koordinationsformen, 1990), S. 52 ff.; PICOT/REICHWALD/WIGAND (Unternehmung, 1996), S. 43.

a) Verhalten des Herstellers

Aus Sicht einer Leasinggesellschaft verhält sich ein Hersteller opportunistisch, wenn er im Zeitablauf eine Internalisierung der mit dem Leasinggeschäft verbundenen Leistungen in sein Unternehmen anstrengt. Da nach einer erfolgten Internalisierung die Kooperation mit der Leasinggesellschaft nicht mehr erforderlich ist, werden Leasinggesellschaften derartige Bestrebungen von Herstellern stets zu verhindern suchen.

b) Verhalten der Leasinggesellschaft

Durch die Zusammenarbeit erhält die Leasinggesellschaft Zugriff auf die Kundendaten des Herstellers und erspart sich so die Vornahme eigener kostenintensiver Akquisitionsmaßnahmen. Nutzt die Leasinggesellschaft die Daten für Zwecke, die außerhalb der Bestimmungen des Kooperationsvertrages liegen, verhält sie sich opportunistisch. Dies ist der Fall, wenn die Kooperation beendet wird, da der Hersteller die mit dem Leasinggeschäft verbundenen Leistungen fortan selbst erbringt, und die Leasinggesellschaft die Kundendaten dazu nutzt, weiterhin Leasingnehmer bei den Kunden des Herstellers zu akquirieren. Der Hersteller ermöglicht seinen Kunden ceteris paribus nun - wie die Leasinggesellschaft - die Nutzung eines Produktes. Die bisherigen Kooperationspartner werden in diesem Fall zu Konkurrenten[372].

Opportunistisches Verhalten wird ein Hersteller auch unterstellen, wenn eine Leasinggesellschaft nicht nur mit ihm, sondern auch mit seinen unmittelbaren Konkurrenten zusammenarbeitet. Die Leasinggesellschaft unterstützt so den Absatz der Produkte der Wettbewerber zu Lasten der Produkte des Herstellers.

Die Leasinggesellschaft verhält sich aus Sicht des Herstellers ebenfalls opportunistisch, wenn sie die Abhängigkeit ausnutzt, in die sich der Hersteller durch die Kooperation ihr gegenüber begibt[373]. Im Rahmen einer Kooperationsvereinbarung sind regelmäßig langwierige Vertragsverhandlungen erforderlich und es sind vielfältige Maßnahmen zu ergreifen, bis Leasing angeboten werden kann. So sind Leasingvertragsmodelle zu entwickeln und es ist - insbesondere hinsichtlich einer

---

[372] Das Phänomen einer Verbindung von Zusammenarbeit (Cooperation) und Wettbewerb (Competition) wird auch als 'Coopetition' bezeichnet [vgl. DAHLE (Coopetition, 1999), S. 22].

[373] Zu strategischen Abhängigkeiten infolge des Fremdbezugs von Leistungen vgl. beispielsweise DICHTL (Fertigungstiefe, 1991), S. 57.

eventuellen Mithaft - die Zahlungsfähigkeit des Herstellers seitens der Leasinggesellschaft zu prüfen. Zudem sind das Controlling und die Buchhaltung des Herstellers und der Leasinggesellschaft so anzupassen, dass das Leasinggeschäft abgebildet beziehungsweise überwacht werden kann. Eine Abhängigkeit entsteht daraus, dass beim Hersteller im Falle des Austausches des Kooperationspartners durch neuerliche Vertragsverhandlungen und die Anpassung der eingerichteten Systeme ein Zeitverzug und Kosten entstehen.

Die Potentiale eines Marktes können nur umfassend ausgeschöpft werden, wenn ein Leasingangebot auch im Zeitablauf an sich wandelnde Kundenbedürfnisse angepaßt wird. Ist die Leasinggesellschaft hierzu nicht bereit oder nicht in der Lage, werden sich wiederum Konflikte zwischen den Kooperationspartnern ergeben. Dies kann beispielsweise auftreten, wenn die Kunden ein Leasingangebot nur nachfragen, sofern es sehr günstige Konditionen aufweist. Setzt sich das in Kooperation erbrachte Leasinggeschäft aufgrund eines hohen einkalkulierten Finanzierungsgewinns nicht im Markt durch, entstehen Konflikte, wenn die Leasinggesellschaft ihre Gewinnplanung nicht nach unten korrigiert. Kann sich der Hersteller anderen Leasinggesellschaften, die günstigere Konditionen anbieten, nur unter Inkaufnahme hoher Kosten oder nur zeitverzögert zuwenden, führt die Abhängigkeit von der Leasinggesellschaft dazu, dass die Erfolgspotentiale des Leasinggeschäfts nicht vollständig ausgeschöpft werden können.

Die Abhängigkeit von einer Leasinggesellschaft kann sich für einen Hersteller insbesondere dann als problematisch erweisen, wenn die Kooperation seitens der Leasinggesellschaft beendet wird. In diesem Fall wird die Wettbewerbsposition des Herstellers beeinträchtigt, sofern sich kein neuer Kooperationspartner finden läßt beziehungsweise wenn die Anbahnung einer neuen Kooperation zeit- und kostenintensiv ist.

Der Abschluß einer Kooperation mit einer herstellerunabhängigen Leasinggesellschaft ist für Hersteller mit erheblichen wettbewerbsstrategischen Abhängigkeiten verbunden. Die Abhängigkeiten führen insbesondere dann zu Problemen, wenn sich die Leasinggesellschaft aus Sicht des Herstellers opportunistisch verhält. Je größer die wettbewerbsstrategische Bedeutung des Leasinggeschäfts für den Hersteller ist, umso größer ist die Abhängigkeit von der Leasinggesellschaft.

3. Internalisierung

3.1 Prozeß der Internalisierung

Der Prozeß einer Internalisierung leasingspezifischer Leistungen in ein Herstellerunternehmen vollzieht sich in mehreren Schritten:

Grundlage eines wettbewerbsstrategisch wirksamen Leasingangebotes sind kundennahe Leasingvertragsmodelle. Der Hersteller muß den Bedarf der Abnehmer ermitteln und darauf aufbauend eine oder mehrere Vertragsvarianten entwickeln. Zudem sind die Finanzierung der Leasingaktivitäten, die Verwaltung und die Abwicklung der Leasingverträge, die Verwertung der Leasingobjekte sowie die organisatorische Einbindung der Leistungserstellungsprozesse in die Struktur des Herstellerunternehmens sicherzustellen. Letztlich sind die Mitarbeiter des Herstellers, die das Leasingangebot vertreiben, zu schulen.

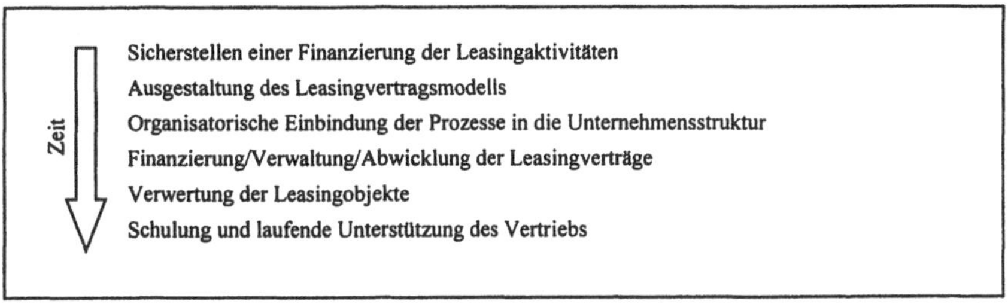

Abb. 25: Schritte der Internalisierung eines Leasinggeschäfts

Die zur Erbringung des Leasinggeschäfts erforderlichen Ressourcen sind innerhalb des Herstellerunternehmens aufzubauen. Der Hersteller muß dabei insbesondere den Zugriff auf leasingspezifisches Know-how sicherstellen.

Soll das Leasinggeschäft eines Herstellers international angeboten werden, sind die Schritte der Internalisierung die gleichen wie bei einem national wirksamen Angebot. Die Internalisierung eines nationalen und eines internationalen Angebotes unterscheidet sich in erster Linie im Hinblick auf das erforderliche Know-how, das bei einem internationalen Angebot - in Abhängigkeit von der gewählten Koordinationsform - verschiedenes länderspezifisches Wissen umfassen muß: Internationale Leasingaktivitäten tangieren unterschiedliche Regierungs-, Rechts-,

Steuer- und Währungssysteme[374]. Je mehr Märkte ein Hersteller mit seinem Leasingangebot bedient, umso komplexer ist das Know-how, das er sich aneignen muß.

3.2 Erwerb leasingspezifischer Kenntnisse

3.2.1 Umfang der Kenntnisse

Im Rahmen der Erbringung eines Leasinggeschäfts erfordern die Vertragsentwicklung, die Anbahnung des Vertragsabschlusses sowie Leistungen während der Laufzeit und nach Beendigung des Leasingvertrages besonderes Know-how:

a) Vertragsentwicklung

Für die Entwicklung eines Leasingvertragsmodells sind spezifische rechtliche und betriebswirtschaftliche Kenntnisse erforderlich. Finden diese bei der Vertragsgestaltung und bei der Kalkulation der Leasingraten nur unzureichend Berücksichtigung, können sich insbesondere aus einer nicht beabsichtigten steuerrechtlichen Objektzuordnung für die Vertragspartner unerwünschte Steuerbelastungen ergeben[375].

b) Vertragsanbahnung/-abschluß

Im Rahmen der Vertragsanbahnung beziehungsweise des Vertragsabschlusses bedarf die Akquisition und die Prüfung der Zahlungsfähigkeit der potentiellen Leasingnehmer besonderes Know-how:

Damit ein Leistungsangebot von Kunden nachgefragt werden kann, muß es durch diese wahrgenommen werden[376]. Die Leasingvertragsmodelle sind von den Vertriebsmitarbeitern des Herstellers daher offensiv im Markt anzubieten.

Die Praxis zeigt, dass regelmäßig nur wenige potentielle Kunden mit den ökonomischen Grundlagen des Leasing vertraut sind. Es besteht oftmals ein Informationsbedarf, der im Kundenkontakt von den Vertriebsmitarbeitern zu befriedigen ist. Verfügen diese nicht über das entsprechende Know-how, fehlt es ihnen an

---

[374] Vgl. STREU (Leasing, 1997), S. 15; KUIPERS (Cross Border Leasing, 1995), S. 23, m. d. d. V.; FEINEN (Exportförderung, 1986), S. 1 f.; SPITTLER (Leasing, 1999), S. 244.

[375] Vgl. hierzu ausführlich HASTEDT/MELLWIG (Leasing, 1998), S. 24 ff.

[376] Vgl. allgemein KOTLER/BLIEMEL (Marketing-Management, 2001), S. 563 f.

„Anwendungssicherheit", und sie werden Leasing zumeist nur zurückhaltend anbieten. Der Akquisitionserfolg hängt somit erheblich von der Vermittlung hinreichender Leasingkompetenz an die Vertriebsbeauftragten des Herstellers ab.

Die Prüfung der Zahlungsfähigkeit potentieller Leasingnehmer erfordert betriebswirtschaftliches Know-how. Übernimmt ein Unternehmen im Rahmen seiner Geschäftsaktivitäten Zahlungsausfallrisiken, kann der Eintritt der Ausfallsituation die Existenz des Unternehmens gefährden. Hersteller tragen beim Verkauf ihrer Produkte regelmäßig keine Ausfallrisiken[377]. Mit diesen werden sie jedoch konfrontiert, wenn sie als Leasinggeber auftreten. Da die Kosten der Herstellung des Produktes erst im Zeitablauf amortisiert werden[378], beinhalten Leasinggeschäfte das Risiko, dass die Zahlungen eines Leasingnehmers innerhalb der Laufzeit des Leasingvertrages ausbleiben. Um diese Risiken zu reduzieren, wird durch den Leasinggeber vor Vertragsabschluß die Zahlungsfähigkeit der potentiellen Kunden geprüft[379]. Da Leasinggesellschaften - im Gegensatz zu Banken - allerdings keiner Gesetzesnorm unterliegen, die es erfordert, sich ab einem bestimmten Finanzierungsvolumen die wirtschaftlichen Verhältnisse der Leasingnehmer offenlegen zu lassen[380], erfolgt die Intensität der Prüfung nur nach wirtschaftlichem Ermessen der Leasinggesellschaften[381].

Je nach Intensität der Prüfung ist der Zugriff auf ein mehr oder weniger breites Instrumentarium betriebswirtschaftlicher Prüfungsverfahren erforderlich[382]. Ein

---

377 Kreditrisiken können sich bei einem Verkaufsgeschäft ausschließlich durch die Einräumung von Zahlungszielen ergeben.

378 Vgl. FLUME (Leasing, 1972), S. 7.

379 Vgl. PÄHLER (Risikopolitik, 1989), S. 169, m. d. d. V. Bei der Bewertung des Zahlungsausfallrisikos eines Leasingnehmers wird dessen wirtschaftliche und persönliche Zahlungsfähigkeit geprüft. Erstere umfaßt die Fähigkeit des Leasingnehmers, Zahlungsverpflichtungen vertragsgemäß erfüllen zu können; die persönliche Zahlungsfähigkeit umfaßt seine Bereitschaft zur Zahlung. Im Extremfall tritt bereits vor Auslieferung des Leasingobjektes die Ausfallsituation ein, so dass der Leasinggeber keinerlei Zahlungen erhält [vgl. TACKE (Risikopotential, 1991), S. 25].

380 Ausschließlich bankenabhängige Leasinggesellschaften unterliegen bei der Prüfung der Zahlungsfähigkeit der Leasingnehmer den Prüfungsauflagen der Kreditinstitute [vgl. TACKE (Risikopotential, 1991), S. 24].

381 Die Prüfung kann bei kleinen Finanzierungsvolumina beziehungsweise sehr kurzen Grundmietzeiten weniger intensiv ausfallen als bei großen Volumina und langen Vertragslaufzeiten beziehungsweise bei Leasingverträgen, die für den Leasinggeber stark risikobehaftet sind [vgl. PÄHLER (Risikopolitik, 1989), S. 170].

382 Vgl. FIGGE (Risiken, 1990), 14.

besonders hohes Risiko verzeichnen Hersteller, die die Eintrittswahrscheinlichkeit der Ausfallrisiken nicht hinreichend bestimmen können. Gleiches gilt für Hersteller, die wissentlich Ausfallrisiken eingehen, indem sie beispielsweise gänzlich auf die Prüfung der Zahlungsfähigkeit verzichten. Damit risikobehaftete Engagements identifiziert werden können, muß die Prüfung von Seiten des Leasinggebers daher einen angemessenen Umfang aufweisen[383]. Im Sinne der Kundenzufriedenheit sollte ein möglichst zügiger Prüfungsprozeß stattfinden.

c) Laufzeit des Leasingvertrages

Während der Laufzeit eines Leasingvertrages ist regelmäßig nur der vertragsgemäße Eingang der vom Leasingnehmer zu leistenden Zahlungen zu überwachen. Ausfallrisiken, die sich im Zeitablauf ergeben, werden dadurch reduziert, dass die Zahlungsfähigkeit der Leasingnehmer bei Überschreitung bestimmter Vertragsvolumina in Intervallen erneut überprüft wird. Sicherungsmaßnahmen können so frühzeitig ergriffen werden[384].

In Einzelfällen - beziehungsweise bei bestimmten Kategorien von Leasingobjekten - sind während der Vertragslaufzeit abwicklungstechnische Leistungen zu erbringen. So werden insbesondere geleaste EDV-Hardware-Ausstattungen oftmals um neue Objekte erweitert oder einzelne Objekte aus den Leasingverträgen herausgelöst. Während der Vertragslaufzeit ist daher administratives Know-how erforderlich. Im Sinne der Kundenzufriedenheit sollten auch Leistungen während der Laufzeit der Leasingverträge möglichst kurzfristig erbracht werden.

In Fällen, in denen die Zahlungen der Leasingnehmer ausbleiben, wird das außergerichtliche beziehungsweise das gerichtliche Mahnverfahren eingeleitet. Die Ab-

---

383 Für Leasinggesellschaften sind die Möglichkeiten zur Ermittlung von Risiken begrenzt, sofern ein Leasingnehmer nicht hinreichend Auskunft über seine Zahlungsfähigkeit gibt. Die zurückhaltende Offenlegungsbereitschaft der Leasingnehmer wird dadurch hervorgerufen, dass Kunden ihren Banken aufgrund einer regelmäßig langjährigen Geschäftsbeziehung zumeist bereitwillig Informationen erteilen. Die Geschäftsbeziehungen zu einer Leasinggesellschaft sind jedoch eher einzelfall-, da objektbezogener Natur, so dass die Leasingnehmer eine Aufforderung zur umfassenden Offenlegung ihrer wirtschaftlichen Verhältnisse oftmals weniger nachvollziehen [vgl. ausführlich PÄHLER (Risikopolitik, 1989), S. 171 ff., m. d. d. V.].

384 Die Überprüfung erfolgt in der Praxis regelmäßig jährlich.

wicklung der Mahnverfahren erfordert wiederum spezifisches rechtliches Know-how[385].

d) Beendigung des Leasingvertrages

Ein Leasingvertrag kann durch Ablauf der vereinbarten Vertragslaufzeit oder durch Kündigung beendet werden. Endet der Leasingvertrag durch Kündigung, verwertet der Leasinggeber das Objekt und rechnet den Leasingvertrag im Hinblick auf seitens der Vertragspartner eventuell noch zu leistende Zahlungen ab. Mit Beendigung eines Leasingvertrages erhält der Leasinggeber die Möglichkeit, ein Anschlußgeschäft mit dem Kunden abzuschließen. Dem Leasingnehmer sollten daher frühzeitig vor dem Vertragsende Optionen zum Abschluß eines Verlängerungs- oder eines Neuvertrages unterbreitet werden.

Bei Beendigung eines Leasingvertrages sind somit Kenntnisse hinsichtlich der Verwertung, der Vertragsadministration und der Vorbereitung von Anschlußgeschäften erforderlich.

Vertragsentwicklung	- Entwicklung von Leasingvertragsmodellen
Vertragsanbahnung/ -abschluß	- Ergreifung offensiver Marketingmaßnahmen - Vermittlung leasingspezifischen Wissens an die Vertriebsmitarbeiter - Prüfung der Zahlungsfähigkeit potentieller Leasingnehmer
Vertragslaufzeit	- Erbringung abwicklungstechnischer Leistungen - Abwicklung des gerichtlichen und des außergerichtlichen Mahnverfahrens
Vertragsende	- Erbringung abwicklungstechnischer Leistungen - Vornahme der Objektverwertung - Anbahnung von Anschlußgeschäften

Abb. 26: Know-how-intensive Teilleistungen des Leasing

Internalisiert ein Hersteller die mit einem Leasinggeschäft verbundenen Leistungen, muß er in erster Linie auf das leasingspezifische Know-how für die Entwicklung der Leasingvertragsmodelle zugreifen können sowie auf das Know-how, das

[385] Dies gilt jedoch nur für den Fall, dass der Hersteller das Mahnverfahren unternehmensintern abwickelt.

für die Prüfung der Zahlungsfähigkeit der potentiellen Leasingnehmer benötigt wird. Letzteres wird im weiteren Verlauf der Arbeit auch als leasingspezifisches Know-how bezeichnet.

Ein produktadditives Leasinggeschäft erfordert somit den Zugriff auf Ressourcen und Kompetenzen, die stark von den produkttechnologischen Kenntnissen der Hersteller abweichen und die in Herstellerunternehmen zumeist auch nicht verfügbar sind. Das erforderliche Know-how kann sich ein Hersteller auf unterschiedliche Weise beschaffen:

3.2.2 Träger der Kenntnisse

Der Zugriff auf leasingspezifisches Know-how kann erfolgen, indem ein Hersteller die Kenntnisse im Markt erwirbt oder indem er sie durch Lernprozesse innerhalb seiner Unternehmensstruktur aufbaut:

Eine Entwicklung von Kompetenzen durch Lernprozesse ist zeitintensiv[386]. Hersteller ziehen daher zumeist den Erwerb der Kenntnisse im Markt unternehmensinternen Lernprozessen vor.

Das Know-how kann zwangsläufig nur im Markt erworben werden, wenn es auch angeboten wird. Da allein ein Viertel aller Maschinenbauer kein Leasing anbietet, weil die erforderlichen Kenntnisse fehlen[387], scheint das Angebot an leasingspezifischem Know-how entweder nicht hinreichend groß oder den Herstellern die Anbieter nicht bekannt zu sein.

Als Anbieter leasingspezifischen Know-hows kommen herstellerunabhängige Leasinggesellschaften in Frage oder Hersteller, die die Erbringung eines produktadditiven Leasinggeschäfts bereits internalisiert haben. Weitere Anbieter können Unternehmensberatungen sein, die leasingspezifisches Know-how vermitteln, oder bisherige Mitarbeiter von Leasinggesellschaften. Die beiden letztgenannten Gruppen von Know-how-Trägern werden nachfolgend als Spezialisten bezeichnet.

Die genannten Träger des Know-hows verfügen über die Kenntnisse zum Aufbau eines Leasinggeschäfts; sie stehen jedoch nicht in jedem Fall als Anbieter zur Verfügung. Nachfolgend werden herstellerunabhängige Leasinggesell-

---

386 Vgl. hierzu beispielsweise HASTEDT (Hersteller-Leasing, 2001), S. 14.

387 Gemäß einer Studie der MHB MELLWIG HASTEDT BECKER CONSULT GMBH, Eschborn/ Frankfurt am Main, in Zusammenarbeit mit dem VDMA, Frankfurt am Main 2001.

schaften, Hersteller und Spezialisten dahingehend untersucht, inwieweit sie sich zur Vermittlung leasingspezifischer Kenntnisse an Hersteller eignen:

a) Erwerb der Kenntnisse von herstellerunabhängigen Leasinggesellschaften

Herstellerunabhängige Leasinggesellschaften betreiben das Leasinggeschäft. Die Kenntnisse, die dafür erforderlich sind, werden dabei nicht zur Verfügung gestellt. Ein Hersteller kann folglich nur dann Zugriff auf das Know-how einer Leasinggesellschaft erhalten, wenn er mit dem Unternehmen eine Kooperation eingeht, im Rahmen derer er sich die erforderlichen Informationen aneignet. Um beurteilen zu können, inwiefern eine Kooperation einem solchen Kompetenztransfer dient, sind die Informationsflüsse zu betrachten, die die Zusammenarbeit von Herstellern und Leasinggesellschaften kennzeichnen:

Durch eine Kooperation nutzt die Leasinggesellschaft die Absatzkanäle des Herstellers. Dabei werden die Daten der Kunden des Herstellers in den Kundenbestand der Leasinggesellschaft integriert.

Dem Hersteller wird hingegen nur die Leasingkompetenz vermittelt, die benötigt wird, um das Leasingangebot zu vertreiben. Ein weitergehender Austausch von Informationen ist nicht vorgesehen[388].

Im Rahmen der Kooperation erfolgt ein Transfer strategisch wichtiger Informationen daher ausschließlich zu Gunsten der Leasinggesellschaft.

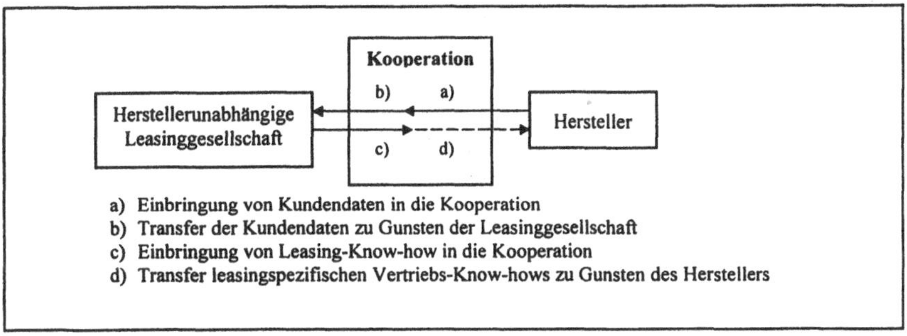

Abb. 27: Informations-/Kompetenz-Transfer im Rahmen leasingspezifischer Kooperationen

388 Vgl. hierzu FREILING (Strategische Allianzen, 1998), S. 24 (auch Zitat).

Je nach Zielsetzung des Herstellers ist der Informations- und damit der Kompetenztransfer innerhalb der Kooperation „ausgeglichen":

Strebt der Hersteller zu keinem Zeitpunkt eine Internalisierung an, wird sein Ziel - die Bereitstellung eines Leasingangebotes für seine Kunden - durch die Kooperation erfüllt. Beabsichtigt der Hersteller jedoch, die leasingspezifischen Leistungen im Zeitablauf selbst zu erbringen, wird er sich das hierfür erforderliche Know-how kaum im Rahmen einer Kooperation mit einer Leasinggesellschaft aneignen können.

Kooperationen mit herstellerunabhängigen Leasinggesellschaften eignen sich somit nicht dazu, Herstellern das für eine Internalisierung benötigte Wissen zu vermitteln. Das Know-how ist anderweitig zu beschaffen[389].

b) Erwerb der Kenntnisse von Herstellern

Ein Leasinggeschäft dient dazu, den Absatz der Produkte eines Herstellers zu erhöhen und damit seine Wettbewerbsposition zu stärken. Konkurrieren Hersteller um ein Marktpotential, kann ein Unternehmen seine Wettbewerbsposition nur zu Lasten der Wettbewerbsposition der anderen Anbieter verbessern[390]. Muß ein Hersteller mit einer Verschlechterung seiner Wettbewerbsposition rechnen, wird er keine Maßnahmen ergreifen, die den Absatz der Produkte seiner Konkurrenten fördern. Hersteller, die über Leasing-Know-how verfügen, werden daher nicht bereit sein, dieses an Konkurrenten weiterzugeben. Eine lernorientierte Zusammenarbeit zwischen Herstellern ist regelmäßig nur denkbar, sofern die Anbieter nicht unmittelbar miteinander konkurrieren. Ein Wissenstransfer kann daher nur zwischen Herstellern stattfinden, die keine Konkurrenten sind oder die zwar im Wettbewerb stehen, sich jedoch nicht in einem intensiven Konkurrenzkampf befinden. Nur in diesen Fällen führt eine Verbesserung der Wettbewerbsposition eines Herstellers durch ein Leasingangebot nicht zwangsläufig zur Verschlechterung der Wettbewerbsposition des anderen Herstellers.

Lernorientierte Kooperationen zwischen Wettbewerbern sind somit zwar möglich, sie werden jedoch aufgrund der Intensität des Wettbewerbs nationaler Her-

---

389 Zur Problematik der Know-how-Vermittlung in Kooperationen vgl. allgemein FREILING (Strategische Allianzen, 1998), S. 25 f.

390 Vgl. FINK (Marktwachstum-Marktanteil-Portfolio, 2000), S. 7.

stellermärkte in der Praxis nur selten zu finden sein[391]. Derartige Kooperationen treten zumeist nur in Form von Netzwerkorganisationen auf, die internationale Märkte bedienen, in denen sich die Hersteller noch nicht in einem intensiven Konkurrenzkampf befinden[392]. Internationale Netzwerke, die von konkurrierenden herstellerabhängigen und -unabhängigen Leasinggesellschaften genutzt werden, sind die MULTILEASE, der LEASECLUB oder die INTERNATIONAL FINANCE UND LEASING ASSOCIATION[393].

Netzwerkorganisationen ermöglichen Herstellern, Zeit- und Kostenaufwand zu reduzieren und Leasing in verschiedenen Ländern anzubieten. Das Netzwerk sorgt dafür, dass die in dem jeweiligen Land geltenden Regelungen für das Leasinggeschäft berücksichtigt und die Leasingverträge in der Landessprache verfaßt werden[394].

Die Abwicklung des Leasinggeschäfts der Netzwerkmitglieder kann auf unterschiedliche Weise erfolgen:

Einerseits werden die Leasingverträge gegen Provisionszahlung an herstellerunabhängige Leasinganbieter vermittelt, die den ausländischen Markt bedienen beziehungsweise die dort ansässig sind. Andererseits kann die Netzwerkorganisation selbst die Abwicklung des Leasinggeschäfts der kooperierenden Hersteller übernehmen. Letztlich dient das Netzwerk auch dazu, den Herstellern das Know-how zur Verfügung zu stellen, das für die Internalisierung eines international ausgerichteten Leasingangebotes erforderlich ist[395].

Ein Beispiel für eine internationale Netzwerkorganisation, die von Herstellern gegründet wurde, findet sich im Landmaschinensektor. Dort kooperieren Hersteller, um die Märkte der GUS-Staaten zu erschließen. Mittels Marktanalysen wurden Dienstleistungen ermittelt, die - zusammen mit einem Angebot an Landmaschinen - den Kunden einen Nutzen stiften. Der größte Kundennutzen wurde für ein Leistungsbündel aus Produkt und Finanzdienstleistung ermittelt. Um zu vermeiden, dass jeder Hersteller die Kompetenzen für ein Finanzdienstleistungsangebot auf-

---

391 Zu sogenannten 'Gemeinschaften von Praktikern' vgl. WENGER/SNYDER (Communities of Practice, 2000), S. 55 ff.

392 Zu international agierenden strategischen Allianzen vgl. KREIKEBAUM (Unternehmensplanung, 1997), S. 258 ff., zu internationalen leasingspezifischen Kooperationen beispielsweise KARSTEN (Absatzfinanzierung, 2003), S. B6.

393 Vgl. ECKSTEIN (Institutionen, 2000), S. 414.

394 Vgl. ECKSTEIN (Institutionen, 2000), S. 414.

bauen muß, hat sich nur ein Netzwerkteilnehmer das Know-how angeeignet und stellt es den anderen zur Verfügung[396].

Die Netzwerkorganisation im Landmaschinensektor ist ein Beispiel für eine Kooperation von Herstellern, die in einem Markt zwar unmittelbar miteinander konkurrieren, dabei jedoch in keinem intensiven Wettbewerb stehen.

Der Zugriff auf internationales Leasing-Know-how kann Herstellern somit durch länderübergreifend agierende Netzwerkorganisationen ermöglicht werden. Stellt kein Netzwerk das Leasing-Know-how für alle Länder bereit, in denen ein Hersteller seine Produkte anbietet, kommt nur eine Zusammenarbeit mit mehr als einer Organisation in Betracht.

Kann sich ein Hersteller weder das Know-how für den Aufbau eines national noch eines international wirksamen Leasinggeschäfts über andere Hersteller verschaffen, bedarf es eines anderweitigen Zugriffs auf das Wissen. Es bleibt daher noch die Zusammenarbeit mit Spezialisten zu betrachten, die über das Know-how verfügen. Dies können bisherige Mitarbeiter von Leasinggesellschaften sein oder Unternehmensberatungen.

c) Erwerb der Kenntnisse von Spezialisten

Spezialisten, die leasingspezifisches Know-how vermitteln, unterstützen Hersteller dabei, die für die Erbringung eines Leasinggeschäfts erforderlichen Leistungen zu internalisieren. Die Zusammenarbeit reicht von der reinen Vermittlung von Kenntnissen bis zur Übernahme der vollständigen Verwaltung des Leasinggeschäfts durch eine Beratungsgesellschaft. Im letzten Fall wird das Leasinggeschäft auf Rechnung des Herstellers in einer rechtlich selbständigen Gesellschaft abgewickelt, an der sich der Hersteller zumeist beteiligt[397].

Die Zusammenarbeit mit einem Spezialisten kann sich für einen Hersteller aus verschiedenen Gründen als vorteilhaft erweisen:

---

395 Vgl. hierzu BAUMGARTEN/KOOB (Herstellerleasing, 1999), S. 509.

396 Vgl. BORK/SELL (Marketingkonzepte, 2002), S. 90, i. V. m. DREYER/LANGHOFF (Landmaschinenhersteller, 2002), S. 80.

397 Vgl. HASTEDT (Leasinggesellschaft, 2000), S. 26; RÜGER (Profitcenter, 1999), S. 69.

i) Vermeidung von Ineffizienzen

Hersteller können durch die Zusammenarbeit Ineffizienzen bei der Internalisierung vermeiden:

Baut ein Hersteller Know-how durch unternehmensinternes Lernen auf, verlaufen die Lernprozesse oftmals ineffizient. Es besteht die Gefahr, dass die Schritte der Internalisierung nicht systematisch ergriffen oder dass unternehmensinterne Überkapazitäten aufgebaut werden. Wird ein Spezialist eingeschaltet, kann diese „kostenintensive Selbsterfahrung" des Herstellers verhindert[398] und das Leasingangebot regelmäßig wesentlich kurzfristiger im Markt eingeführt werden als bei einem Kompetenzerwerb durch unternehmensinternes Lernen.

ii) Reduktion der Gefahren opportunistischen Verhaltens

Eine Kooperation mit einer herstellerunabhängigen Leasinggesellschaft birgt die Gefahr opportunistischen Verhaltens der Leasinggesellschaft. Internalisiert ein Hersteller die Leistungserbringung mit Hilfe eines Spezialisten, kann opportunistisches Verhalten weitestgehend ausgeschlossen werden:

Spezialisierte Unternehmensberatungen sind in erster Linie daran interessiert, Gewinne aus der Beratungstätigkeit beziehungsweise aus der Verwaltung von Leasingverträgen zu erzielen[399]. Sie haben regelmäßig kein Interesse, die Kunden der Hersteller im Anschluß an eine Zusammenarbeit mit einem eigenen Leasingangebot zu bedienen. Diesbezüglich müssen die Hersteller daher nicht mit einem opportunistischen Verhalten rechnen.

iii) Reduktion von Unsicherheit hinsichtlich der wettbewerbsstrategischen Bedeutung eines Leasingangebotes

Hersteller sind oftmals unsicher hinsichtlich der wettbewerbsstrategischen Bedeutung eines produktadditiven Leasingangebotes für ihr Unternehmen:

Mehr als ein Drittel aller Maschinenbauer kann nicht einschätzen, ob ein Leasinggeschäft für ihr Unternehmen eine wettbewerbsstrategische Relevanz aufweist. Mehr als 11% sind nicht darüber informiert, ob ihre Kunden Finanzdienstleistungen nachfragen und mehr als ein Viertel weiß nicht, ob die Wettbewerber Finanz-

---

398 Vgl. HASTEDT (Hersteller-Leasing, 2001), S. 14 (auch Zitat).

399 Vgl. hierzu HASTEDT (Leasinggesellschaft, 2000), S. 26; RÜGER (Profitcenter, 1999), S. 69.

dienstleistungen anbieten[400]. Infolge der Unsicherheit verzichten viele Anbieter auf ein Leasingangebot[401]. Ein Spezialist kann die Unsicherheit dadurch verringern, dass die wettbewerbsstrategische Bedeutung des Leasing mittels fundierter Markt- und Wirtschaftlichkeitsanalysen festgestellt wird[402].

Die Zusammenarbeit mit einem Spezialisten verläuft für einen Hersteller stets lernorientiert. Kooperationen mit Leasinggesellschaften oder Herstellern sind hingegen nicht darauf ausgerichtet, Wissen zu vermitteln.

Erforderlich wird die Kooperation mit einem Spezialisten zumeist, wenn das Leasingangebot eines Herstellers kurzfristig im Markt eingeführt werden soll. Die Aneignung des Know-hows über Lernprozesse innerhalb des Herstellerunternehmens wäre in diesem Fall zu zeitintensiv.

Internalisiert ein Hersteller sein Leasinggeschäft, muß er sich entscheiden, innerhalb welcher Organisations- und Führungsstruktur die damit verbundenen Leistungen erbracht werden sollen. Die in Frage kommenden Strukturen werden nachfolgend mit ihren jeweiligen Vor- und Nachteilen dargestellt:

3.3 Koordination internalisierter Leistungen

3.3.1 Zentralisierte Koordination

Internalisiert ein Hersteller die mit dem Leasinggeschäft verbundenen Leistungen, kann er die Leistungen innerhalb einer zentralisierten oder innerhalb einer dezentralisierten Organisations- und Führungsstruktur erbringen. Die gewählte Struktur hat Auswirkungen auf den Ablauf beziehungsweise den Umfang der Informationsübermittlung sowie auf die Koordination von Aktivitäten, die mehrere Leistungseinheiten betreffen[403]. So können beispielsweise Marketingaktivitäten für sämtliche Leistungseinheiten eines Unternehmens ergriffen werden oder nur für einzelne.

---

400 Gemäß einer Studie der MHB MELLWIG HASTEDT BECKER CONSULT GMBH, Eschborn/ Frankfurt am Main, in Zusammenarbeit mit dem VDMA, Frankfurt am Main 2001.

401 Vgl. hierzu allgemein HILDEBRANDT/WEISS (Markteintrittsstrategien, 1997), S. 10.

402 Vgl. HASTEDT (Leasinggesellschaft, 2000), S. 27.

403 Vgl. hierzu MELLWIG (Unternehmensplanung, 1979), S. 153.

Bei einer zentralisierten Koordination werden die Leistungserstellungsprozesse unmittelbar innerhalb der Unternehmenshierarchie[404] angesiedelt. Die einzelnen Prozeßschritte werden dabei von verschiedenen Leistungseinheiten erbracht.

Bei einer Dezentralisierung wird eine Leistung innerhalb eines Profit-Centers koordiniert, welches einen eigenen „Verantwortungsbereich" beziehungsweise eine eigene „Abrechnungseinheit" darstellt[405]. Das Profit-Center kann als unselbständige Betriebseinheit innerhalb der Unternehmenshierarchie angesiedelt werden[406] oder als rechtlich und wirtschaftlich mehr oder weniger selbständige Beteiligungs- beziehungsweise Tochtergesellschaft des Unternehmens[407].

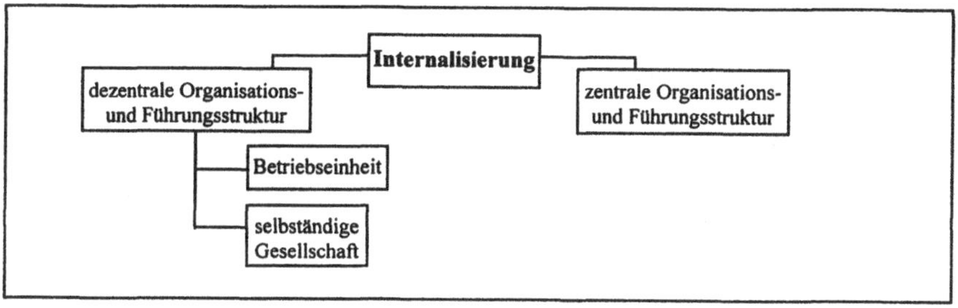

Abb. 28: Koordinationsformen einer internalisierten Leistungserbringung

Eine zentralisierte Koordination wird zumeist gewählt, wenn sich Synergieeffekte zwischen den bestehenden Leistungseinheiten und dem zu integrierenden Leistungsprozeß erzielen lassen[408]. Synergien können zu wettbewerbsstrategisch rele-

---

404 Der Begriff 'Hierarchie' steht für die „Nutzung der Koordinationsform Unternehmen" [vgl. WIßKIRCHEN (Outsourcing, 1999), S. 307, m. d. d. V. (auch Zitat)].

405 Vgl. EVERLING (Profit-Center-Konzeption, 1980), S. 121 (auch Zitate, im Original kursiv hervorgehoben).

406 Vgl. EVERLING (Profit-Center-Konzeption, 1980), S. 121.

407 Beteiligungs- oder Tochtergesellschaften entsprechen aufgrund ihrer organisatorischen und rechtlichen Abgrenzbarkeit den Anforderungen an Profit-Center: sie sind eigenverantwortlich und ihr Erfolg ist meßbar [vgl. EVERLING (Profit-Center-Konzeption, 1980), S. 124]. Werden Beteiligungs- oder Tochtergesellschaften als Profit-Center eingerichtet, fungiert das Mutterunternehmen letztlich nur noch als Holding [vgl. RASCH (Konzernrecht, 1974), S. 70 f.].

408 Eine Synergie entsteht, wenn durch das „sinnfällige Zusammenwirken ursprünglich getrennter Elemente [...] eine größere Wirkung erzielt wird als mit den einzelnen Elementen in getrenntem Zustand (d. h. das Ganze ist mehr als die Summe seiner Teile)"

vanten Kostenvorteilen führen[409]. Sie resultieren vornehmlich aus Interdependenzen - beispielsweise hinsichtlich des Informationsflusses, der Arbeitsteilungsprozesse oder der Durchsetzung einer einheitlichen Willensbildung. So nutzen Automobilhersteller wie VOLKSWAGEN oder FIAT Synergien, indem sie ihre Vertriebsaktivitäten auf Konzernebene bündeln: Vertriebsstrategische Maßnahmen werden markenübergreifend koordiniert, während die operative Vertriebsverantwortung bei den einzelnen Marken verbleibt[410].

Eine zentralisierte Leistungskoordination schafft jedoch nicht nur Synergien; sie kann diese auch vernichten:

Die Struktur eines Unternehmens wird umso komplexer, je mehr Leistungen innerhalb des Unternehmens erbracht werden[411]. Komplexe Unternehmensstrukturen zeichnen sich in vielen Fällen durch langwierige Informations- und Entscheidungsprozesse aus. Zudem zeigen die Mitarbeiter oftmals ein nur schwaches „Konkurrenzverhalten"[412]. Zentralisiert koordinierte Unternehmen weisen daher in der Regel „leistungshemmende" und damit letztlich „ergebnismindernde" Wirkungen auf[413], die die Synergien aufheben. Insbesondere in reifen Märkten schränken komplexe Strukturen die Flexibilität der Anbieter ein. Die Unternehmen sind zu schwerfällig, um den stetig wechselnden Anforderungen des Wettbewerbs gerecht werden zu können. Wettbewerbsstrategisch erforderliche Veränderungen innerhalb der Leistungsprogramme können daher vielfach nicht zügig ergriffen werden.

[BECKER (Marketing-Konzeption, 1998), S. 166]. Synergien werden auch als „2+2=5"-Effekte bezeichnet [vgl. ANSOFF (Management-Strategie, 1966), S. 97].

409 Vgl. BECKER (Marketing-Konzeption, 1998), S. 166; EVERLING (Profit-Center-Konzeption, 1980), S. 122.

410 Vgl. o. V. (Vertrieb, 2004), HTTP://WWW.FUHRPARK.DE vom 02.07.2004; o. V. (Fiat-Vertrieb, 2004), HTTP://WWW.HORIZONT.NET vom 22.07.2004.

411 Vgl. MEHDORN (Industriestruktur, 1996), S. 17.

412 Die schwache Anreizstruktur resultiert daraus, dass Leistung und Gegenleistung in zentralisiert koordinieten Unternehmen oftmals in keinem unmittelbaren Zusammenhang stehen [vgl. BONGARD (Outsourcing-Entscheidungen, 1994), S. 162 f., m. d. d. V.]. Um Leistungsanreize zu schaffen, sind meist kostenintensive Anreize wie beispielsweise Bonusprogramme einzurichten [vgl. BENKENSTEIN/HENKE (Integration, 1993), S. 83].

413 Vgl. EVERLING (Profit-Center-Konzeption, 1980), S. 122 (auch Zitate, im Original kursiv hervorgehoben).

3.3.2 Dezentralisierte Koordination

Eine dezentralisierte Koordination von Leistungen erfolgt zumeist innerhalb flacher hierarchischer Organisationsstrukturen. Diese erleichtern den Unternehmen die Kontrolle und die Steuerung des Erfolges der einzelnen Profit-Center.

Profit-Center unterliegen regelmäßig einem höheren Leistungsdruck als zentralisiert koordinierte Leistungseinheiten[414]:

Leistungen, die Gegenstand eines Transfers in eine Beteiligungs- oder Tochtergesellschaft sind, werden erfolgsrechnerisch zu Marktpreisen erfaßt. Dadurch werden die Leistungen der Profit-Center und die Leistungen unternehmensexterner Anbieter vergleichbar[415]. Zudem können Fehlplanungen und innerbetriebliche Subventionsströme den Profit-Centern direkt zugeordnet werden. Durch den Erfolgsdruck weisen Profit-Center zumeist eine größere Marktnähe auf als zentralisiert koordinierte Einheiten[416]. Die Eigenverantwortlichkeit sorgt dafür, dass sich die Mitarbeiter eines Profit-Centers stärker auf ihren Tätigkeitsbereich konzentrieren können und nicht so intensiv in die gesamtunternehmerischen Belange eingebunden sind wie die Mitarbeiter in zentralisiert koordinierten Leistungseinheiten. Da nur „kurze Entscheidungswege" zurückzulegen sind, können Entscheidungen dezentral regelmäßig flexibler getroffen und umgesetzt werden als zentral[417]. Zudem werden in dezentralisierten Strukturen oftmals „Kreativitätsfreiräume" geschaffen, die die Identifikation der Mitarbeiter mit ihrer Tätigkeit und damit die Leistungsmotivation fördern[418].

Unternehmen, die in Profit-Center-Strukturen organisiert sind, können sich zudem schnell aus einzelnen Märkten zurückziehen beziehungsweise einzelne Profit-Center aus dem Unternehmensverbund entfernen. In diesen Fällen ist der Aufwand der Entflechtung einer hierarchischen Struktur stets größer als die Herauslösung eines Profit-Centers aus dem Unternehmen[419].

---

[414] Vgl. EVERLING (Profit-Center-Konzeption, 1980), S. 122. In diesem Zusammenhang wird auch von „internem Marktdruck" gesprochen [vgl. WIßKIRCHEN/MERTENS (Shared Services Ansatz, 1999), S. 83 (auch Zitat)].

[415] Vgl. BÜHNER (Verselbständigung, 1986), S. 2342.

[416] Vgl. KOTLER/BLIEMEL (Marketing-Management, 2001), S. 1234.

[417] Vgl. EVERLING (Beteiligungsgesellschaft, 1977), S. 286.

[418] Vgl. hierzu WIßKIRCHEN/MERTENS (Shared Services Ansatz, 1999), S. 83.

[419] Vgl. BÜHNER (Verselbständigung, 1986), S. 2341 ff.; FRIEDRICH/HINTERHUBER (Restrukturierung, 1998), S. 16; SIMON (Business Reengineering, 2000), S. 204 f.

Eine Dezentralisierung mittels eines Beteiligungs- beziehungsweise Tochterunternehmens kann sich auch als vorteilhaft erweisen hinsichtlich einer Risikobegrenzung im Rahmen der Rechtsform, einer Einschränkung von Publizitätspflichten und einer Erzielung von Subventionen und Steuereffekten[420]. Erforderlich wird die Gründung einer eigenständigen Gesellschaft, sofern Kapitalgeber beteiligt werden sollen[421].

Eine dezentralisierte Koordinationsstruktur birgt jedoch auch die Gefahr von Ineffizienzen. So entwickeln sich in den Leistungseinheiten oftmals eigendynamische Prozesse, die nicht den Vorgaben der Muttergesellschaft entsprechen. Des weiteren können in dezentralisierten Einheiten oftmals keine Mengeneffekte erzielt werden, sofern beispielsweise Datenverarbeitungssysteme nicht standardisiert sind. Da sie einen höheren Infrastrukturbedarf hervorrufen, sind dezentralisiert organisierte Unternehmensstrukturen regelmäßig kostenintensiver als zentralisierte Strukturen[422].

Je stärker eine Leistung in eine Unternehmensstruktur integriert ist, umso inflexibler erweist sich ein Unternehmen. Im Umkehrschluß kann die Flexibilität durch einen niedrigen Integrationsgrad tendenziell erhöht werden. Im Rahmen hierarchischer Koordinationsformen weisen folglich rechtlich selbständige Beteiligungs- beziehungsweise Tochtergesellschaften die höchste Flexibilität auf; zentralisiert koordinierte Unternehmen die geringste.

Es bleibt nun zu betrachten, welche Koordinationsform sich für ein internalisiertes produktadditives Leasingangebot empfiehlt:

3.3.3 Wahl einer Koordinationsform

Die Vorteilhaftigkeit zentralisierter Koordinationsstrukturen resultiert in erster Linie aus Synergieeffekten. Diese beruhen auf Interdependenzen zwischen den Leistungseinheiten. Infolgedessen bietet eine zentralisierte Koordination regelmäßig keine Vorteile, sofern die leasingspezifischen Leistungen eine ausgeprägte „Autonomie"[423] zeigen und keine Synergien mit anderen Leistungseinheiten des Unternehmens ermöglichen. Um zu ermitteln, ob sich eine zentralisierte Koordi-

---

420 Vgl. BÜHNER (Verselbständigung, 1986), S. 2342 f.

421 Vgl. hierzu ferner EVERLING (Profit-Center-Konzeption, 1980), S. 121, m. d. d. V.

422 Vgl. WIßKIRCHEN/MERTENS (Shared Services Ansatz, 1999), S. 84.

423 Vgl. FRESE (Geschäftssegmentierung, 1993), S. 1005 (auch Zitat, im Original kursiv hervorgehoben).

nation für einen Hersteller empfiehlt, ist ein Leasinggeschäft daher auf seine Autonomie innerhalb des Herstellerunternehmens hin zu untersuchen:

Ein Leasinggeschäft wird innerhalb eines Unternehmens autonom abgewickelt, sofern es keine Interdependenzen mit anderen Leistungseinheiten aufweist. Interdependenzen können sich daraus ergeben, dass verschiedene Leistungseinheiten auf dieselben Ressourcen zugreifen:

Leasing erfordert den Einsatz von Ressourcen, die nicht den produktbezogenen Ressourcen von Herstellern entsprechen[424]. Während die Kompetenzen der Hersteller in erster Linie auf Technologien beruhen, bedarf ein Leasinggeschäft rechtlicher und betriebswirtschaftlicher Kenntnisse. Abgesehen von einigen Ressourcen, auf die alle Leistungseinheiten eines Unternehmens zugreifen - wie das Rechnungswesen oder die Verwaltung - kann ein Leasinggeschäft weitestgehend unabhängig von anderen Leistungsbereichen abgewickelt werden. Das Leasinggeschäft ist somit hinsichtlich der eingesetzten Ressourcen beziehungsweise hinsichtlich der erforderlichen Kompetenzen innerhalb eines Herstellerunternehmens autonom.

Leasingspezifische Leistungen unterliegen zudem einer anderen Qualitätskontrolle als die Produkte von Herstellern und erfordern andere Marketing-Aktivitäten: Während bei Produkten vornehmlich die Ergebnisqualität überwacht wird, ist für den Absatzerfolg von Dienstleistungen die Verrichtungsqualität ausschlaggebend. Die Qualität einer Dienstleistung wird von den Kunden danach beurteilt, in welcher Form die Mitarbeiter des Herstellers mit ihnen interagieren. Sach- und Dienstleistungen beruhen auf einem unterschiedlichen „Leistungsverständnis"[425]. Während Sachleistungen auf ein materielles Leistungsergebnis abzielen und den Einsatz technologischer Kompetenzen erfordern, werden Dienstleistungen als Prozeß „dienender" Natur am Abnehmer der Leistung beziehungsweise mit diesem gemeinsam erbracht. Bei Sachleistungen steht die „Leistung als Ergebnis" im Vordergrund, bei Dienstleistungen die „Leistung als Prozeß"[426]. Dienstleistungsanbieter müssen bei Marketing-Aktivitäten daher nicht nur die „technische Durchführungsqualität" berücksichtigen, sondern

---

[424] Vgl. hierzu beispielsweise FRESE (Geschäftssegmentierung, 1993), S. 1005.

[425] Vgl. KLEINALTENKAMP (Erscheinungsformen, 1998), S. 40 (auch Zitat, im Original kursiv hervorgehoben).

auch die sich aus der Interaktion ergebenden „Empfindungsgehalte" der Kunden[427].

Die Erbringung leasingspezifischer Leistungen weist keine Interdependenzen mit der Herstellung von Produkten auf. Eine zentralisierte Koordination bietet daher keine unmittelbaren Vorteile. Es bleibt nun, eine dezentralisierte Koordination auf ihre Vorteilhaftigkeit hin zu untersuchen:

Eine dezentralisierte Koordination empfiehlt sich insbesondere bei Leistungen, die einer starken Erfolgskontrolle bedürfen. Durch ein Leasinggeschäft bietet ein Hersteller Leistungen an, die ursprünglich einer anderen Branche entstammen. Da der Hersteller noch keine Erfahrungen mit den Anforderungen der Kunden an das Leasingangebot hat, ist die Leistungserbringung regelmäßig mit Unsicherheit behaftet. Diese Unsicherheit legt nahe, den Erfolg des Leasinggeschäfts streng zu überwachen, um frühzeitig Steuerungsmaßnahmen einleiten zu können. Da dies eher im Rahmen einer dezentralisierten Koordination möglich ist als im Rahmen einer zentralisierten, empfiehlt sich für das produktadditive Leasinggeschäft von Herstellern eine dezentralisierte Koordination. Ein Leasinggeschäft, das internalisiert wird, sollte daher entweder innerhalb einer eigenständigen Beteiligungs- beziehungsweise Tochtergesellschaft im Unternehmensverbund des Herstellers oder zumindest als eigenständige Betriebseinheit innerhalb des Herstellerunternehmens abgewickelt werden.

Ausgehend von den dargestellten Koordinationsformen kann die Wahl der Leistungstiefe des Leasinggeschäfts eines Herstellers durch verschiedene Modelle unterstützt werden. Hersteller bedienen sich dabei regelmäßig

- eines Vergleichs der Vor- und der Nachteile von Eigenerstellung und Fremdbezug anhand verschiedener Kriterien (pragmatische unternehmenspolitische Ansätze)[428],
- eines Vergleichs der Kosten, die im Rahmen der Leistungserbringung oder im Rahmen organisatorischer Prozesse bei einem Fremdbezug und bei ei-

---

426 Vgl. KLEINALTENKAMP (Erscheinungsformen, 1998), S. 40 (auch Zitate, im Original apostrophiert hervorgehoben).

427 Vgl. KOTLER/BLIEMEL (Marketing-Management, 2001), S. 782, (auch Zitate), m. d. d. V.

428 Vgl. PICOT (Leistungstiefe, 1991), S. 340.

ner Eigenerstellung anfallen (Kostenvergleichs- beziehungsweise kostenorientierte Modelle) oder

- eines Vergleichs der im Rahmen der Koordinationsformen zu erzielenden Wettbewerbspositionen.

Inwiefern sich eine Koordinationsform zur Abwicklung eines Leasinggeschäfts eignet, kann nur unter Berücksichtigung der Besonderheiten des Leasinggeschäfts beurteilt werden. Die Modelle, auf denen Entscheidungen für eine Leistungstiefe typischerweise basieren, werden nachfolgend dargestellt und auf ihre Eignung hinsichtlich der Wahl der Koordinationsform eines produktadditiven Leasingangebotes untersucht:

III. Entscheidung über die Leistungstiefe eines produktadditiven Leasinggeschäfts

1. Pragmatische unternehmenspolitische Ansätze

Entscheidungen über eine Leistungstiefe werden im Rahmen pragmatischer unternehmenspolitischer Ansätze auf Basis eines Vergleichs der Vor- und der Nachteile der Eigenerbringung oder des Fremdbezugs einer Leistung getroffen. Die Vorteilhaftigkeit einer Koordinationsform wird dabei anhand verschiedener Kriterien bestimmt.

Typische beispielhafte Kriterien sind:

- die Qualität der Leistungserbringung,
- die Anpassungsfähigkeit des Leistungsangebotes hinsichtlich der Markterfordernisse,
- die Kosten, die durch die Koordinationsform verursacht werden,
- die Effizienz der Prozeßabläufe und
- die Möglichkeit zur Nutzung von Mengen- und Lerneffekten[429].

---

[429] Vgl. hierzu beispielsweise PICOT (Leistungstiefe, 1991), S. 342 f.; SCHEURING (Make or buy, 1983), S. 435; HARTMANN (Make-or-Buy-Entscheid, 1988); BRUCH (Outsourcing, 1998), S. 31 ff.

Auf der Grundlage derartiger Kriterienkataloge wird die Koordinationsform gewählt, die am vorteilhaftesten erscheint.

Da die Kriterien einzelfallbezogen festgelegt werden, ist ihre Auswahl subjektiv beziehungsweise regelmäßig unvollständig. Pragmatische unternehmenspolitische Modelle werden aus diesem Grunde hier nicht näher dargestellt.

2. Kostenorientierte Modelle

2.1 Klassischer Kostenvergleich

In der Praxis werden Entscheidungen über eine Leistungstiefe zumeist anhand eines Kostenvergleichs getroffen[430]. Die Kosten des Fremdbezugs einer Leistung werden dabei mit den Kosten der Eigenerbringung verglichen[431]. Es ist die Koordinationsform zu wählen, die die geringsten Kosten verursacht.

Bei den Kosten des Fremdbezugs handelt es sich um die Marktpreise der Leistungen, bei den Kosten der Eigenerstellung um die fixen und die variablen Kosten, die im Rahmen der unternehmensinternen Leistungserbringung anfallen[432]. Dabei ist entscheidend, ob ein Anbieter plant, die jeweilige Leistung langfristig innerhalb seines Unternehmens zu erbringen und wie stark die Bereiche ausgelastet sind, die an der Leistungserbringung beteiligt sind[433]: Generell sind nur die Kosten für die Entscheidung relevant, die durch die Leistungserbringung „zusätzlich anfallen, anderenfalls aber nicht entstehen würden“[434]. Bei einer kurzfristigen Planungsperspektive und freien Kapazitäten sind nur die durch die Leistung verursachten variablen Kosten zu berücksichtigen. Besteht ein Kapazitätsengpaß,

---

430 Vgl. PICOT (Leistungstiefe, 1991), S. 340; BÜHNER/TUSCHKE (Outsourcing, 1997), S. 25; HINTERHUBER/STUHEC (Kernkompetenzen, 1997), S. 2.

431 Vgl. PICOT (Leistungstiefe, 1991), S. 338.

432 Vgl. BÜHNER/TUSCHKE (Outsourcing, 1997), S. 25.

433 Die Kosten einer Internalisierung sind zumeist schwer abzugrenzen, und es besteht die Gefahr, dass beispielsweise eine langfristige Entscheidung auf Grundlage kurzfristiger Kosten getroffen wird [vgl. PICOT (Leistungstiefe, 1991), S. 340 f.]. Zur schwierigen Abgrenzbarkeit der Kosten einer Internalisierung vgl. beispielsweise MÄNNEL (Eigenfertigung, 1983), S. 301; BÜHNER/TUSCHKE (Outsourcing, 1997), S. 25. Die neuere Kostenrechnungsliteratur liefert Ansätze, mit denen die Methodik kostenorientierter Entscheidungen über eine Leistungstiefe verbessert werden soll. Einen solchen Ansatz stellt die Prozeßkostenrechnung dar, die die verursachungsgerechte Zurechnung von Fixkosten anstrebt. Ein weiterer Ansatz variabilisiert sämtliche Fixkosten und ermittelt auf dieser Basis die Kosten der Eigenerstellung [vgl. BÜHNER/TUSCHKE (Outsourcing, 1997), S. 25, m. d. d. V.].

434 Vgl. MÄNNEL (Eigenfertigung, 1974), Sp. 1233 (auch Zitat).

sind zusätzlich die „engpaßspezifischen Opportunitätskosten“ relevant. Bei einer langfristigen Planungsperspektive umfassen die entscheidungsrelevanten Kosten die kurzfristig variablen sowie die kurzfristig fixen, langfristig jedoch variablen Kosten[435].

Ein weiteres kostenorientiertes Entscheidungsmodell stellt der Transaktionskostenansatz dar. Da der Transaktionskostenansatz für den weiteren Ablauf der vorliegenden Arbeit wichtige Grundlagen liefert, wird er ausführlicher dargestellt:

2.2 Transaktionskostenansatz

2.2.1 Transaktionskosten als Kriterium von Entscheidungen über eine Leistungstiefe

Eine Transaktion wird als Leistungsaustausch im Sinne einer ökonomischen Aktivität bezeichnet[436]. Kosten, die durch den Transaktionsprozeß verursacht werden, stellen Transaktionskosten dar. Transaktionskosten bestehen nicht nur aus pagatorischen Kosten. Sie umfassen auch „Nachteile in Form von Zeit und Mühe” und weisen unter Umständen „Opportunitätscharakter” auf[437]. Da sich jedes Unternehmen unterschiedlicher Transaktionsprozesse bedient, hängt die Höhe der Transaktionskosten davon ab, innerhalb welcher Koordinationsform eine Leistung erbracht wird.

Der Transaktionskostenansatz liefert einen Maßstab für eine „Organisationsform erster Ordnung”[438]. Als Referenzmaßstab dient das „Effizienzkriterium”[439]. Eine Koordinationsform gilt demnach als optimal, sofern sie die geringsten Transak-

---

435 Vgl. PICOT (Leistungstiefe, 1991), S. 341 (auch Zitat).

436 Vgl. ALBACH (Firm, 1981), S. 720. Als Transaktion wird in der Literatur auch als die dem Leistungsaustausch vorausgehende vertragliche Vereinbarung zum Tausch von Verfügungsrechten bezeichnet [vgl. hierzu PICOT (Transaktionskostenansatz, 1982), S. 269; MICHAELIS (Organisation, 1985), S. 72].

437 Vgl. KREIKEBAUM/GILBERT/REINHARDT (Organisationsmanagement, 2002), S. 30 (auch Zitate).

438 Vgl. KREIKEBAUM/GILBERT/REINHARDT (Organisationsmanagement, 2002), S. 41 (auch Zitat). Dabei wird unterstellt, dass Transaktionsmärkte vorhanden sind und auch in Anspruch genommen werden.

439 Vgl. THIELE (Institutionenökonomik, 1994), S. 993 (auch Zitat, im Original fett hervorgehoben); MEFFERT (Kooperation, 1999), S. 270; PICOT/DIETL (Transaktionskostentheorie, 1990), S. 178.

tionskosten verursacht[440]. Entscheidungen über eine Leistungstiefe werden daher anhand der relativen Transaktionskosten im Rahmen eines „Institutionenvergleichs" getroffen.

Bei einem Leasinggeschäft sind alle Transaktionskosten zu berücksichtigen, die im Rahmen der Prozeßabläufe verursacht werden. Dies umfaßt sowohl Transaktionskosten, die durch stillschweigende Vereinbarungen anfallen als auch Transaktionskosten, die durch vertragliche Vereinbarungen hervorgerufen werden[441]. Die Transaktionskosten werden dabei typischerweise unterteilt in Kosten, die vor (ex ante) und nach (ex post) dem Vertragsabschluß entstehen[442]. Vor Abschluß eines Leasingvertrages fallen Transaktionskosten an durch

- die Suche nach potentiellen Leasingnehmern beziehungsweise die Vertriebsaktivitäten sowie
- die Anbahnung und die Verhandlung der Leasingverträge beziehungsweise die Prüfung des Vertrages und der Zahlungsfähigkeit.

Ex post entstehen Transaktionskosten durch

- die Abwicklung beziehungsweise die Verwaltung des Vertrages,
- die Kontrolle der Einhaltung vertraglicher Vereinbarungen,
- die Änderung des Leasingvertrages während der Laufzeit sowie
- die Beendigung des Leasingvertrages im Sinne der Verwertung des Objektes und der Abrechnung gegenüber dem Leasingnehmer.

---

440 Vgl. PICOT (Leistungstiefe, 1991), S. 344. Transaktionskosten sind somit ein „Effizienzmaßstab zur Beurteilung und Auswahl unterschiedlicher institutioneller Arrangements" [PICOT/REICHWALD/WIGAND (Unternehmung, 1996), S. 41 (im Original kursiv hervorgehoben)] beziehungsweise ein Maßstab zur Beurteilung der „Effizienz alternativer Grenzen der Unternehmung" [BENKENSTEIN/HENKE (Integration, 1993), S. 78 (im Original kursiv hervorgehoben)].

441 Vgl. WILLIAMSON (Institutionen, 1990), S. 22.

442 Vgl. WILLIAMSON (Institutionen, 1990), S. 22 ff. In der Literatur finden sich unterschiedliche Systematiken für die Unterteilung von Transaktionskosten [vgl. beispielsweise PICOT (Leistungstiefe, 1991), S. 344; ALBACH (Transaktionen, 1988), S. 1160; WINDSPERGER (Transaktionskosten, 1983), S. 896]. Einen Überblick über weitere Systematiken liefert SCHÄTZER (Outsourcing-Entscheidungen, 1999), S. 103. Die Systematiken weisen keine grundlegenden Unterschiede auf.

Suchkosten Anbahnungskosten Verhandlungskosten	**entstehen vor Vertragsabschluß (ex ante)**
Abwicklungskosten Kontrollkosten Anpassungskosten Beendigungskosten	**entstehen nach Vertragsabschluß (ex post)**

Abb. 29: Systematisierung von Transaktionskosten

Bei welchem Unternehmen die Transaktionskosten anfallen, hängt von der Form ab, innerhalb der die leasingspezifischen Leistungen koordiniert werden:

Im Rahmen einer Internalisierung verzeichnet der Hersteller Transaktionskosten durch die Abwicklung des Leasinggeschäfts und durch die Interaktion mit den Leasingnehmern. Bedient sich der Hersteller dabei einer Captive, entstehen die Transaktionskosten bei dieser. In diesem Fall werden Transaktionskosten zudem durch die Gründung und durch die Verwaltung der Gesellschaft beziehungsweise durch die laufende konzerninterne Abstimmung verursacht.

Wird das Leasinggeschäft fremdbezogen, fallen die Transaktionskosten der Abwicklung der Leasingverträge beim Fremdanbieter an. Der Hersteller verzeichnet nur geringfügige Transaktionskosten durch die Anbahnung der Verträge sowie durch die laufende Abstimmung mit dem Fremdanbieter.

Die Höhe der Transaktionskosten wird maßgeblich davon bestimmt, wie spezifisch das Leasinggeschäft ist und welche wettbewerbsstrategische Bedeutung es für den Hersteller hat[443]:

Die Spezifität und die strategische Bedeutung werden als vorrangige Eigenschaften des Leasinggeschäfts bezeichnet. Sogenannten 'unterstützenden Einfluß' auf die Höhe der Transaktionskosten hat die Häufigkeit, mit der das Leasinggeschäft erbracht wird. Gleiches gilt für die mit dem Leasinggeschäft verbundene Unsi-

---

443 Vgl. allgemein PICOT (Leistungstiefe, 1991), S. 344. Die klassische Transaktionskostentheorie bezeichnet die Spezifität als wichtigste transaktionskostenbestimmende Eigenschaft von Leistungen [vgl. WILLIAMSON (Transaction Cost Approach, 1981)]. Die strategische Bedeutung wurde von PICOT eingeführt [vgl. ausführlich PICOT (Leistungstiefe, 1991)].

cherheit hinsichtlich der Veränderung von Umweltbedingungen, die den Erfolg des Leasinggeschäfts beeinträchtigen können[444].

Letztlich wird die Höhe der Transaktionskosten noch durch sonstige Einflüsse bestimmt, wie den technologischen und rechtlichen Rahmenbedingungen, denen das Leasinggeschäft unterworfen ist.

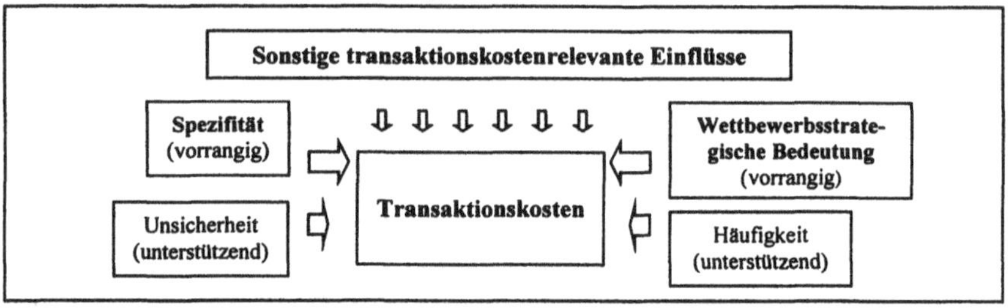

Abb. 30: Transaktionskostenbestimmende Eigenschaften von Leistungen

Die Eigenschaften eines Leasinggeschäfts werden nachfolgend näher dargestellt:

2.2.2 Eigenschaften eines Leasinggeschäfts

2.2.2.1 Spezifität

Ein Leasinggeschäft ist spezifisch, sofern es Investitionen erfordert, die nur für das jeweilige Leasinggeschäft Verwendung finden[445]. Die eingesetzten Ressourcen können anderweitig nicht oder nur unter Anfall von Kosten eingesetzt werden[446]. Je größer der Wertverlust bei einer alternativen Nutzung der Ressourcen ist, umso spezifischer ist das Leasinggeschäft[447]. Im Umkehrschluß ist das Leasinggeschäft unspezifisch, sofern die eingesetzten Ressourcen auch an anderer Stelle ohne Wertverlust verwendet werden können.

Eine Ressource, die zur Spezifität eines Leasinggeschäfts führt, kann Software sein, die ein Hersteller zur Verwaltung der Leasingverträge nutzt oder besonderes Know-how, das ein Leasinggeschäft erfordert. Die Software und das Know-how

[444] Vgl. allgemein PICOT (Leistungstiefe, 1991), S. 346.
[445] Vgl. allgemein PICOT/DIETL (Transaktionskostentheorie, 1990), S. 179.
[446] Vgl. allgemein THEUVSEN (Transaktionskostenansatz, 1997), S. 986.
[447] Vgl. allgemein PICOT/REICHWALD/WIGAND (Unternehmung, 1996), S. 43.

sind spezifisch, sofern sie in keinem anderen Unternehmen eingesetzt werden können[448].

Da ein anderweitiger Einsatz der Ressourcen Transaktionskosten verursacht, befinden sich die Beteiligten eines spezifischen Leasinggeschäfts in einem Abhängigkeitsverhältnis zueinander[449]. Je umfangreicher die erforderlichen Investitionen sind, umso ausgeprägter sind die Abhängigkeiten.

Im Rahmen des Transaktionskostenansatzes wird unterstellt, dass sich Vertragspartner - insbesondere in Abhängigkeitsverhältnissen - opportunistisch verhalten[450]: Um den Vertragsabschluß zu erwirken, werden vor Abschluß des Vertrages Informationen oftmals verzerrt oder zurückgehalten[451]. Nach Vertragsabschluß werden wiederum vertragliche Absprachen vielfach zu Lasten des jeweils anderen Vertragspartners gebrochen.

Je spezifischer ein Leasinggeschäft ist, umso größer sind die Abhängigkeiten zwischen dem Hersteller und einem Fremdanbieter und damit die Gefahren opportunistischen Verhaltens. So steht für ein unspezifisches Leasinggeschäft zumeist eine Vielzahl möglicher Fremdanbieter zur Verfügung. Ein Hersteller kann daher jederzeit ohne Anfall von Wechselkosten eine neue Kooperation eingehen. Bei einer spezifischen Leistung ist der Wechsel des Transaktionspartners hingegen zumeist schwierig, da nur wenige mögliche Transaktionspartner zur Verfügung stehen. Zudem muß sich ein neuer Partner erst mit dem Abwicklungsprozeß des Leasinggeschäfts vertraut machen und oftmals Investitionen tätigen, um die Abwicklung überhaupt übernehmen zu können. Ein Beispiel hierfür ist wiederum Software, die ein Fremdanbieter speziell für die Verwaltung des Leasinggeschäfts eines Herstellers anschaffen muß.

Aufgrund der Abhängigkeit versuchen Hersteller, sich bei spezifischen Leasinggeschäften durch umfassende vertragliche Regelungen vor Opportunismus zu schützen. Der Transaktionskostenansatz unterstellt jedoch, dass die Vertragspartner nie über alle relevanten Informationen verfügen und nicht in der Lage sind,

---

448 Vgl. allgemein WILLIAMSON (Institutions, 1985), S. 95 f. Spezifität kann noch in weiteren Formen auftreten [vgl. hierzu PICOT/DIETL (Transaktionskostentheorie, 1990), S. 179; BACHER (Outsourcing, 2000), S. 94, m. d. d. V.].

449 Vgl. allgemein hierzu WINDSPERGER (Transaktionsspezifität, 1996), S. 967.

450 Vgl. WILLIAMSON (Institutionen, 1990), S. 33 f. und S. 50 ff.

451 Vgl. SCHUMANN (Unternehmung, 1987), S. 214.

die vorhandenen Informationen vollständig aufzunehmen und zu verarbeiten[452]. Dies führt dazu, dass innerhalb eines Vertrages nicht alle Ereignisse berücksichtigt werden können, die während einer Transaktionsbeziehung auftreten. Der Versuch einer umfassenden vertraglichen Regelung verursacht erhebliche Verhandlungs- und Kontrollkosten[453].

2.2.2.2 Wettbewerbsstrategische Bedeutung

Die zweite vorrangige Eigenschaft eines Leasinggeschäfts ist dessen wettbewerbsstrategische Bedeutung[454]. Inwieweit ein Leasingangebot einem Anbieter dazu verhilft, Wettbewerbsvorteile zu erzielen, hängt zumeist von der Spezifität des Leasinggeschäfts ab: In reifen Märkten können sich Unternehmen oftmals nur noch durch spezifische Leistungen wettbewerbsstrategisch wirksam von ihren Konkurrenten abheben. Wettbewerbsrelevante Leistungen sind daher in der Regel auch spezifisch[455]. So verursacht das Leasinggeschäft eines Herstellers, der zur Abwicklung der Leasingverträge die vorhandenen Ressourcen seines Konzerns nutzen kann, regelmäßig geringere Kosten - beispielsweise für Personal oder IT - als das Leasinggeschäft eines Herstellers, der die Ressourcen innerhalb seines Unternehmens erst aufbauen muß. Die Kostenvorteile können Wettbewerbsvorteile darstellen, sofern sie über die Leasingraten an die Kunden weitergegeben werden. Spezifisch sind die Vorteile, weil sie durch Synergien hervorgerufen werden, die regelmäßig nur in Großunternehmen zu erzielen sind.

Je größer die Wettbewerbsrelevanz eines Leasinggeschäfts ist, umso stärker ist es vor Nachahmung durch Konkurrenten zu schützen. Diesbezüglich zu ergreifende

---

[452] Vgl. WILLIAMSON (Institutionen, 1990), S. 33 f. und S. 50 ff.

[453] Vgl. BÖSSMANN (Unternehmungen, 1983), S. 109.

[454] PICOT bezeichnet die strategische Bedeutung als „besonders wettbewerbsrelevantes Wissen und Können" [PICOT (Leistungstiefe, 1991), S. 346].

[455] Dabei sind spezifische Leistungen nicht zwangsläufig gleichzeitig wettbewerbsstrategisch bedeutsam [vgl. PICOT (Leistungstiefe, 1991), S. 347]. Ein Beispiel für eine spezifische, unter Umständen aber wettbewerbsstrategisch bedeutungslose Leistung ist eine individuell auf ein Unternehmen zugeschnittene Software [vgl. PICOT (Leistungstiefe, 1991), S. 346 f.; BAUR (Make-or-buy-Entscheidungen, 1990), S. 83]. Es ist daher stets zu prüfen, ob eine Spezifität wettbewerbsstrategisch erforderlich ist oder nur aus „historischen Gründen [...] gewachsen". Da spezifische Transaktionen regelmäßig wesentlich höhere Investitionen erfordern als unspezifische, ist die Spezifität bei nicht wettbewerbsstrategisch bedeutsamen Transaktionen abzubauen [vgl. PICOT, EBENDA, S. 347 (auch Zitat)].

Maßnahmen führen dazu, dass strategisch wichtige Leasinggeschäfte zumeist vergleichsweise hohe Transaktionskosten verursachen.

2.2.2.3 Unsicherheit

Die Abwicklung eines Leasinggeschäfts wird oftmals von Unsicherheit begleitet: Die Veränderung steuerrechtlicher Rahmenbedingungen und konjunktureller Entwicklungen kann nicht immer vertraglich antizipiert werden[456]. Versuchen die Vertragspartner dies dennoch, werden Kosten der Verhandlung und der Kontrolle hervorgerufen. Im Falle einer eingetretenen Veränderung der Umweltbedingungen entstehen wiederum Kosten der Vertragsanpassung[457].

Stark mit Unsicherheit behaftet sind insbesondere Cross-Border-Leasinggeschäfte: Bei der Entwicklung eines internationalen Leasinggeschäfts sind innerhalb der Vertragswerke die Besonderheiten der Rechts- und der Wirtschaftssysteme verschiedener Länder zu berücksichtigen. Die Vertragspartner müssen die Risiken antizipieren, die sich aus der gesamtwirtschaftlichen, der politischen und der sozio-kulturellen Situation der jeweiligen Länder ergeben[458]. Die Vertragsgestaltung grenzüberschreitender Leasinggeschäfte erweist sich daher regelmäßig als individuell und als komplex. Da die möglichen Veränderungen der Rahmenbedingungen unterschiedlicher Länder zudem vertraglich kaum geregelt werden können, ist Cross-Border-Leasing regelmäßig spezifisch und vor allem unsicher. Die Unsicherheit hat dazu geführt, dass der Anteil des internationalen Leasing am Neugeschäft der Leasinganbieter in 2001 nur noch bei 1% lag, verglichen mit seinem Höhepunkt in 1997 mit 4,7%[459]. Aufgrund der damit verbundenen Kosten werden nur wenige großvolumige Leasinggeschäfte grenzüberschreitend abgewickelt. Kleinvolumiges Mengengeschäft realisieren zumeist Tochter- oder Korrespondenzgesellschaften im jeweiligen Land.

---

456 Vgl. WILLIAMSON (Institutionen, 1990), S. 65 ff.; PICOT (Leistungstiefe, 1991), S. 347.

457 Vgl. PICOT (Transaktionskostenansatz, 1982), S. 272.

458 Vgl. MEYER (Länderrisiken, 1987), S. 16. Zudem sind auch die national unterschiedlichen Bedürfnis-, Markt- und Produktionsstrukturen sowie die unterschiedlichen Qualifikationen der Arbeitnehmer zu beachten [vgl. WELGE/HOLTBRÜGGE (Unternehmungstätigkeit, 1997), S. 1055].

459 Vgl. STÄDTLER (Leasing, 2003), S. 22. In 2003 lag der Anteil internationaler Leasinginvestitionen bei 3,1% [vgl. IFO INSTITUT FÜR WIRTSCHAFTSFORSCHUNG (Mobilien-Leasing, 2004), S. 7].

Insbesondere bei spezifischen Leasinggeschäften verursacht Unsicherheit somit tendenziell hohe Transaktionskosten.

2.2.2.4 Häufigkeit

Die Stückzahl abgewickelter Leasingverträge bestimmt zum einen den Zeitraum, in dem sich die getätigten Investitionen amortisieren: Die Amortisation erfolgt umso schneller, je mehr Leasingverträge abgewickelt werden[460]. Zum anderen bestimmt die Häufigkeit, mit der ein Leasinggeschäft erbracht wird, auch die Möglichkeiten, wettbewerbsstrategisch relevante Kosteneffekte zu erzielen:

Aus einer Vielzahl abgewickelter Leasingverträge entstehen regelmäßig Mengen- und Lerneffekte[461]. So werden Prozeßabläufe standardisiert und es sind im Zeitablauf kürzere Bearbeitungszeiten erforderlich[462]. Zudem entwickelt sich zwischen den Vertragspartnern im Zeitablauf Vertrauen. Infolgedessen kann bei einer großen Stückzahl von Leasingverträgen oftmals auf transaktionskostenintensive Kontrollen verzichtet werden[463]. Je größer die Zahl abgewickelter Leasingverträge ist, umso geringer sind daher in der Regel die dem einzelnen Vertrag zuzurechnenden Transaktionskosten[464].

Die Häufigkeit ist - wie die Unsicherheit - insbesondere bei spezifischen Leasinggeschäften bedeutsam:

Je spezifischer das Geschäft ist, umso geringer ist regelmäßig die Anzahl der möglichen Fremdanbieter und Leasingnehmer. Im Extremfall ist der Leasingnehmer einziger Kunde und der Fremdanbieter einziger Erbringer des Leasinggeschäfts[465]. Infolgedessen sinken mit zunehmender Spezifität zumeist die Möglichkeiten zur Erzielung von Mengen- und Lerneffekten.

Je seltener ein spezifisches Leasinggeschäft abgewickelt wird, umso höher sind die auf den einzelnen Leasingvertrag entfallenden Transaktionskosten.

---

460 Vgl. allgemein TÖPFER (Dienstleistungen, 1996), S. 32 ff.
461 Vgl. allgemein DICHTL (Kostenführerschaft, 1994), S. 423 f.
462 Vgl. beispielsweise BÜSCHGEN (Leasingentscheidung, 1998), Rz. 17.
463 Vgl. BACHER (Outsourcing, 2000), S. 99, m. d. d. V.
464 Vgl. allgemein PICOT (Transaktionskostenansatz, 1982), S. 272.
465 Vgl. allgemein WIßKIRCHEN (Outsourcing, 1999), S. 308.

2.2.3 Sonstige transaktionskostenrelevante Einflüsse

Die Höhe von Transaktionskosten wird noch durch die technologischen und rechtlichen Rahmenbedingungen beeinflußt, denen das Leasinggeschäft unterworfen ist[466]. So bestimmen die vorhandenen Informations- und Kommunikationstechnologien den Umfang ausgetauschter Informationen zwischen den Beteiligten und die geltenden arbeits- und vertragsrechtlichen Bestimmungen bilden die Grundlage für die Leasingverträge beziehungsweise für die Rahmenverträge mit Fremdanbietern.

Letztlich wird die Höhe der Transaktionskosten noch durch die Verfügbarkeit der zur Abwicklung des Leasinggeschäfts benötigten Ressourcen bestimmt. Dabei handelt es sich in erster Linie um Know-how und Kapital. Während ein Fremdanbieter bei einer Externalisierung eigene Ressourcen nutzt, müssen diese bei einer Internalisierung vom Hersteller vorgehalten werden[467].

2.2.4 Wahl einer Leistungstiefe

Vor der Wahl einer Koordinationsform sind zunächst die Eigenschaften des Leasinggeschäfts zu bestimmen und die im Rahmen der verschiedenen Koordinationsformen anfallenden Transaktionskosten zu ermitteln[468]. Der Transaktionskostenansatz verzichtet dabei auf die Bestimmung der „*absoluten* Transaktionskostenhöhe", indem - in Abhängigkeit von der Spezifität des Leasinggeschäfts - unterschiedlich hohe Transaktionskosten-Niveaus unterstellt werden[469]. Die Ausprägung der Spezifität wird in 'hoch', in 'mittel' und in'gering'

---

466 Vgl. allgemein PICOT (Transaktionskostenansatz, 1982), S. 271.

467 Vgl. allgemein PICOT/REICHWALD/WIGAND (Unternehmung, 1996), S. 44. Eine begrenzte Verfügbarkeit von Kapital zwingt selbst Großunternehmen dazu, Transaktionen nur begrenzt unternehmensintern zu erbringen.

468 Vgl. allgemein BONGARD (Outsourcing-Entscheidungen, 1994), S. 156.

469 Vgl. allgemein BACHER (Outsourcing, 2000), S. 100 (auch Zitat); PICOT (Coase, 1992), S. 80.; FISCHER (Make-or-Buy-Entscheidungen, 1993), S. 125. Um die Probleme der Ermittlung von Transaktionskosten zu reduzieren, können kennzahlenorientierte Bewertungsmodelle herangezogen werden. Diese Modelle liefern Anhaltspunkte für die Höhe der Transaktionskosten durch die gleichzeitige Optimierung mehrerer, voneinander abhängiger Zielgrößen. Die Operationalisierung erfolgt dabei anhand von Indikatoren, wobei die Kosten, die im Rahmen der jeweiligen Koordinationsformen anfallen, nicht explizit erfaßt werden [vgl. hierzu BÜHNER/TUSCHKE (Outsourcing, 1997), S. 26 f.].

unterschieden. Auf Basis der zugewiesenen Niveaus wird sodann eine Koordinationsform empfohlen:

a) Hohe Spezifität

Bei spezifischen Leasinggeschäften müssen sich die Vertragspartner vor opportunistischem Verhalten schützen. Da Maßnahmen zum Schutz vor Opportunismus in erster Linie gegenüber Fremdanbietern zu ergreifen sind, fallen im Rahmen einer Externalisierung regelmäßig höhere Transaktionskosten an als bei einer Eigenerbringung[470]. Der Transaktionskostenansatz empfiehlt bei sehr spezifischen Leasinggeschäften daher eine Internalisierung[471].

b) Geringe Spezifität

Im Rahmen unspezifischer Leasinggeschäfte bestehen keine Gefahren opportunistischen Verhaltens und es fallen auch nur geringe Verhandlungskosten mit Fremdanbietern an. Bei unspezifischen Leasinggeschäften bietet sich infolgedessen eine Externalisierung an[472].

c) Mittlere Spezifität

Ist ein Leasinggeschäft mittelmäßig spezifisch, gibt der Transaktionskostenansatz keine eindeutige Empfehlung. Sinnvollerweise ist eine Koordinationsform zu wählen, im Rahmen derer die Gefahren opportunistischen Verhaltens begrenzt werden können. Es bietet sich daher eine Koordination innerhalb einer eigenständigen Gesellschaft oder zumindest ein Fremdbezug auf Basis langfristiger Kooperationsvereinbarungen an[473].

Der Transaktionskostenansatz empfiehlt für hochspezifische Leasinggeschäfte somit eine Internalisierung und für unspezifische eine Externalisierung. Bei einer mittleren Spezifität werden die geringsten Transaktionskosten regelmäßig im Rahmen einer hybriden Koordinationsform hervorgerufen.

---

470 Bei einer Internalisierung fallen ausschließlich unternehmensinterne Kontrollkosten an. Die Gefahren, die sich aus opportunistischem Verhalten unternehmenseigener Mitarbeiter ergeben, werden unberücksichtigt gelassen.

471 Vgl. allgemein PICOT (Leistungstiefe, 1991), S. 353.

472 Vgl. allgemein PICOT (Leistungstiefe, 1991), S. 344 ff.

473 Vgl. allgemein PICOT/REICHWALD/WIGAND (Unternehmung, 1996), S. 269.

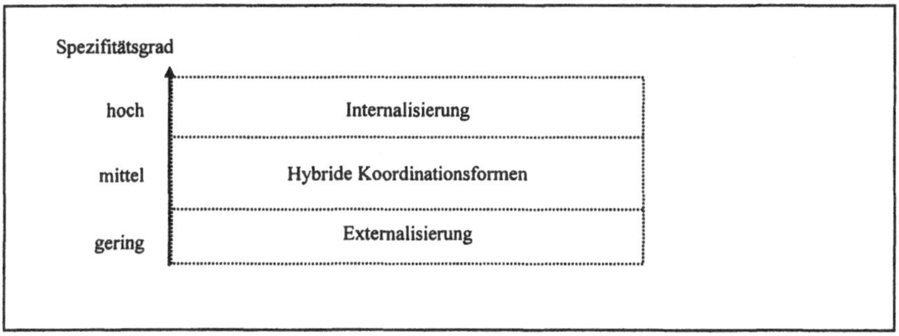

Abb. 31: Empfehlungen für eine Koordinationsform auf Basis der Spezifität des Leasinggeschäfts

Die Häufigkeit und die mit dem Leasinggeschäft verbundene Unsicherheit „unterstützen die Wirkungsweise" der Spezifität[474]:

Erfordert ein Leasinggeschäft spezifische Investitionen, erschwert Unsicherheit die langfristige vertragliche Absicherung dieser Investitionen. Je größer die Unsicherheit ist, umso eher erreichen die Transaktionskosten bei der Verhandlung und der nachträglichen Anpassung von Verträgen mit Fremdanbietern „ein prohibitives Niveau"[475]. Ein spezifisches Leasinggeschäft sollte daher insbesondere bei Unsicherheit internalisiert werden.

Da der Aufbau eigener Ressourcen erst ab einer bestimmten Auslastung wirtschaftlich sinnvoll ist, sind spezifische Leasinggeschäfte jedoch nur zu internalisieren, wenn eine Vielzahl von Leasingverträgen abgewickelt wird.

Ein Leasinggeschäft, dass sich durch eine geringe Stückzahl an Verträgen auszeichnet, sollte wiederum nur externalisiert werden, wenn es zugleich unspezifisch ist. Da in diesem Fall keine Gefahren opportunistischen Verhaltens bestehen, verursacht ein Fremdbezug tendenziell die geringsten Transaktionskosten[476].

---

474 Vgl. allgemein PICOT (Leistungstiefe, 1991), S. 347 (auch Zitat).

475 Vgl. allgemein PICOT (Leistungstiefe, 1991), S. 347 (auch Zitat).

476 Bei einer nur geringen Zahl an Leasingverträgen können weder im Rahmen einer Externalisierung noch im Rahmen einer Internalisierung Mengen- oder Lerneffekte erzielt werden.

Standardisierte Leasinggeschäfte sollten - unabhängig von der Stückzahl der abzuwickelnden Leasingverträge - externalisiert werden[477]. Im Rahmen eines Fremdbezuges fallen regelmäßig die geringsten Transaktionskosten an.

Je unsicherer ein Leasinggeschäft ist und je mehr Leasingverträge abgewickelt werden, umso eher empfiehlt sich somit eine Internalisierung. Je sicherer das Geschäft ist und je geringer die Zahl der Leasingverträge, umso eher eine Externalisierung[478]. In allen anderen Fällen verursachen hybride Koordinationsformen zumeist die geringsten Transaktionskosten.

Die Entscheidung über eine Leistungstiefe ist jedoch nich allein auf Basis der Spezifität zu treffen. Auch die wettbewerbsstrategische Bedeutung des Leasinggeschäfts ist zu berücksichtigen:

Für spezifische Leasinggeschäfte empfiehlt der Transaktionskostenansatz tendenziell eine Internalisierung[479]. Die Eigenerbringung erweist sich hinsichtlich der anfallenden Transaktionskosten jedoch nur dann als sinnvoll, wenn das Leasinggeschäft gleichzeitig wettbewerbsstrategisch bedeutend ist[480]: Eine Wettbewerbsrelevanz löst den Bedarf aus, das Leasinggeschäft vor Nachahmung zu schützen. Da unternehmensintern weniger Kontrollmaßnahmen erforderlich sind, fallen bei der Internalisierung eines wettbewerbsrelevanten Leasinggeschäfts regelmäßig geringere Transaktionskosten an als im Rahmen anderer Koordinationsformen[481]. Infolgedessen empfiehlt der Transaktionskostenansatz für ein wettbewerbsstrategisch bedeutsames Leasinggeschäft eine Internalisierung. Da folglich alle Leistungen, die keine Wettbewerbsrelevanz aufweisen, fremdbezogen werden können, relativiert die wettbewerbsstrategische Bedeutung die Spezifität als zentrale Einflußgröße bei der Wahl einer Leistungstiefe. Die Entscheidung über eine Koordinationsform ist auf Basis des Transaktionskostenansatzes daher in erster Linie anhand der wettbewerbsstrategischen Bedeutung des Leasinggeschäfts zu treffen[482].

---

477 Vgl. allgemein PICOT (Leistungstiefe, 1991), S. 347.

478 Vgl. allgemein BACHER (Outsourcing, 2000), S. 129.

479 Die Internalisierung wird allerdings nur dann eindeutig empfohlen, wenn das Leasinggeschäft gleichzeitig unsicher ist und viele Leasingverträge abzuwickeln sind.

480 Strategisch wichtige Leistungen sind zwar zumeist auch spezifisch, jedoch ist nicht jede spezifische Leistung auch wettbewerbsstrategisch relevant.

481 Vgl. allgemein PICOT (Leistungstiefe, 1991), S. 346.

482 Vgl. allgemein BACHER (Outsourcing, 2000), S. 128 f.

2.2.5 Würdigung kostenorientierter Modelle

Entscheidungen über eine Leistungstiefe, die durch kostenorientierte Ansätze unterstützt werden, erweisen sich aus verschiedenen Gründen als problematisch:

a) Ungenügende Berücksichtigung aller relevanten Kosten

Bei der Abwicklung eines Leasinggeschäfts fallen sowohl Kosten im Rahmen der Leistungserbringung als auch im Rahmen organisatorischer Prozesse an. Der klassische Kostenvergleich und der Transaktionskostenansatz berücksichtigen jedoch nur jeweils einen der beiden Kostenblöcke. Die Vernachlässigung des jeweils anderen Kostenblocks wäre nur gerechtfertigt, wenn die Kosten im Rahmen jeder Koordinationsform gleich hoch wären[483]. Dass dies nicht der Fall ist, ist daran erkennbar, dass auf Leasing spezialisierte Anbieter aufgrund von Mengen- und Lerneffekten regelmäßig geringere durchschnittliche Kosten pro Leasingvertrag verrechnen als Unternehmen, die nur wenige Verträge abwickeln. Sind im Rahmen des Leasinggeschäfts eines Herstellers nur wenige Verträge zu verwalten, verrechnet der Hersteller bei einer Internalisierung höhere Kosten der Leistungserbringung als ein Fremdanbieter, der das Leasinggeschäft für eine Vielzahl von Herstellern abwickelt[484]. Gleiches gilt für die Transaktionskosten: Jeder Anbieter bedient sich bei der Abwicklung eines Leasinggeschäfts unterschiedlicher Prozesse, die wiederum unterschiedlich hohe Transaktionskosten verursachen.

Da die Kostenblöcke im Rahmen jeder Koordinationsform somit unterschiedlich hoch sind, ist es nicht zu rechtfertigen, entweder die Transaktionskosten oder die Kosten der Leistungserbringung bei der Wahl einer Leistungstiefe zu vernachlässigen[485].

b) Schwierige Operationalisierbarkeit

Kostenorientierte Modelle sind nur schwer operationalisierbar: So werden beispielsweise im Rahmen des Transaktionskostenansatzes keine Hinweise gegeben,

---

[483] Vgl. allgemein PICOT (Transaktionskostenansatz, 1982), S. 348 f.

[484] Dies setzt allerdings voraus, dass die Leasinggeschäfte keine Transaktionskosten durch eine ausgeprägte Spezifität verursachen.

[485] Vgl. jeweils allgemein PICOT (Leistungstiefe, 1991), S. 341 f. sowie S. 348 f.; BENKENSTEIN/HENKE (Integration, 1993), S. 84; MICHAELIS (Organisation, 1985), S. 82 ff.; BACHER (Outsourcing, 2000), S. 82 ff.

wann ein Leasinggeschäft als spezifisch anzusehen ist oder ab welcher Vertragsstückzahl es als häufig erbracht gilt.

c) Statische Betrachtungsweise

Kostenorientierte Ansätze lassen die Veränderlichkeit der Eigenschaften von Leasinggeschäften im Zeitablauf unberücksichtigt[486]: So kann ein Leasinggeschäft, das heute zwar keine Wettbewerbsrelevanz hat, diese zukünftig erlangen. Der Transaktionskostenansatz stellt jedoch allein auf eine strategische Bedeutung zum Betrachtungszeitpunkt ab. Infolgedessen ist ein zu diesem Zeitpunkt nicht wettbewerbsrelevantes Leasinggeschäft fremdzubeziehen, ungeachtet einer künftigen strategischen Bedeutung. Der Transaktionskostenansatz unterstellt damit implizit, dass sich das Leistungsprogramm eines Herstellers im Zeitablauf nicht aufgrund wettbewerbsstrategischer Erfordernisse verändern muß.

Die Vernachlässigung einer dynamischen Komponente führt auch dazu, dass eine Einschätzung der „Lebensdauer der Transaktionsbeziehung" und damit eine Prognose künftig anfallender Transaktionskosten kaum möglich ist[487].

d) Ausschließliche Berücksichtigung von Kosten

Die Beurteilung der Koordinationsformen erfolgt sowohl im Rahmen des klassischen Kostenvergleichs als auch im Rahmen des Transaktionskostenansatzes ausschließlich unter Kostengesichtspunkten[488]. Eine alleinige Berücksichtigung von Kosten ist jedoch nicht zweckmäßig:

Ein Leasinggeschäft kann als Investition in einen Markt betrachtet werden[489], die ein Hersteller nur tätigt, wenn sich ihm dabei Erfolgspotentiale bieten. Kostenorientierte Modelle untersuchen, wie eine Koordinationsform die Höhe der Transaktionskosten oder die Höhe der Kosten der Leistungserbringung beeinflußt. Nicht berücksichtigt wird, inwieweit eine Koordinationsform dazu beiträgt, dass ein Hersteller die Potentiale des Marktes erschließen kann. Risiken, die sich aus der Abhängigkeit zu einem Fremdanbieter ergeben, werden vernachlässigt. Gleiches gilt für die Auswirkungen auf den Markterfolg des Leasinggeschäfts, so-

---

486 Vgl. allgemein PICOT/SCHNEIDER/LAUB (Transaktionskosten, 1989), S. 372.

487 Vgl. KREIKEBAUM/GILBERT/REINHARDT (Organisationsmanagement, 2002), S. 43 (auch Zitat).

488 Vgl. BÜHNER/TUSCHKE (Outsourcing, 1997), S. 24.

489 Vgl. allgemein PORTER (Wettbewerbsstrategie, 1999), S. 214.

fern der Hersteller und der Fremdanbieter über unterschiedliches Leasing-Know-how verfügen[490]. Es wird damit unterstellt, dass die Anbieter im Rahmen aller Koordinationsformen die gleichen Möglichkeiten haben, den Chancen und Risiken des Marktes zu begegnen.

e) Eingeschränkte Vergleichbarkeit der Koordinationsformen

Kostenorientierte Modelle unterstützen Entscheidungen über eine Leistungstiefe durch Gegenüberstellung der im Rahmen der Koordinationsformen anfallenden Kosten der Leistungserbringung beziehungsweise der anfallenden Transaktionskosten. Die damit unterstellte Vergleichbarkeit ist jedoch nicht haltbar: Ein Leasinggeschäft, das im Rahmen einer Internalisierung oder einer Externalisierung abgewickelt wird, ist regelmäßig weder hinsichtlich der erbrachten Leistung noch hinsichtlich der Transaktionsprozesse vergleichbar:

Die Vergleichbarkeit der innerhalb unterschiedlicher Koordinationsformen abgewickelten Leasinggeschäfte wird dadurch eingeschränkt, dass die Leistungen, die bei einem Fremdbezug und bei einer Internalisierung erbracht werden, oftmals nicht übereinstimmen: Fremdanbieter offerieren zumeist nur Leasingverträge, mit denen sie kostenrelevante Mengeneffekte verzeichnen können. Eine Internalisierung nimmt ein Hersteller jedoch vielfach aus strategischen Gründen - wie einer angestrebten Kundenbindung - vor. Da sie infolgedessen nicht primär kostengeleitet sind, bieten Hersteller oftmals eine Vielzahl von Teilleistungen an, die Fremdanbieter nicht offerieren[491]. Ein Beispiel für derartige Teilleistungen sind Leasingverträge, die individuelle Zahlungsstrukturen aufweisen: Können im Rechnungswesen des Leasinggebers nur standardisierte Zahlungsstrukturen erfaßt werden, ist eine manuelle Bearbeitung erforderlich. Da Fremdanbieter die Abwicklung dieser Verträge regelmäßig ablehnen, kann das Leasinggeschäft zumeist nur internalisiert erbracht werden.

Sind die Teilleistungen für den Markterfolg des Leasinggeschäfts bedeutsam, sind marktlich und hierarchisch koordinierte Leistungen nicht miteinander vergleichbar. Dies gilt infolgedessen auch für die im Rahmen der verschiedenen Koordinationsformen anfallenden Transaktionskosten beziehungsweise Kosten der Leis-

---

490 Vgl. allgemein BACHER (Outsourcing, 2000), S. 84.
491 Vgl. allgemein WIßKIRCHEN (Outsourcing, 1999), S. 311.

tungserbringung[492]. Da oftmals nur wenige potentielle Fremdanbieter zur Verfügung stehen, ist die Vergleichbarkeit insbesondere bei spezifischen Leasinggeschäften eingeschränkt. Eine vergleichende Bewertung verschiedener Fremdanbieter ist kaum möglich[493].

Letztlich erweist sich auch der grundsätzliche Vergleich von Kosten der Leistungserbringung und von Transaktionskosten bei der Wahl der Leistungstiefe eines Leasinggeschäfts als nicht zweckmäßig:

Gemäß kostenorientierter Modelle ist die Leistungstiefe zu wählen, die die geringsten Kosten beim Hersteller verursacht. Bei einer Externalisierung fallen die Kosten der Leistungserbringung und der Großteil der Transaktionskosten beim Fremdanbieter an. Da der Hersteller die Leistung des Fremdanbieters nicht selbst in Anspruch nimmt, sondern diese gegenüber seinen Kunden erbracht wird, verzeichnet der Hersteller nur vergleichsweise geringe Transaktionskosten durch die Abstimmung mit dem Fremdanbieter und durch die Anbahnung der Leasingverträge. Wählt der Hersteller eine Koordinationsform auf Basis der geringsten Transaktionskosten beziehungsweise auf Basis der geringsten Kosten der Leistungserbringung, muß er das Leasinggeschäft zwangsläufig stets fremdbeziehen. Ein Vergleich der beim Hersteller anfallenden Kosten ist infolgedessen nicht zweckmäßig.

Kostenorientierte Ansätze eignen sich somit nicht, Entscheidungen über die Leistungstiefe des Leasinggeschäfts eines Herstellers zu unterstützen.

Entscheidungen über eine Leistungstiefe können auch auf Basis des Market- und des Resource-based view getroffen werden. Beide Ansätze werden nachfolgend kurz dargestellt:

2.3 Wettbewerbsstrategische Ansätze

2.3.1 Wettbewerbsstrategisch fundierte Entscheidungen über eine Leistungstiefe

Im Rahmen des Market-based view gelten primär unternehmensexterne Erfolgspotentiale als maßgeblich für überdurchschnittliche Gewinne. Die Erfolgspotentiale resultieren aus strategisch vorteilhaften Markt- oder Branchenpositionen, die

---

492 Vgl. allgemein ZAHN/BARTH/HERTWECK (Outsourcing, 1999), S. 12.
493 Vgl. ähnlich FISCHER (Make-or-Buy-Entscheidungen, 1993), S. 18.

sich in dauerhaften Wettbewerbsvorteilen niederschlagen[494]. Unternehmen sollten ihr strategisches Vorgehen daher an den Merkmalen der Markt- beziehungsweise Branchenstruktur ausrichten[495]. Im Rahmen des Market-based-view ist die Wahl der Leistungstiefe danach zu treffen, inwieweit eine Koordinationsform dazu beiträgt, mit dem Leistungsangebot Wettbewerbsvorteile zu erzielen[496].

Der Ressourcenansatz wiederum empfiehlt, betriebliche Aktivitäten ausschließlich auf die Kernfunktionen zu konzentrieren[497]. Das Leasinggeschäft ist eine Kernfunktion eines Herstellersunternehmens, sofern dieses über Ressourcen verfügt, die ihm bei dem Leasinggeschäft zu einem Kompetenzvorteil gegenüber anderen Anbietern verhelfen. Ist dies der Fall, handelt es sich bei dem Leasinggeschäft um eine Kernkompetenz des Herstellers und damit um eine Kernfunktion des Unternehmens. Um sich für eine Leistungstiefe entscheiden zu können, sind die Ressourcen wettbewerbsrelevanter Leistungen daher auf ihren „Kompetenzbeitrag" hin zu untersuchen:

Bei wettbewerbsrelevanten Ressourcen, die zu einem Kompetenzvorteil führen, wird unterstellt, dass sie am besten unternehmensintern vor Nachahmung geschützt werden können[498]. Infolgedessen sind diese Ressourcen zu internalisieren[499].

Wettbewerbsrelevante Ressourcen, die einem Hersteller einen Kompetenznachteil bringen, sind unternehmensintern so zu entwickeln, dass sie zu einem Kompetenzvorteil führen oder - wenn die Entwicklung beispielsweise mangels Know-how oder finanzieller Mittel nicht möglich ist - zu externalisieren. In diesem Fall sind die überlegenen Ressourcen von Fremdanbietern zu nutzen.

Wettbewerbsstrategisch unbedeutende Ressourcen leisten nur einen Beitrag zu betrieblichen Randfunktionen. Diese sind grundsätzlich nicht unternehmensintern

---

494 Vgl. BAMBERGER/WRONA (Ressourcenansatz, 1996), S. 146 f.

495 Vgl. BACHER (Outsourcing, 2000), S. 166.

496 Im Verständnis des Market-based-view folgt die Wahl der Koordinationsform der „Structure-follows-strategy"-These von CHANDLER. Demnach sind Organisationsformen Mittel zur Umsetzung getroffener strategischer Entscheidungen [vgl. CHANDLER (Strategy, 1962), S. 14].

497 Vgl. BACHER (Outsourcing, 2000), S. 156, m. d. d. V.

498 Vgl. allgemein BAMBERGER/WRONA (Ressourcenansatz, 1996), S. 142 f.

499 Unternehmensintern ist eine „erfolgspotentialgenerierende Ressourcenbasis" aufzubauen [vgl. BACHER (Outsourcing, 2000), S. 236 (auch Zitat); ferner PRAHALAD/HAMEL (Core Competence, 1990) S. 81 f.].

vorzuhalten. Eine Ausnahme bilden Randfunktionen, die aufgrund von Kompetenzvorteilen im Markt nachgefragt werden. Da der Hersteller Umsätze aus der Leistungserbringung erzielen kann, wird in diesem Fall eine Internalisierung der Randfunktionen empfohlen. Weist der Hersteller bei einer Randfunktion einen Kompetenznachteil auf, sollte er in jedem Fall eine Externalisierung anstreben[500].

Besteht bei einem Hersteller die Möglichkeit, dass sich derzeit wettbewerbsstrategisch irrelevante Ressourcen zu einem späteren Zeitpunkt zu einer Kernfunktion entwickeln, empfehlen die Vertreter des Ressourcenansatzes nur eine vorübergehende Externalisierung. Der Hersteller sollte sich die erforderlichen Kompetenzen im Zeitablauf aneignen, um die Leistung später zu internalisieren[501].

2.3.2 Würdigung wettbewerbsstrategischer Ansätze

Der Resource- und der Market-based view berücksichtigen - im Gegensatz zu kostenorientierten Modellen - die Auswirkungen der Wahl einer Koordinationsform auf die Wettbewerbsposition des Anbieters. Jedoch erweisen sich auch wettbewerbsstrategische Ansätze in verschiedener Hinsicht als problematisch:

a) Vernachlässigung eines Effizienzkriteriums

Der Resource- und der Market-based view sind darauf ausgerichtet, die Grundlagen unternehmerischer Erfolgspotentiale zu erklären. Sie sind damit als Basis jeder Entscheidung über eine Leistungstiefe anzusehen[502]. Die Modelle zielen jedoch nicht darauf ab, die Vorteilhaftigkeit von Koordinationsformen zu analysieren[503]. Ein Effizienzkriterium - wie es die Kosten der Leistungserbringung oder die Transaktionskosten darstellen - fehlt. Infolgedessen unterstützen wettbewerbsstrategische Ansätze Entscheidungen über eine Leistungstiefe ausschließlich durch nicht konkretisierte Handlungsempfehlungen.

---

500 Vgl. BACHER (Outsourcing, 2000), S. 156.
501 Vgl. BAMBERGER/WRONA (Ressourcenansatz, 1996), S. 141.
502 Vgl. BACHER (Outsourcing, 2000), S. 233 f.
503 Vgl. BACHER (Outsourcing, 2000), S. 233.

b) Ungenügende Berücksichtigung der wettbewerbsstrategischen Gegebenheiten bei Wahl nur eines Ansatzes

Die Beziehungen zwischen Wettbewerbsstrategien, Ressourcen und dem Unternehmenserfolg sind wechselseitig und unterliegen einer Dynamik[504]: Hersteller wählen eine Wettbewerbsstrategie danach aus, welchen Markterfolg sie mit der Strategie erzielen können. Die Strategien bedingen wiederum den Einsatz von Ressourcen. Der Wert, den eine Ressource für einen Hersteller besitzt, wird somit durch die Anforderungen der Märkte beziehungsweise der Kunden bestimmt. Die Wettbewerbsstrategien beeinflussen demnach die Ressourcenausstattung und damit den Erfolg des Herstellers. Gleichzeitig beeinflußt beziehungsweise beschränkt die gegebene Ressourcenausstattung aber auch die Möglichkeiten zur Wahl einer Wettbewerbsstrategie und damit wiederum den Unternehmenserfolg. Es besteht somit eine „dynamische Interaktion und Entwicklung" von Wettbewerbsstrategien, Ressourcen und dem Unternehmenserfolg[505]. Der Market- und der Resource-based view sollten daher nicht als gegensätzliche, sondern als sich ergänzende Ansätze verstanden und Entscheidungen über eine Leistungstiefe nicht allein aus der Perspektive nur eines Ansatzes getroffen werden. Ein Hersteller ist nur dann erfolgreich, wenn er die Wechselbeziehungen berücksichtigt, die zwischen den unternehmensinternen und den unternehmensexternen Gegebenheiten und Anforderungen bestehen.

Die dargestellten Ansätze sind - jeweils für sich betrachtet - nicht geeignet, Entscheidungen über die Leistungstiefe eines Leasinggeschäfts zu unterstützen. Auf diesen Ergebnissen aufbauend wird daher im weiteren Verlauf der vorliegenden Arbeit ein eigenes Modell entwickelt, aus dem sich Handlungsempfehlungen für die Wahl einer Koordinationsform ableiten lassen. Dabei werden zunächst die Indikatoren herausgearbeitet, die die Wahl der Leistungstiefe beeinflussen und es wird die Methodik dargestellt, anhand derer eine Koordinationsform ausgewählt werden sollte:

---

504 Vgl. BAMBERGER/WRONA (Ressourcenansatz, 1996), S. 148.

505 Vgl. BAMBERGER/WRONA (Ressourcenansatz, 1996), S. 148 (auch Zitat).

3. Entscheidungen über eine Leistungstiefe auf Basis objektivierter Handlungsempfehlungen

3.1 Methodische Grundlagen

3.1.1 Marktattraktivität

Die Aufnahme eines Leasinggeschäfts stellt für einen Hersteller eine Investition dar. Eine solche ist im Hinblick auf den langfristigen Erfolg des Unternehmens nur interessant, wenn der Markt für den Hersteller Chancen bietet. Die Chancen werden als Marktattraktivität bezeichnet[506]. Vor dem Hintergrund des Unternehmenserfolges läßt sich ein Zusammenhang zwischen der Attraktivität eines Marktes und den verschiedenen Formen der Koordination eines Leasinggeschäfts aufzeigen:

Notwendige Bedingung für einen attraktiven Markt ist ein hohes zu erschließendes Umsatzpotential. Je höher das Potential ist, umso attraktiver ist der Markt. Mit der Erbringung eines Leasinggeschäfts sind Kosten verbunden, die den Umsatzerlösen gegenübergestellt werden. Die Marktattraktivität liefert somit die Grundlage für die Deckung der anfallenden Kosten und ist die Basis für den langfristigen Erfolg des Herstellers. Dieser Zusammenhang wird nachfolgend näher dargestellt. Dabei sind Annahmen erforderlich:

Es wird angenommen, dass bei einer Externalisierung der Leistungserbringung beim Hersteller regelmäßig nur so geringe Transaktionskosten anfallen, dass sie vernachlässigt werden können. Im Gegensatz hierzu entstehen bei einer Internalisierung erhebliche Kosten durch den Aufbau und durch das Vorhalten von Ressourcen. Letztlich wird angenommen, dass auch hybride Koordinationsformen für den Hersteller regelmäßig mit Kosten verbunden sind, wobei diese jedoch geringer sind als bei einer Internalisierung.

Eine Internalisierung verursacht höhere Kosten als andere Koordinationsformen. Zur Deckung der Kosten sind daher entsprechend hohe Umsatzerlöse beziehungsweise ist ein großes Umsatzpotential erforderlich. Ein solches ist ausschließlich in einem attraktiven Markt vorhanden. Folglich kann ein Hersteller eine Internalisierung nur in Erwägung ziehen, wenn er sich in einem attraktiven Markt bewegt.

In einem unattraktiven Markt existiert nur ein geringes Umsatzpotential. Da die Deckung hoher Kosten infolgedessen nicht hinreichend wahrscheinlich ist, emp-

---

[506] Vgl. FINK (Marktwachstum-Marktanteil-Portfolio, 2000), S. 6.

fiehlt sich keine Internalisierung, sondern allein die Externalisierung des Leasinggeschäfts.

Bei einer mittelstark ausgeprägten Marktattraktivität ist der dargestellte Zusammenhang nicht eindeutig. Es erweisen sich daher hybride Koordinationsformen als geeignet.

Der Zusammenhang zwischen den Koordinationsformen und der Marktattraktivität kann graphisch dargestellt werden. Dabei wird die Ausprägung der Marktattraktivität in 'gering', in 'mittel' und in 'hoch' unterschieden:

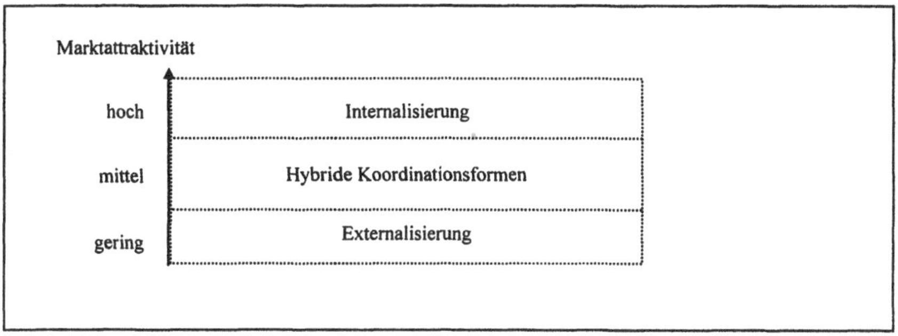

Abb. 32: Zusammenhang zwischen der Marktattraktivität und den geeigneten Koordinationsformen

Ein attraktiver Markt ist jedoch nur die notwendige Voraussetzung, um die im Rahmen eines Leasinggeschäfts anfallenden Kosten decken zu können. Hinreichend erforderlich hierfür ist die Fähigkeit des Herstellers, das Umsatzpotential des Marktes zu erschließen. Inwieweit dies möglich ist, hängt von den Wettbewerbsvorteilen ab, über die das Unternehmen im Vergleich zu Konkurrenten verfügt, das heißt von seiner relativen Wettbewerbsstärke. Kein Anbieter, der sich in einem attraktiven Markt bewegt, wird wirtschaftlich erfolgreich sein, wenn er im Vergleich zu seinen Konkurrenten eine geringe Wettbewerbsstärke aufweist[507].

Setzt man die relative Wettbewerbsstärke ins Verhältnis zur Marktattraktivität, zeigt sich, inwieweit die Potentiale eines Marktes ausgeschöpft werden können.

507 Gleichermaßen wird kein Anbieter, der eine ausgeprägte Wettbewerbsstärke zeigt, Erfolg haben, sofern ein Markt unattraktiv ist [vgl. PORTER (Wettbewerbsvorteile, 2000), S. 25 f.].

Der Erfolg einer Investition wird somit von der unternehmensexogen festgelegten Marktattraktivität und von der unternehmensendogen bestimmten Wettbewerbsstärke des Anbieters beeinflußt. Die Attraktivität des Marktes und die erzielbare relative Wettbewerbsstärke sind daher die Indikatoren zur Entscheidung über die Leistungstiefe eines Leasinggeschäfts.

Zur Veranschaulichung der weiteren Vorgehensweise werden die Marktattraktivität und die relative Wettbewerbsstärke graphisch innerhalb eines Koordinatensystems dargestellt. Auch die Ausprägung der relativen Wettbewerbsstärke wird dabei als 'gering', als 'mittel' und als 'hoch' eingestuft:

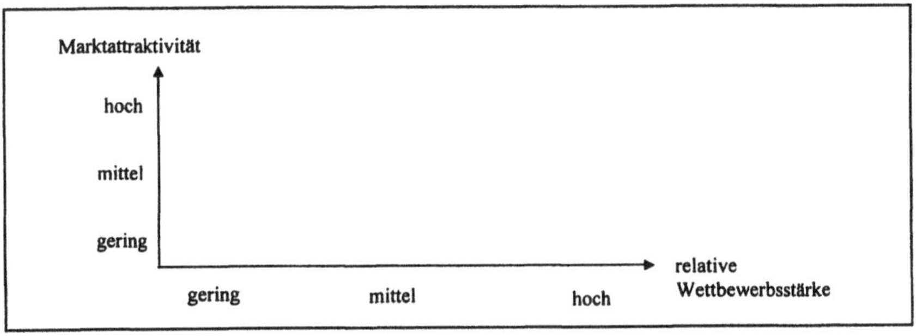

Abb. 33: Marktattraktivität und relative Wettbewerbsstärke als Indikatoren der Entscheidung über eine Leistungstiefe

3.1.2 Relative Wettbewerbsstärke

Wie bei der Marktattraktivität läßt sich vor dem Hintergrund des langfristigen Unternehmenserfolges ein Zusammenhang zwischen der relativen Wettbewerbsstärke und den Formen der Koordination eines Leasinggeschäfts aufzeigen. Grundlage der Betrachtung ist die Wettbewerbsstärke, die ein Hersteller mit einem Leasinggeschäft aufweisen würde, das er internalisiert koordiniert.

Bei der Darstellung des Zusammenhangs ist zu unterscheiden, wie attraktiv der jeweilige Markt ist:

Kann ein Hersteller, der sich in einem attraktiven Markt bewegt, im Rahmen eines Leasinggeschäfts eine verhältnismäßig ausgeprägte Wettbewerbsstärke erzielen, ist er in der Lage, die Potentiale des Marktes zu erschließen. Die Kosten einer Internalisierung könnten über die hohen erzielbaren Umsätze gedeckt werden. In einem attraktiven Markt empfiehlt sich daher die Internalisierung des Leasinggeschäfts, wenn ein Hersteller über eine ausgeprägte Wettbewerbsstärke im Vergleich zu Konkurrenten verfügen kann.

Bewegt sich ein Anbieter in einem unattraktiven Markt und kann er mit einem Leasinggeschäft nur eine verhältnismäßig geringe Wettbewerbsstärke erzielen, sind weder Marktpotentiale vorhanden, um hohe Kosten decken zu können, noch wäre der Anbieter in der Lage, die wenigen Potentiale des Marktes zu erschließen. In diesem Fall bietet sich ausschließlich eine Externalisierung des Leasinggeschäfts an.

Die bisherigen Ergebnisse zeigen folgenden - vorläufigen - Zusammenhang zwischen den Koordinationsformen und den Indikatoren:

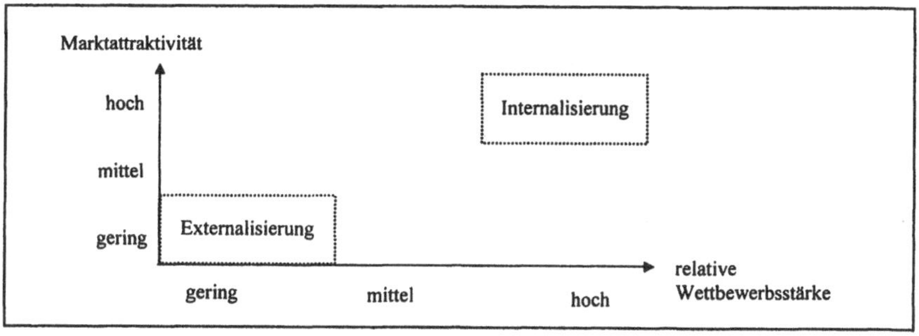

Abb. 34: Vorläufiger Zusammenhang zwischen den Indikatoren und den Koordinationsformen

Der dargestellte Zusammenhang ist nicht in jedem Fall eindeutig:

a) Attraktiver Markt/geringe relative Wettbewerbsstärke

Kann ein Hersteller, der sich in einem attraktiven Markt bewegt, im Rahmen eines Leasinggeschäfts nur eine geringe relative Wettbewerbsstärke aufweisen, ist er nicht in der Lage, das Marktpotential zu erschließen. Da die anfallenden Kosten kaum gedeckt werden könnten, empfiehlt sich keine Internalisierung. In Betracht kommt eher eine hybride Koordinationsform.

Um die großen vorhandenen Umsatzpotentiale ausnutzen zu können, sollte der Hersteller jedoch anstreben, das Leasinggeschäft im Zeitablauf zu internalisieren und seine relative Wettbewerbsstärke zu verbessern. Zu diesem Zweck muß der Hersteller im Rahmen der Internalisierung ein kostengünstigeres oder in der

Wahrnehmung der Kunden besseres Leasinggeschäft anbieten als im Rahmen der hybriden Koordinationsform.

b) Unattraktiver Markt/ausgeprägte relative Wettbewerbsstärke

Ein weiterer, nicht eindeutiger Zusammenhang besteht, sofern ein Hersteller bei einem Leasinggeschäft in einem unattraktiven Markt eine ausgeprägte relative Wettbewerbsstärke aufweisen würde. Das Unternehmen wäre in diesem Fall in der Lage, die im Markt vorhandenen Umsatzpotentiale zu erschließen. Da die Potentiale jedoch gering sind, empfiehlt sich keine Koordinationsform, die hohe Kosten verursacht. Eine Kostendeckung ist nicht hinreichend wahrscheinlich. In diesem Fall eignet sich wiederum eine hybride Koordinationsform.

Zusammenfassend sollte umso eher eine Externalisierung gewählt werden, je unattraktiver der Markt und je geringer die relative Wettbewerbsstärke ist. Je attraktiver der Markt und je höher die erzielbare Wettbewerbsstärke, umso eher kann sich ein Hersteller für eine Internalisierung entscheiden. Bei einer mittelmäßig ausgeprägten Marktattraktivität und relativen Wettbewerbsstärke empfiehlt sich eine hybride Koordinationsform.

Graphisch stellen sich die ermittelten Zusammenhänge wie folgt dar:

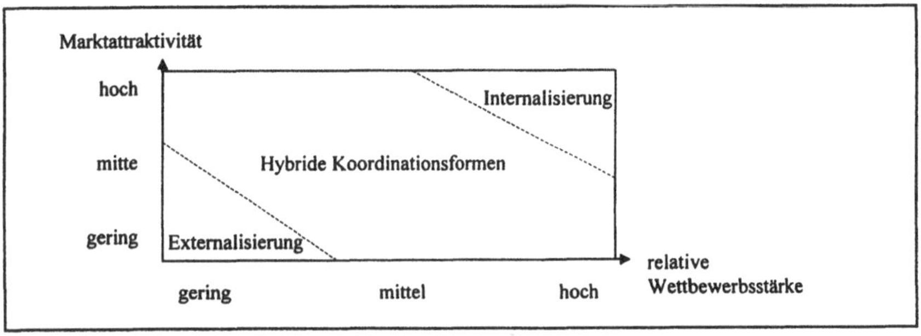

Abb. 35: Zusammenhang zwischen den Indikatoren und den Koordinationsformen

Nachfolgend wird dargestellt, wie die Marktattraktivität und die relative Wettbewerbsstärke zu ermitteln sind:

3.2 Ermittlung der Indikatoren zur Entscheidung über die Leistungstiefe eines Leasinggeschäfts

3.2.1 Analyse der Marktattraktivität

3.2.1.1 Marktpotential

Die Nachfrage nach einem Leasingangebot ist stets an die Nachfrage nach einem Produkt gekoppelt. Die Marktattraktivität und die relative Wettbewerbsstärke sind daher nicht ausschließlich unter Berücksichtigung der Besonderheiten des Leasinggeschäfts zu untersuchen. In die Betrachtung ist auch einzubeziehen, wie attraktiv der Markt für das Produkt ist und welche relative Wettbewerbsstärke der Hersteller mit dem Produkt erzielen kann. Sofern das Produkt nachfolgend von besonderer Bedeutung ist, wird explizit darauf verwiesen.

Die Attraktivität eines Marktes hängt von der Höhe des Marktpotentials des Leasinggeschäfts, von der Marktstruktur sowie von der Umweltsituation ab[508]:

Die Höhe des Markt- beziehungsweise Umsatzpotentials wird durch die maximal mögliche Nachfrage festgelegt. Um diese ermitteln zu können, sind zunächst die Nachfrager abzugrenzen, die als Leasingnehmer in Betracht kommen:

a) Nachfrager eines Leasingangebotes

Leasingnehmer können Nachfrager sein, die einem Leasingangebot einen höheren Nutzen zuschreiben als anderen Formen der Nutzungsüberlassung von Produkten: Beim Leasing wird dem Leasingnehmer die Nutzung eines Produktes für einen bestimmten Zeitraum gewährt[509]. Durch den Abschluß eines Leasingvertrages verfügt der Kunde über ein dem Kauf vergleichbares Nutzungspotential. Mögliche Nachfrager eines Leasingangebotes sind daher Kunden, die die Produkte des Herstellers oder seiner Wettbewerber bisher gekauft haben. Diese Abnehmer wer-

---

508 In der Literatur werden unterschiedliche Faktoren als relevant erachtet. Während die BOSTON CONSULTING GROUP ursprünglich allein das Marktwachstum als Einflußfaktor der Marktattraktivität bezeichnete, wird im Rahmen der vorliegenden Arbeit auf die Weiterentwicklung der Analyse durch MCKINSEY & COMPANY aufgebaut, die die Berücksichtigung einer Vielzahl von Faktoren befürwortet. HENZLER spricht in diesem Zusammenhang auch von einem „Multifaktoren-Portfolio" [HENZLER (Planung, 1988), S. 1290; vgl. hierzu ferner FINK (Marktattraktivität-Wettbewerbsstärke-Portfolio, 2000), S. 30 ff.]. Ähnlich vgl. KREIKEBAUM (Unternehmensplanung, 1997), S. 123; PORTER (Wettbewerbsstrategie, 1999), S. 454; HAX/MAJLUF (Management, 1988), S. 184 ff.; HINTERHUBER (Unternehmensführung, 1989), S. 112 ff.

509 Vgl. HASTEDT/MELLWIG (Leasing, 1998), S. 16.

den regelmäßig auf das Leasingangebot des Herstellers wechseln, sofern sie den Nutzen des Angebotes höher einschätzen als den Nutzen des Kaufs.

Gleiches gilt für Kunden, die die Produkte bisher über herstellerunabhängige Leasinggesellschaften finanziert haben. Auch diese Abnehmer werden in der Regel das Leasingangebot des Herstellers nachfragen, sofern es ihnen einen größeren Nutzen stiftet als das bisher in Anspruch genommene Leasingangebot.

Als Leasingnehmer kommen zudem Nachfrager in Betracht, die bisher weder bei dem Hersteller noch bei seinen Konkurrenten als Abnehmer in Erscheinung getreten sind. So ist es denkbar, dass ein Nachfrager eine Investition - beispielsweise aufgrund von Liquiditätsengpässen - zurückgestellt hat und sie nun, unter Inanspruchnahme des Leasingangebotes des Herstellers, tätigt.

Nachfolgend werden verschiedene Möglichkeiten dargestellt, das Leasingpotential eines Herstellers zu ermitteln[510]:

b) Ermittlung des Leasingpotentials

Das Potential eines Leasinggeschäfts kann ein Hersteller anhand von im Markt verfügbaren Vergleichswerten oder auf Basis des Umsatzes ermitteln, den er mit dem Produkt erzielt:

i) Prognose des Potentials anhand von Vergleichswerten

Als Vergleichswerte zur Ermittlung eines Leasingpotentials können die vom IFO INSTITUT FÜR WIRTSCHAFTSFORSCHUNG für verschiedene Güterarten veröffentlichten Leasingquoten herangezogen werden. Dabei ist zu berücksichtigen, dass die Verwendung dieser Quoten nur eingeschränkt möglich ist:

Die Leasingquoten dokumentieren den auf Leasing entfallenden Anteil an den gesamten Investitionen für eine Güterart[511]. Die Quoten setzen sich aus den Investitionen herstellerabhängiger und -unabhängiger Leasinganbieter zusammen. Ein optimaler Vergleichswert für die Höhe des Leasingpotentials eines Herstellers ist jedoch nur der Anteil der Investitionen, der für das jeweilige Produkt auf Her-

---

[510] Zur besseren Übersicht wird dabei angenommen, dass der betrachtete Hersteller ausschließlich Umsätze aus der Herstellung nur eines Produktes erzielt beziehungsweise dass das Leasinggeschäft für sämtliche Produkte, die der Anbieter herstellt, eingeführt wird.

[511] Vgl. IFO INSTITUT FÜR WIRTSCHAFTSFORSCHUNG (Leasing, 2003), S.4.

stellerleasing entfällt. Er zeigt, wie intensiv die Leasingangebote der Hersteller nachgefragt werden. Der Anteil wird allerdings ausschließlich für das Automobilleasing veröffentlicht[512]. Gehört ein Produkt einer anderen Güterart als den Fahrzeugen an, läßt sich das Leasingpotential eines Herstellers nur näherungsweise anhand der jeweiligen Leasingquote bestimmen:

Schließt ein Kunde einen Leasingvertrag mit einer herstellerunabhängigen Leasinggesellschaft ab, tritt diese bei dem Hersteller als Käuferin des Produktes auf. Die Investition der Leasinggesellschaft stellt beim Hersteller einen Verkaufsumsatz dar[513]. Der Anteil dieser Verkaufsumsätze an den gesamten Umsätzen des Herstellers repräsentiert die in der Leasingquote enthaltenen Investitionen der herstellerunabhängigen Anbieter. Subtrahiert der Hersteller diesen Anteil von der Quote, erhält er den Anteil des Herstellerleasing. Dieser dient als Orientierungshilfe für die Höhe des Leasingpotentials des Anbieters[514].

Voraussetzung für die Verwendung von Leasingquoten ist deren Verfügbarkeit. Die Quoten liegen jedoch nur für wenige, grob gegliederte Güterarten vor[515]. Keine Quoten gibt es für Güterarten, für die sich erst im Zeitablauf ein Leasingmarkt herausgebildet hat. Ein Beispiel hierfür ist das Software-Leasing.

Alternativ zu den Leasingquoten kann sich ein Hersteller als Vergleichswert auch der Umsätze von Wettbewerbern bedienen, die diese mit einem eigenen Leasinggeschäft verzeichnen. Die Umsatzzahlen müssen jedoch bekannt und die Wettbewerber im Hinblick auf die Wettbewerbsstärke vergleichbar sein.

Ist ein Hersteller in der Lage, mit seinem Leasinggeschäft einen Umsatz zu erzielen, der über dem Vergleichswert liegt, dient dieser Wert nicht als Benchmark. In diesem Fall schöpft der Hersteller den Markt überdurchschnittlich gut

---

512 Vgl. IFO INSTITUT FÜR WIRTSCHAFTSFORSCHUNG (Mobilien-Leasing, 2004), S. 6.

513 Zinseffekte werden bei dieser Betrachtung verlachlässigt.

514 Dieses Vorgehen ist nur unter der Annahme möglich, dass sich die Investitionsanteile herstellerabhängiger und -unabhängiger Leasinganbieter innerhalb einer Güterart für alle darin enthaltenen Produkte in ihrer Höhe ungefähr entsprechen.

515 Leasingquoten werden erhoben für Fahrzeuge einschließlich Luft-, Wasser- und Schienenfahrzeuge, Produktionsmaschinen, Büromaschinen einschließlich EDV, Produktionsgebäude und Lagerhallen beziehungsweise komplette Produktions- und Versorgungsanlagen, Handelsobjekte sowie Geschäfts- und Bürogebäude sowie für sonstige Ausrüstungen [vgl. IFO INSTITUT FÜR WIRTSCHAFTSFORSCHUNG (Mobilien-Leasing, 2004), S. 8].

aus und muß sich eines neuen Maßstabes bedienen. Dies können die Leasingumsätze von Wettbewerbern anderer Märkte sein, die vergleichbare Marktstrukturen aufweisen. Die oberste Grenze für das Potential des Leasinggeschäfts eines Herstellers ist dabei der Markt, in dem sich das Herstellerleasing am intensivsten durchgesetzt hat. In Deutschland handelt es sich hierbei um die Automobilindustrie. Allein in 2003 wurden 58% aller Fahrzeug-Investitionen über Leasing abgewickelt. Davon entfielen wiederum rund 70% auf Herstellerleasing[516].

Soll das Leasinggeschäft eines Herstellers auch international eingeführt werden, sind als Vergleichswerte die Umsätze von Wettbewerbern zu wählen, die die gleichen Märkte bedienen beziehungsweise die güterspezifischen Leasingquoten der jeweiligen Länder.

Da es sich bei der Wahl einer Leistungstiefe regelmäßig um eine Entscheidung mit langfristigem Charakter handelt[517], sollte das Leasingpotential eines Herstellers für mehrere Perioden bestimmt werden. Die Höhe des künftigen Leasingpotentials kann anhand der Entwicklung der Vergleichswerte hochgerechnet werden.

ii) Prognose des Potentials auf Basis des Umsatzes für das Produkt

In diesem Fall schätzt ein Hersteller, welcher Anteil seiner Kunden das Leasingangebot voraussichtlich nachfragen wird. Der dabei ermittelte Umsatz stellt das Leasingpotential des Anbieters dar. Zur Prognose können Kunden oder Vertriebsmitarbeiter des Herstellers befragt werden. Letztere sind mit den Bedürfnissen der Abnehmer aufgrund des Kundenkontaktes regelmäßig vertraut.

Die Befragung beschränkt sich jedoch nur auf bestehende Kunden. Es ist daher nicht zu ermitteln, wie hoch der Umsatz mit neuen Kunden ist, die aufgrund des Leasingangebotes gewonnen werden können.

Basis der Ermittlung des Leasingpotentials künftiger Betrachtungszeiträume ist die prognostizierte Entwicklung der Umsätze für das Produkt. Da die Nachfragen nach dem Leasingangebot und dem Produkt zusammenhängen, können die späteren Leasingumsätze des Herstellers anhand der erwarteten Marktanteilsent-

---

516 Vgl. IFO INSTITUT FÜR WIRTSCHAFTSFORSCHUNG (Mobilien-Leasing, 2004), S. 6.

517 Vgl. BLIESENER (Outsourcing, 1994), S. 277; ähnlich SCHOTT (Outsourcing, 1995), S. 17.

wicklung für das Produkt hochgerechnet werden. Zu berücksichtigen sind hierbei mögliche Veränderungen von Umweltfaktoren, die die Nachfrage nach Leasing beeinträchtigen beziehungsweise fördern können[518]. Leasingumsätze, die aus einer Akquisition von Neukunden resultieren, werden jedoch wiederum nicht erfaßt. Die Höhe dieser Umsätze muß geschätzt werden.

Die Ermittlung des Leasingpotentials eines Herstellers ist in vielen Fällen schwierig und das Ergebnis stark mit Unsicherheit behaftet. In der Praxis setzen herstellerunabhängige Leasinggesellschaften, die die Abwicklung externalisierter Leasinggeschäfte anbieten, daher oftmals pauschal 30-50% des Jahresumsatzes der Hersteller als deren Leasingpotential an. Dieser Anteil wird als gesamter Bedarf an Fremdfinanzierungen der Kunden unterstellt. Bei einer solchen Vorgehensweise wird unrealistischerweise angenommen, dass alle Kunden, die bei der Finanzierung der Produkte des Herstellers bisher Kredite in Anspruch genommen haben, auf das herstellereigene Leasingangebot wechseln.

Bei der Analyse der Marktattraktivität ist nicht nur die Höhe des individuellen Leasingpotentials des Herstellers relevant. Aufgrund des Zusammenhangs der Nachfragen von Produkt und Leasingangebot ist auch bedeutsam, wie stark der Markt bereits mit dem Produkt gesättigt ist. Zudem ist bei der Analyse der Marktattraktivität letztlich noch der Zeitraum zu berücksichtigen, innerhalb dessen das Marktpotential des Produktes - und damit implizit des Leasinggeschäfts - erschlossen werden kann. So deutet ein starkes Marktwachstum auf ein großes noch auszuschöpfendes Umsatzpotential hin. Ein geringes Marktwachstum ist hingegen ein Anhaltspunkt für einen unattraktiven Markt[519].

3.2.1.2 Marktstruktur

Die Attraktivität eines Marktes für ein Leasinggeschäft hängt des weiteren von der Struktur des jeweiligen Marktes ab. Die Marktstruktur gibt Hinweise auf die

---

518 Vgl. hierzu Zweites Kapitel, III., 3.2.1.3.

519 Nur während der Einführungsphase eines Produktes deutet ein geringes Marktwachstum ebenfalls auf ein hohes noch zu erschließendes Marktpotential hin. Da im Rahmen der vorliegenden Arbeit jedoch schwerpunktmäßig reife Produktmärkte betrachtet werden, sind die Phasen der Einführung von Produkten zu vernachlässigen.

„Gewinnstabilität"[520] des Marktes und charakterisiert sich beispielsweise über die durchschnittliche Entwicklung der Gewinne, der Preisspielräume oder der erzielbaren Gewinnspannen in Zeiten von Überkapazitäten. Die Marktstruktur wird durch die Intensität der wirkenden Marktkräfte bestimmt. Dabei sind die Marktkräfte im Hinblick auf die Attraktivität eines Marktes umso besser zu bewerten, je geringer sie ausgeprägt sind:

Die Macht der Kunden ist umso größer, je höher die Umsätze sind, die die einzelnen Nachfrager bei einem Hersteller tätigen und je leichter die Kunden zu einem anderen Anbieter wechseln können. Die Verhandlungsmacht der Abnehmer wird dabei von der Rivalität unter den bestehenden Anbietern beeinflußt: Je intensiver diese konkurrieren, umso stärker ist die Position der Kunden bei der Verhandlung von Vertragskonditionen.

Die Kundenstruktur bestimmt wiederum die Attraktivität eines Marktes hinsichtlich der zu erwartenden Zahlungsausfälle: Bei jeder Abnehmergruppe sind unterschiedliche Quoten für den Ausfall der im Rahmen eines Leasingvertrages zu leistenden Zahlungen zu verzeichnen. Die Praxis zeigt, dass die Ausfallquoten bei Privatkunden regelmäßig höher sind als bei gewerblichen Nachfragern. Folglich ist der Markt umso attraktiver für ein Leasinggeschäft, je höher der Anteil gewerblicher Kunden bei einem Hersteller ist.

Zudem wird die Attraktivität eines Marktes durch die emotional geprägte Bereitschaft der Abnehmer beeinflußt, für das jeweilige Produkt einen Leasingvertrag abzuschließen. Manchen Abnehmern ist bei einem Produkt die Stellung als rechtlicher Eigentümer wichtig[521]. Ein Beispiel hierfür liefern die Nachfrager von Büromöbelausstattungen: In 2002 entfielen nur 4% des Neugeschäftsvolumens der BFL LEASING GMBH - einem auf Büromöbel-Systeme spezialisierten Leasinganbieter - auf Büroeinrichtungen[522]. Die Ursachen für die geringe Leasingneigung liegen Befragungen zufolge darin, dass die Kunden das Eigentum an den von ihnen genutzten Büromöbeln anstreben. Sie identifizieren angabegemäß ihren Status stärker mit Büromöbelausstattungen als beispielsweise mit Fotokopiergeräten[523]. Büromöbel werden daher in erster Linie gekauft und nicht geleast.

---

520 FINK (Marktattraktivität-Wettbewerbsstärke-Portfolio, 2000), S. 32.

521 Vgl. hierzu auch HAUNSCHILD (Leasing, 2004), S. 69.

522 Vgl. BFL LEASING GMBH (Geschäftsbericht, 2002), S. 11.

523 Vgl. ROTHENBURGER (Barzahlung, 2001), S. B11. Im Gegensatz zu Deutschland weist das Leasing von Büromöbeln in den USA deutliche Wachstumstendenzen auf. Die zu-

Je ausgeprägter die Leasingbereitschaft der Nachfrager ist, desto eher kann das Umsatzpotential erschlossen werden. Ein Markt ist daher umso attraktiver, je größer die Bereitschaft der Abnehmer ist, Leasingverträge abzuschließen.

Der Konkurrenzkampf unter den bestehenden Wettbewerbern wird unter anderem davon bestimmt, inwieweit die vorhandenen Kapazitäten ausgelastet sind und wie standardisiert das Leasinggeschäft abgewickelt werden kann beziehungsweise wie viele Anbieter existieren. Speziell bei Produkten, deren Leasingkonditionen allen Marktteilnehmern zugänglich und damit vergleichbar sind, herrscht hoher Preis- und Leistungsdruck. Eine ausgeprägte Vergleichbarkeit findet sich beispielsweise bei den Konditionen für das Automobilleasing, da die meisten Anbieter standardisierte Angebote über das Internet offerieren[524]. Insbesondere bei herstellerunabhängigen Leasinggesellschaften, die - im Gegensatz zu herstellereigenen Anbietern - Leasingverträge über den Direkt-Vertrieb anbieten, wird der Konkurrenzkampf maßgeblich durch den Zugang zu Vertriebskanälen beeinflußt. So bietet beispielsweise die herstellerunabhängige VR-LEASING AG seit 2004 Leasing- und Kaufverträge über Neu- und Gebrauchtfahrzeuge über den Online-Marktplatz EBAY an[525].

Die Bedrohung durch Ersatzprodukte richtet sich danach, welchen Nutzen andere Finanzierungsformen den Kunden im Vergleich zum Leasing stiften. Während sich die Nachfrager in der Vergangenheit in erster Linie Kredite bedienten, um einen Investitionsbedarf zu decken, ändert sich dies: Die Liquiditätsreserven werden knapper und die Banken zeigen eine zunehmend restriktive Kreditvergabepolitik. Da die Kredite in der Konsequenz teurer werden, zieht die Mehrzahl der Unternehmen bei einer Investitionsentscheidung heute bevorzugt eine Leasingfinanzierung in Betracht[526].

Drängen neue Anbieter in den Markt, intensiviert sich der Konkurrenzkampf und die Marktattraktivität sinkt. Der Markteintritt neuer Leasinganbieter wird beispielsweise durch die in 2002 neu in Kraft getretene Gruppenfreistellungsverord-

---

rückhaltende Inanspruchnahme von Leasingangeboten in Deutschland kann daher nicht produktimmanent sein.

524 Einer Vergleichbarkeit der Konditionen versuchen die Anbieter dadurch entgegenzuwirken, dass sie graduell unterschiedliche Vertragsvarianten anbieten [vgl. LÜTZENKIRCHEN (Kraftfahrzeug-Leasing, 2000), S. 236].

525 Vgl. o. V. (Ebay, 2004), HTTP://WWW.AUTOHAUS.DE vom 01.07.2004.

526 Vgl. o. V. (Entscheidungsträger, 2003), S. 17.

nung (GVO) in der Automobilindustrie hervorgerufen. Bisher unterlagen die Automobilhändler einer weitestgehenden Herstellerbindung[527]. Im Zuge der neuen GVO steht es den Händlern frei, mit verschiedenen Automobilherstellern zusammenzuarbeiten. Die Händler werden infolgedessen vielfach zu „Mehrmarken-Händlern"[528]. Da die Händler auch nicht mehr an die herstellereigenen Leasinggesellschaften und Banken gebunden sind, etablieren sich neue Leasinganbieter im Markt und die Wettbewerbsintensität steigt[529].

Die Attraktivität eines Marktes für ein Leasinggeschäft wird von der Macht der Lieferanten eines Herstellers nicht unmittelbar beeinflußt. Die Verhandlungsstärke der Lieferanten hat lediglich Auswirkungen auf die Höhe der Herstellungskosten und damit auf die Höhe der Produktpreise. Die Macht der Lieferanten wird im Rahmen der Analyse der Marktattraktivität daher nicht weiter berücksichtigt.

3.2.1.3 Umweltsituation

Die Attraktivität eines Marktes wird ebenfalls stark von der herrschenden Umweltsituation beeinflußt. Besondere Bedeutung haben dabei die Konjunktur- und die Gesetzeslage. Politisch-rechtliche und gesamtwirtschaftliche Einflußgrößen sind somit in die Analyse der Marktattraktivität einzubeziehen:

Leasing stellt eine Form der Investitionsfinanzierung dar. Die Entwicklung des Leasingneugeschäfts korrespondiert daher mit der Entwicklung der gesamtwirtschaftlichen Investitionen. Infolgedessen wird die Nachfrage nach Leasingangeboten von der konjunkturellen Entwicklung und von den herrschenden Verhältnissen auf den Kapitalmärkten beeinflußt. Ein Markt ist umso attraktiver, je positiver sich die Konjunktur entwickelt. Sinkt die Investitionsbereitschaft aufgrund der gesamtwirtschaftlichen Entwicklung, wird auch das Potential für Leasinggeschäfte kleiner[530]. Dabei beeinflußt die wirtschaftliche Lage die einzelnen Märkte in unterschiedlicher Intensität: Während Leasing beispielsweise in den Dienstleistungsmärkten seit vielen Jahren intensiv nachgefragt wird, ist die Investitionsent-

---

[527] Die Automobilhersteller konnten bisher bestimmen, welcher Händler ihre Automobile zu welchem Preis anbieten darf.

[528] Vgl. o. V. (Autobanken, 2004), HTTP://WWW.AUTOHAUS.DE vom 12.05.2004.

[529] Beispielsweise sind die französische Großbank SOCIÉTE GENERALE und die spanische SCH in den deutschen Markt eingetreten, indem sie hiesige herstellerunabhängige Automobil-Leasinggesellschaften übernommen haben [vgl. HTTP://WWW.AUTOBANKEN.DE/PRESSE-ECHO.PHP?IDX=79 vom 14.07.2004].

[530] Vgl. STÄDTLER (Einflußfaktoren, 2002), S. B2; OTTO (Leasing, 2003), S. B2.

wicklung - und damit die Leasingnachfrage - heute unter anderem im Handel deutlichen Schwankungen unterworfen[531].

Die Nachfrage nach Leasingangeboten hängt auch davon ab, inwieweit die gesetzlichen Rahmenbedingungen stabil sind[532]:

Die Investitionsnachfrage wird wesentlich von der Höhe der Steuern und Abgaben bestimmt[533]. Wie sehr das Leasing auf Veränderungen der gesetzlichen Rahmenbedingungen reagiert, wird vor dem Hintergrund der wiederholt aktuellen Diskussion zur Einführung einer gewerbesteuerlichen Hinzurechnungsbelastung bei Leasingnehmern deutlich: Sollte die Steuergesetzgebung eine anteilige Hinzurechnung der Leasingraten zum Gewerbeertrag des Leasingnehmers vorsehen[534], ist von einem deutlichen Rückgang der Leasingnachfrage auszugehen. Bei einer nur 25%igen Hinzurechnung der Leasingraten - wie in der vom Bundeskabinett am 20.11.2002 vorgesehenen, jedoch nicht umgesetzten „Leasing-Steuer" - wird mit einem Rückgang des Neugeschäftsvolumens im Mobilienleasing um 10 bis 20% gerechnet. Die ebenfalls im genannten Kabinettsbeschluß vorgelegte Erhöhung der Dienstwagenbesteuerung hätte wiederum zu einem geschätzten Rückgang des Neugeschäfts im Automobilleasing um 20% geführt[535].

Die gesetzlichen Rahmenbedingungen sind umso besser zu bewerten, je stärker sie den Abschluß von Leasingverträgen fördern.

Beabsichtigt ein Hersteller, ein internationales Leasinggeschäft einzuführen, sind in die Betrachtung der Marktattraktivität auch Wechselkursrisiken einzubeziehen. Bedient ein Unternehmen eine Vielzahl ausländischer Märkte, gleichen sich die Wechselkursschwankungen zumeist über alle Märkte aus[536]. Die Attraktivität des einzelnen Marktes wird von dem Risiko nur geringfügig oder gar nicht beeinträchtigt. Bei Unternehmen, die wenige ausländische Märkte bedienen, ist dies anders. Diese Anbieter können Wechselkursschwankungen zumeist nicht vollständig kompensieren. Folglich haben Wechselkursrisiken für diese Unternehmen einen erheblichen Einfluß auf die Attraktivität des einzelnen Marktes.

---

531 Vgl. IFO INSTITUT FÜR WIRTSCHAFTSFORSCHUNG (Mobilien-Leasing, 2004), S. 7.
532 Vgl. hierzu beispielsweise CASUTT/BECKER (Fallstricke, 2003), S. B6; BOGENSCHÜTZ (Steuervergünstigung, 2003), S. B5.
533 Vgl. IFO INSTITUT FÜR WIRTSCHAFTSFORSCHUNG (Leasing, 2002), S. 12.
534 Vgl. STÄDTLER (Leasing, 2003), S. 28.
535 Vgl. O. V. (Wirtschaftsklima, 2002), S. 11.
536 Vgl. allgemein hierzu PERLITZ (Management, 2000), S. 532.

3.2.1.4 Methodik der Analyse[537]

Die Marktattraktivität wird vom Potential und von der Struktur des Marktes sowie von der Umweltsituation in unterschiedlicher Intensität beeinflußt. Es ist daher der Beitrag jedes Faktors zur Marktattraktivität zu ermitteln. Die Faktoren sind dabei entsprechend ihres Einflusses auf die Attraktivität des Marktes prozentual zu gewichten und zu bewerten[538]. Die Bewertung erfolgt hier anhand einer 10-er-Skala von '0' ("gering") bis '+10' ("hoch"). Durch Multiplikation des Bewertungsergebnisses mit dem Gewichtungsfaktor wird der Beitrag jeden Faktors zur Marktattraktivität ermittelt. Die Summe aller Faktorbeiträge ergibt einen Wert für die Attraktivität des Marktes, der als Koordinate Verwendung findet. Dabei wird die Ausprägung der Marktattraktivität innerhalb des Koordinatensystems von '0' bis '+10' skaliert.

Zur Bewertung der Faktoren sind Vergleichswerte erforderlich. Um diese zu ermitteln, ist zwischen den Faktoren zu unterscheiden, die auf alle Wettbewerber in einem Markt gleichermaßen einwirken und den Faktoren, die nur für einzelne Anbieter Gültigkeit haben. Faktoren, denen alle Wettbewerber eines Marktes unterliegen, sind umweltspezifische Einflüsse. Zur Bewertung dieser Faktoren kann beispielsweise der durchschnittliche Gewinn des betrachteten Herstellers als Vergleichsgrundlage herangezogen werden.

Einflüsse, denen nur einzelne Anbieter ausgesetzt sind, umfassen zum Beispiel Wechselkursrisiken, die sich aus einer internationalen Tätigkeit ergeben. Bei derartigen Faktoren sollten als Bewertungsmaßstäbe die durchschnittlichen Gewinne der Konkurrenten herangezogen werden, die ebenfalls dem Einfluß der Faktoren unterliegen.

Die Bewertung der Faktoren, die die Marktattraktivität beeinflussen, erfolgt sinnvollerweise durch eine Befragung von Vertretern der divisionalen, der funktionalen und der regionalen Bereiche des Herstellerunternehmens, die für die strategische Planung des Leasing- beziehungsweise des Produktgeschäfts verantwortlich sind[539].

---

537 Die weiteren Ausführungen basieren primär auf FINK [vgl. FINK (Marktattraktivität-Wettbewerbsstärke-Portfolio, 2000), S. 29 ff.].

538 Die einzelnen Gewichtungsfaktoren müssen sich zu 100% summieren.

539 Vgl. allgemein FINK (Marktattraktivität-Wettbewerbsstärke-Portfolio, 2000), S. 34.

Nachfolgend wird die Attraktivität eines Marktes für ein Leasinggeschäft beispielhaft ermittelt. Die dabei vorgenommene Gewichtung der Faktoren beruht auf Annahmen.

	Bewertung der Markattraktivität (a)										Gewichtung (b)	Attraktivitätsbeitrag (a x b)	
	gering			mittel			hoch						
	1	2	3	4	5	6	7	8	9	10			
Marktpotential											**30%**	**Summe:**	**(1,95)**
Leasingpotential des Herstellers						x					15%		0,90
Marktsättigung (Produkt)						x					10%		0,60
Marktwachstum (Produkt)									x		5%		0,45
Marktstruktur											**55%**	**Summe:**	**(4,15)**
Bedrohung durch Ersatzprodukte							x				10%		0,70
Macht der Abnehmer								x			15%		1,20
Kundenstruktur									x		5%		0,45
Leasingbereitschaft							x				15%		1,05
Bedrohung durch neue Anbieter							x				5%		0,35
Rivalität unter bestehenden Anbietern								x			5%		0,40
Umweltsituation											**15%**	**Summe:**	**(1,10)**
Konjunktur							x				10%		0,70
Gesetzeslage								x			5%		0,40
Gesamtsumme											**100%**		**7,20**

Abb. 36: Beispielhafte Ermittlung der Attraktivität eines Marktes für ein Leasinggeschäft

Als Koordinatenwert für die Marktattraktivität wird 7,20 ermittelt. Der Eintrag in das Koordinatensystem verdeutlicht, dass der betrachtete Markt als attraktiv bezeichnet werden kann (siehe Abb. 37).

Um die Marktattraktivität umfassend abbilden zu können, ist ihre Ausprägung für mehrere Jahre zu berechnen.

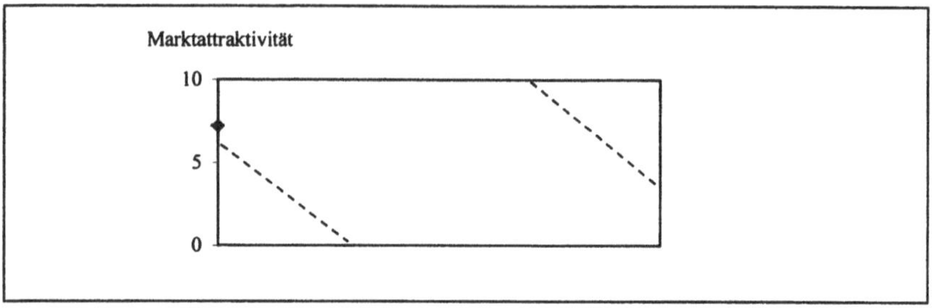

Abb. 37: Eintrag der beispielhaft ermittelten Koordinate für die Marktattraktivität

3.2.2 Analyse der relativen Wettbewerbsstärke

3.2.2.1 Preis

Die mit einem Leasingangebot zu erzielende Wettbewerbsstärke wird durch die Wettbewerbsvorteile bestimmt, die der Anbieter im Markt durchsetzen kann. Sie ist umso ausgeprägter, je höher der Nutzen des Leasingangebotes aus Sicht der Kunden ist. Die Wettbewerbsstärke wird somit von allen Faktoren beeinflußt, die dazu beitragen, dass ein Leasingangebot von den Kunden als preisgünstiger oder als besser wahrgenommen wird als die Leasingangebote anderer Anbieter.

In die Analyse der relativen Wettbewerbsstärke sind daher der Preis, die Funktionalität sowie die Qualität des Leasingangebotes einzubeziehen:

Abnehmer bewerten ein Preis-/Leistungsverhältnis, indem sie den Preis des Leasingangebotes ins Verhältnis zu dem Nutzen setzen, den ihnen die Inanspruchnahme des Angebotes bietet. Einen Nutzen stellt für die Kunden zum Beispiel die Verteilung der Investitionskosten über einen längeren Zeitraum dar[540]. Der Nutzen schwankt daher mit der Höhe des Anschaffungspreises des zu verleasenden Produktes: Je teurer das Leasingobjekt ist, umso größer ist für die Kunden regelmäßig der Nutzen[541]. Im Umkehrschluß weisen die Kunden dem Leasingangebot für Produkte mit einem verhältnismäßig geringen Anschaffungspreis zumeist auch nur einen geringen Nutzen zu[542]. Bei diesen Produkten sind die Kunden

[540] Andere Nutzen - wie beispielsweise steuerliche Effekte - werden bei dieser Betrachtung unberücksichtigt gelassen.

[541] Vgl. hierzu beispielsweise O. V. (Bonus, 2003), S. B 11.

[542] Vgl. hierzu IFO INSTITUT FÜR WIRTSCHAFTSFORSCHUNG (Maschinenbau, 2001), S. 109. Betragen die Anschaffungskosten der Produkte bis zu EUR 410,00, verzichten die

kaum bereit, die mit der Dienstleistung 'Leasing' verbundene Preisprämie zu entrichten. Die Preisprämien sind bei Leasingverträgen über Produkte, die einen relativ geringen Anschaffungspreis aufweisen, zwar regelmäßig niedriger als bei teuren Produkten. Aufgrund der beim Leasinganbieter anfallenden Fixkosten pro Leasingvertrag sinken die Prämien allerdings nicht proportional. Bei herstellerunabhängigen Leasinggesellschaften haben sich in der Praxis Preisuntergrenzen für den Mindest-Anschaffungswert zu verleasender Produkte herausgebildet: Noch vor einigen Jahren lag die Untergrenze für den Abschluß von Leasingverträgen bei EUR 2.000,00. Durch die Einführung standardisierter Verfahren zur Vertragsabwicklung und zur Prüfung der Zahlungsfähigkeit potentieller Leasingnehmer konnten die Kosten pro Vertrag soweit gesenkt werden, dass heute von einigen Anbietern Vertragsvolumina bis zu einer Untergrenze von EUR 400,00 abgewickelt werden[543].

Je höher die Preisprämie im Verhältnis zum Nutzen eines Leasingangebotes ist, umso eher werden die Abnehmer einen Kauf vorziehen. Folglich wird ein Leasingangebot bei Produkten mit verhältnismäßig geringen Anschaffungswerten nur dann zu einer ausgeprägten Wettbewerbsstärke führen, wenn die Leasingraten besonders günstig kalkuliert sind. Gleiches gilt für die Konditionen zur Übernahme der Objekte am Ende der Laufzeit der Leasingverträge.

3.2.2.2 Funktionalität

Die Funktionalität eines Leasingangebotes schätzen die Abnehmer zumeist als hoch ein, sofern der Leasingvertrag eine flexible Laufzeit und eine Leasingratengestaltung aufweist, die sich an den Zeitpunkten des Liquiditätszuflusses bei den Leasingnehmern orientiert („pay as you earn"). Insbesondere Kunden, die saisonal schwankende Tätigkeiten ausüben, wie im Bausektor oder in der Landwirtschaft, haben regelmäßig Interesse an nichtlinearisierten Zahlungsverläufen[544]. So

---

meisten Abnehmer auf die Inanspruchnahme von Finanzdienstleistungen. Bei diesen Produkten können sie bei einem Kauf die steuerliche Sofortabschreibung gemäß § 6 Abs. 2 Satz 1 EStG nutzen.

543 Vgl. hierzu beispielsweise GLOGER (Massenmarkt, 1996), S. 1; SPITTLER (Leasing, 1999), S. 15. Nur im Einzelfall werden Leasingverträge über noch geringere Anschaffungswerte abgeschlossen.

544 Vgl. SCHAAF (Dienstleister, 2001), S. B16; JÄGER (Maschinen, 1999), S. B12.

bietet der Landmaschinenhersteller CLAAS seinen Kunden beispielsweise Leasingverträge an, deren Zahlungsstrukturen sich an die Erntezeiten anlehnen[545].

In Märkten, die von einer starken Internationalisierung der Marktteilnehmer gekennzeichnet sind, bewerten die Abnehmer die Funktionalität auch danach, inwieweit sie ein Leasingangebot in ausländischen Märkten nutzen können.

3.2.2.3 Qualität

Die Qualität bewerten die Kunden vornehmlich anhand des Serviceverhaltens des Leasinggebers sowie anhand der Zügigkeit der Vertragsbearbeitung. Dies gilt insbesondere für das Verhalten bei unvorhergesehenen Vertragsänderungen während der Laufzeit der Leasingverträge und bei der Prüfung der Zahlungsfähigkeit.

Zudem drückt sich die Qualität über die Beratungskompetenz des Anbieters bei der Auswahl eines den Bedürfnissen der Kunden entsprechenden Leasingvertragsmodells aus.

3.2.2.4 Methodik der Analyse

Die Analyse der relativen Wettbewerbsstärke entspricht methodisch der Analyse der Marktattraktivität. Als Maßstab für die Bewertung der Wettbewerbsstärke ist ein Leasing-Wettbewerber des Herstellers heranzuziehen. Es muß sich dabei um ein Unternehmen handeln, das Leasing für die Produkte des Herstellers oder für Substitute der Produkte anbietet. Dies kann ein Hersteller beziehungsweise eine herstellerabhängige Leasinggesellschaft oder ein herstellerunabhängiger Anbieter sein.

Zunächst sind die Wettbewerbsstärken des Herstellers und des Konkurrenten für jeden Faktor einzuschätzen. Eine ausgeprägte Wettbewerbsstärke wird hier mit dem Wert '5' dargestellt, abgestuft bis zum Wert '0', der eine geringe Wettbewerbsstärke ausdrückt. Die relative Wettbewerbsstärke wird ermittelt, indem die Schätzwerte des Herstellers und des Konkurrenten für jeden einzelnen Faktor ins Verhältnis zueinander gesetzt werden. Die Werte des Fremdanbieters entsprechen dabei dem '0'-Wert. Die relative Wettbewerbsstärke des Herstellers wird wiederum auf einer 10-er Skala von '-5' („schwach") bis '+5' („stark") abgetragen.

---

545 Vgl. HTTP//WWW.CLAAS.COM/DE/FINANCIAL/FINAN_HOME_CLAASDE.HTML vom 15.09.2004.

Wie bei der Marktattraktivität beeinflussen die einzelnen Faktoren die Wettbewerbsstärke von Herstellern unterschiedlich stark. Infolgedessen werden die Faktoren auch hier gewichtet[546]. Durch Multiplikation der für die einzelnen Faktoren ermittelten Werte mit dem Gewichtungsfaktor ergibt sich der Beitrag jedes Faktors zur relativen Wettbewerbsstärke. Die Summe der Faktorbeiträge stellt einen Wert für die relative Wettbewerbsstärke dar, der wiederum als Koordinate dient.

Nachfolgend wird beispielhaft die relative Wettbewerbsstärke eines Herstellers bei einem Leasinggeschäft ermittelt. Die Gewichtung der Faktoren beruht - wie bei der Ermittlung der Marktattraktivität - auf Annahmen.

Wettbewerbsfaktor	**Bewertung der Wettbewerbsstärke**						**Relative Wettbewerbsstärke (a)**											**Gewichtung (b)**	**Faktorbeitrag (a x b)**
	schwach			stark			schwach				mittel			stark					
	0	1	2	3	4	5	-5	-4	-3	-2	-1	0	1	2	3	4	5		
Preis																		**65%**	**2,60**
Leasingraten																x		40%	1,60
Konditionen am Vertragsende																x		25%	1,00
Funktionalität																		**20%**	**0,60**
Flexibilität der Vertragsgestaltung															x			15%	0,45
Internationalität des Angebotes															x			5%	0,15
Qualität																		**15%**	**0,10**
Serviceorientierung													x					5%	0,05
Beratungskompetenz												x						5%	0,00
Zügigkeit der Bearbeitung													x					5%	0,05
Gesamtsumme																		**100%**	**3,30**

········ = Hersteller —— = Konkurrent

Abb. 38: Beispielhafte Ermittlung der relativen Wettbewerbsstärke

Als Koordinatenwert für die relative Wettbewerbsstärke wird 3,30 ermittelt.

546 Auch hier summieren sich die einzelnen Gewichtungsfaktoren zu 100%.

Auf der Grundlage der bisher dargestellten Zusammenhänge kann eine Empfehlung für eine Koordinationsform in Abhängigkeit von der Lage des Koordinatenschnittpunktes abgelesen werden:

3.2.3 Interpretation

Der Schnittpunkt der beispielhaft ermittelten Koordinaten (3,30;7,20) liegt im oberen rechten Bereich des Koordinatensystems.

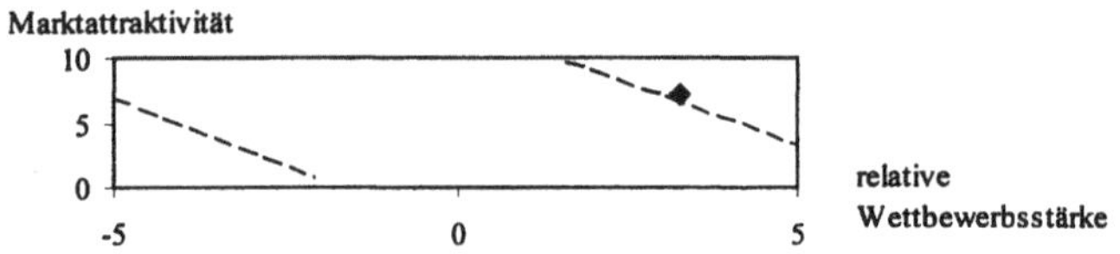

Abb. 39: Ermittlung des Koordinaten-Schnittpunktes für die Marktattraktivität und für die relative Wettbewerbsstärke

Auf Basis dieses Koordinatenschnittpunktes erscheint der Markt attraktiv und die relative Wettbewerbsstärke hoch genug, um das Leasinggeschäft internalisiert koordinieren zu können. Die Analyse der Indikatoren liefert allerdings nur Anhaltspunkte, ob ein Markt eine attraktive Investitionsgelegenheit darstellt und der Hersteller über eine Wettbewerbsstärke verfügt, die die Deckung der bei der Markterschließung anfallenden Kosten wahrscheinlich macht. Offen bleibt, ob mit dem Leasinggeschäft langfristig ein wirtschaftlicher Erfolg für den Hersteller verbunden ist. Ein Hersteller kann sich jedoch nur dann langfristig im Markt behaupten, wenn er einen wirtschaftlichen Erfolg in Form eines Gewinns erzielt. Die Wahl einer Koordinationsform ist daher nicht allein auf der Grundlage der Marktattraktivität und der relativen Wettbewerbsstärke zu treffen. Es ist vielmehr auch der Erfolg zu berücksichtigen, der im Rahmen der Koordinationsformen mit dem Leasinggeschäft zu verzeichnen ist[547]. Erst durch eine Betrachtung der voraussichtlich anfallenden Gewinne wird deutlich, ob sich eine Koordinationsform für einen Hersteller wirtschaftlich lohnt. Der Gewinn aus dem Leasinggeschäft stellt daher das entscheidende Kriterium für die Wahl der Koordinationsform dar.

---

547 Vgl. hierzu ähnlich MÄNNEL (Eigenfertigung, 1969), S. 82; SCHMITT (Selbsterstellung, 1951), S. 552.

Der im Rahmen der verschiedenen Koordinationsformen anfallende Gewinn aus einem Leasinggeschäft wird nachfolgend als „Koordinationsgewinn" bezeichnet. Seine Ermittlung wird für ein externalisiertes und für ein internalisiertes Leasinggeschäft dargestellt[548]:

3.2.4 Ermittlung des Koordinationsgewinns

Die Form der Koordination eines Leasinggeschäfts ist maßgeblich für die Höhe der erzielbaren Umsätze. Zudem beeinflußt sie die Höhe der anfallenden Kosten. Bei der Ermittlung des wirtschaftlichen Erfolges einer Koordinationsform sind daher die erzielbaren Umsatzerlöse und sämtliche Kosten, die durch das Leasinggeschäft verursacht werden, zu berücksichtigen. Anschließend ist die Höhe der im Rahmen der jeweiligen Koordinationsformen zu verzeichnenden Gewinne zu vergleichen.

Die Ermittlung der Erlöse und der Kosten wird nachfolgend dargestellt:

a) Erlöse

Wird die Leistungserbringung externalisiert, erzielt ein Hersteller Erlöse aus Provisionen für die abgeschlossenen Leasingverträge.

Erbringt ein Hersteller die mit dem Leasinggeschäft verbundenen Leistungen selbst, erzielt er Umsatzerlöse in Form der Leasingraten.

In der Praxis setzen sich Leasingraten aus folgenden Bestandteilen zusammen[549]:

- Amortisation (Tilgung) des eingesetzten Kapitals,
- Zinsen auf das eingesetzte Kapital,
- Zuschlagsatz zur Deckung der Kosten der Leistungserbringung sowie
- Gewinn.

---

548 Auf die Ermittlung des Gewinns, der im Rahmen einer hybriden Koordinationsform anfällt, wird unter der Annahme verzichtet, dass dieser Gewinn in seiner Höhe regelmäßig zwischen dem Gewinn aus einem internalisierten und dem Gewinn aus einem fremdbezogenen Leasinggeschäft liegt.

549 In den Leasingraten wird zudem regelmäßig ein Zuschlagsatz für das mit dem jeweiligen Leasingvertragsverhältnis verbundene Risiko berücksichtigt. Der Übersicht halber wird im Rahmen der vorliegenden Arbeit angenommen, dass dieser Zuschlagsatz im Gewinn enthalten ist.

Die Erlöse eines internalisierten (Leasingraten) und eines externalisierten (Provisionen) Leasinggeschäfts sind jedoch nicht unmittelbar vergleichbar:

i) Internalisierung

Bei einer Internalisierung bündeln Hersteller innerhalb der Leasingraten die Preise für die Sachleistung (Produkt) und für die Dienstleistung (Leasing). In den Leasingraten sind daher sowohl produkt- als auch leasingbezogene Bestandteile enthalten:

Produktbezogen sind sämtliche Kosten, die im Zusammenhang mit der Herstellung des Produktes anfallen. Da diese Kosten durch das Produkt hervorgerufen werden, sind sie bei der Ermittlung des Gewinns aus dem Leasinggeschäft nicht zu berücksichtigen. Die Leasingraten sind daher bei der Gewinnermittlung um die produktbezogenen Bestandteile zu bereinigen. Es verbleibt sodann ein - hier als Netto-Erlös definierter - Erlös, der ausschließlich die durch das Leasinggeschäft verursachten Kosten abdeckt und einen Gewinn enthält. Durch die Bündelung der Preise für das Produkt und für das Leasingangebot kann der Gewinn sowohl Gewinnanteile aus der Herstellung des Produktes als auch aus dem Leasinggeschäft umfassen.

ii) Externalisierung

Wird ein Leasinggeschäft externalisiert, vereinnahmt der Fremdanbieter die Leasingraten. Deren Zusammensetzung unterscheidet sich von der Zusammensetzung der Leasingraten bei einem internalisierten Leasinggeschäft:

Da der Fremdanbieter die Leasingobjekte vom Hersteller erwirbt, enthalten die von den Leasingnehmern zu entrichtenden Leasingraten die Anschaffungskosten, in denen der Gewinn des Herstellers enthalten ist. Der vom Fremdanbieter in die Leasingraten einkalkulierte Gewinn umfaßt ausschließlich seinen eigenen Finanzierungsgewinn. Da die Anschaffung der Leasingobjekte regelmäßig fremdfinanziert wird, werden in den Leasingraten zudem Zinsen auf Fremdkapital berücksichtigt.

Der Hersteller erhält bei einer Externalisierung Provisionen, deren Höhe regelmäßig vom Anschaffungswert der Leasingobjekte abhängig ist. Die Provisionen enthalten keine produktbezogenen Bestandteile und stellen daher den Netto-Erlös aus dem fremdbezogenen Leasinggeschäft dar.

Der Erfolg aus einem Leasinggeschäft wird ermittelt, indem den Erlösen sämtliche Kosten gegenübergestellt werden, die im Rahmen der jeweiligen Koordinationsform anfallen:

b) Kosten

Die Form der Koordination beeinflußt maßgeblich die Höhe der Kosten der Leistungserbringung und die Höhe der Transaktionskosten:

i) Internalisierung

Erbringt ein Hersteller die mit einem Leasinggeschäft verbundenen Leistungen selbst, sind bei der Ermittlung des Erfolges alle variablen und fixen Kosten zu berücksichtigen, die durch den einzelnen Leasingvertrag verursacht werden[550]. Hierunter fallen die Miete für die genutzten Räumlichkeiten, Kosten für die Entwicklung der Leasingvertragsmodelle und die Finanzierung der Leasingaktivitäten in Form von Zinsen[551], Kosten für die Vornahme von Schulungen, Vertriebsaktivitäten und Vertrags- und Zahlungsfähigkeitsprüfungen sowie die Verwaltung und die Abwicklung der Leasingverträge. Letztlich verursachen Leasingaktivitäten auch Kosten im Rechnungswesen, in der Finanz- beziehungsweise in der Steuerabteilung sowie in der Verwaltung des Herstellerunternehmens.

Im Gegensatz zu den Kosten der Leistungserbringung werden Transaktionskosten in der Praxis oftmals nicht innerhalb der Leasingraten berücksichtigt. Transaktionskosten fallen bei einem Hersteller im Rahmen der Anbahnung und der Abwicklung des Leasinggeschäfts beziehungsweise der Verwertung der Leasingobjekte an. Da ihre Höhe bei einer Internalisierung erheblich sein kann, sind Transaktionskosten bei der Ermittlung des Koordinationsgewinns eines Leasinggeschäfts zu berücksichtigen. Wie bereits dargestellt, erweist sich die genaue Ermittlung von Transaktionskosten als schwierig. Ist ein stück- oder mengenbe-

---

550 Hierbei wird unterstellt, dass stück- oder mengenbezogene Kostensätze ermittelt werden können.

551 Werden die Leasingaktivitäten über Eigenkapital finanziert, sind bei der Ermittlung des Erfolges aus dem Leasinggeschäft statt der Zinsen auf das Fremdkapital Opportunitätskosten zu berücksichtigen. Das Eigenkapital steht keiner anderweitigen zinsbringenden Verwendung zur Verfügung. Die Opportunitätskosten umfassen die im Markt durchschnittlich erzielbaren Zinsen auf das eingesetzte Kapital.

zogener Kostenzuschlag nicht möglich, reicht auch eine ungefähre Schätzung der Kosten aus.

ii) Externalisierung

Externalisiert ein Hersteller die Erbringung der mit dem Leasinggeschäft verbundenen Leistungen, fallen die Kosten der Leistungserbringung beim Fremdanbieter an. Beim Hersteller entstehen ausschließlich Transaktionskosten durch den Abschluß des Rahmenvertrages, durch die laufende Abstimmung mit dem Fremdanbieter sowie durch die Anbahnung der Leasingverträge mit den Kunden. Wurde der Hersteller mit der Verwertung der Leasingobjekte beauftragt, fallen zudem diesbezügliche Transaktionskosten an.

Zusammenfassend wird der Erfolg aus einem internalisierten Leasinggeschäft ermittelt, indem von den erzielbaren Erlösen (Leasingraten) die produktbezogenen Kosten sowie sämtliche, im Rahmen des Leasinggeschäfts anfallenden Kosten abgezogen werden.

Der Erfolg aus einem externalisierten Leasinggeschäft ergibt sich durch Subtraktion der anfallenden Transaktionskosten von den erzielbaren Provisionserlösen.

Der Koordinationsgewinn läßt sich für eine Internalisierung und für eine Externalisierung graphisch wie folgt aufzeigen. Die Höhe der Erlöse und der Kosten beruht auf der Technik der Darstellung:

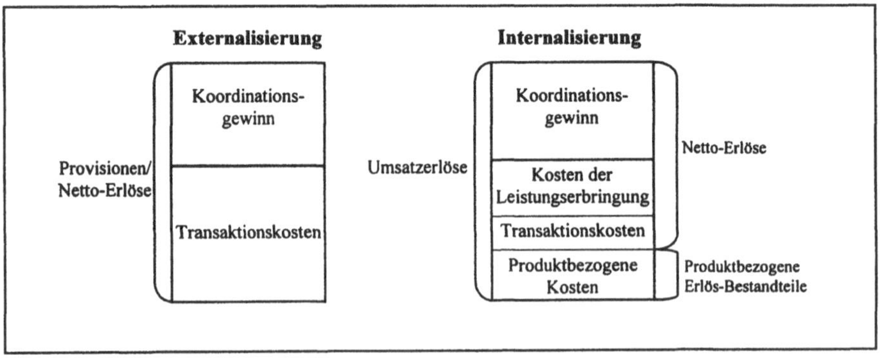

Abb. 40: Ermittlung des Koordinationsgewinns im Rahmen einer Externalisierung und im Rahmen einer Internalisierung

Die Attraktivität von Märkten und die relative Wettbewerbsstärke von Unternehmen verändern sich im Zeitablauf. Da dies Auswirkungen auf die Höhe der Koordinationsgewinne hat, sollten die Gewinne für mehrere Perioden ermittelt werden. Als Planungshorizont bieten sich fünf bis zehn Jahre an. Dabei sind Entwicklungsszenarien unterschiedlicher Wahrscheinlichkeit zu entwerfen, die Hinweise darauf geben, inwieweit sich die Attraktivität eines Marktes für ein Leasinggeschäft verändern wird. Anschließend ist die relative Wettbewerbsstärke festzulegen, die der Hersteller mit dem Leasinggeschäft innerhalb des Planungszeitraums anstrebt. Der Anbieter muß nun entscheiden, mit welchen strategischen und operativen Maßnahmen die angestrebte Wettbewerbsstärke erzielt werden kann und welche Erlöse und Kosten dabei zu erwarten sind. Der Hersteller kann so die Höhe künftiger Koordinationsgewinne prognostizieren beziehungsweise prüfen, ob die Verfolgung einer Koordinationsform über einen längeren Betrachtungszeitraum wirtschaftlich vorteilhaft ist.

Vor dem Hintergrund des langfristigen Unternehmenserfolges ist die Koordinationsform zu wählen, im Rahmen derer der höchste Koordinationsgewinn zu erzielen ist. Der höchste Koordinationsgewinn muß dabei nicht zwangsläufig im Rahmen der Koordinationsform anfallen, mit der auch die größte Marktattraktivität und relative Wettbewerbsstärke einhergehen. Wird der höchste Gewinn im Rahmen einer Koordinationsform erzielt, die nicht mit den ausgeprägtesten Indikatoren verbunden ist, kann der Hersteller die Potentiale des Marktes nicht optimal ausschöpfen. Er sollte daher anstreben, seine Wettbewerbsstärke innerhalb dieser Koordinationsform im Zeitablauf zu verbessern[552].

Bei der Wahl einer Koordinationsform ist zu berücksichtigen, dass aufgrund der Vielzahl und der Veränderlichkeit der Einflußfaktoren Handlungsempfehlungen für eine Leistungstiefe in jedem Fall nur objektiviert abgegeben werden können.

Nachfolgend wird dargestellt, inwieweit die Koordinationsformen die Ausprägung der Indikatoren beeinflussen:

---

552 Maßnahmen zur Verbesserung der Wettbewerbsstärke sind jedoch wiederum nur insoweit sinnvoll, als sich dabei auch weiterhin der höchste Koordinationsgewinn erzielen läßt.

3.3 Einfluß der Koordinationsformen auf die Ausprägung der Indikatoren

3.3.1 Marktattraktivität

Die Attraktivität eines Marktes wird durch unternehmensexogene Faktoren bestimmt, die die Anbieter nicht beeinflussen können. Wird eine einheitliche Marktabgrenzung für alle Koordinationsformen gewählt, stellt die Marktattraktivität daher zu einem bestimmten Zeitpunkt eine gegebene Größe für alle Koordinationsformen dar.

Die Koordinationsform hat ausschließlich Einfluß auf die relative Wettbewerbsstärke und auf die Höhe des Koordinationsgewinns:

3.3.2 Relative Wettbewerbsstärke

3.3.2.1 Preis

Die im Rahmen eines Leasinggeschäfts erzielbare relative Wettbewerbsstärke wird durch den Preis und durch die Funktionalität des Leasingangebotes sowie durch die Qualität der Leistungserbringung bestimmt:

Von Leasingangeboten, die Kunden von der Leistung her als vergleichbar ansehen, wird regelmäßig das preisgünstigste nachgefragt. Die Koordinationsformen beeinflussen die relative Wettbewerbsstärke dadurch, dass sie unterschiedlich hohe Kosten verursachen, die über die Leasingraten an die Kunden weitergegeben werden[553]:

a) Externalisierung

Im Rahmen einer Externalisierung entstehen möglicherweise wettbewerbsrelevante Preiseffekte, wenn sich der Fremdanbieter günstig über seine Muttergesellschaft refinanziert. Arbeitet ein Hersteller mit einer bankenabhängigen Leasinggesellschaft zusammen, können daher oftmals geringere Kosten der Refinanzierung in die Leasingraten einkalkuliert werden als bei einer Internalisierung. Konditionen, die den Konditionen der bankenabhängigen Leasinggesellschaften vergleichbar sind, erhalten Hersteller im Regelfall nur, wenn sie selbst Bankgeschäfte betreiben: So nutzt beispielsweise VOLKSWAGEN die Einlagen von Kunden der

---

553 Dabei wird unterstellt, dass alle Kosteneffekte vollständig an die Leasingnehmer weitergegeben werden.

konzerneigenen Direktbank zur Refinanzierung des Geschäfts der VW FINANCIAL SERVICES GMBH[554]. Ein anderes Beispiel liefert der BMW-Konzern, der zur Refinanzierung von Leasing- und Finanzierungsgeschäften am Kapitalmarkt unter anderem Anleihen über EUR 750 Mio begeben hat[555].

Ein Fremdbezug kann sich auch dann vorteilhaft auf den Preis eines Leasingangebotes auswirken, wenn der Fremdanbieter Mengen- beziehungsweise Lerneffekte aus der standardisierten Abwicklung einer großen Anzahl von Leasingverträgen erzielt. Je mehr Leasingverträge abgeschlossen werden, umso niedriger sind die auf den einzelnen Leasingvertrag entfallenden Stückkosten und umso günstiger kann der Anbieter kalkulieren. Bei einer Internalisierung erzielt ein Hersteller diese Effekte regelmäßig erst im Zeitablauf und muß daher - zumindest anfänglich - höhere Stückkosten in den Leasingraten berücksichtigen.

b) Internalisierung

Eine Internalisierung führt zu wettbewerbsrelevanten Preiseffekten, sofern ein Hersteller auf die Vereinnahmung eines Finanzierungsgewinns verzichtet:

Ein Hersteller kann bei der Aufnahme eines Leasinggeschäfts seinen Gewinn erhöhen, indem er den Absatz seiner Produkte steigert und indem er die Wertschöpfung aus dem Finanzierungsgeschäft vereinnahmt:

i) Erhöhung des produktbezogenen Gewinns

Soll das Leasinggeschäft den Gewinn durch einen erhöhten Absatz der Produkte steigern, ist der Hersteller an dem (Mehr-)Umsatz interessiert, den er aufgrund des Leasingangebotes erzielen kann. Ein (Mehr-)Umsatz wird realisiert, sofern ein Produkt aufgrund des Leasingangebotes häufiger nachgefragt wird. Die Nachfrager können bestehende als auch neue Kunden sein:

Im Rahmen bestehender Leasingvertragsverhältnisse ist eine Interaktion mit den Leasingnehmern möglich. Der Hersteller kann den Kundenkontakt dazu nutzen, einen neuerlichen Investitionsbedarf frühzeitiger als die Konkurrenten zu erkennen und zu befriedigen. Ein (Mehr-)Umsatz ist dabei sowohl über einen Kauf- als auch über einen neuen Leasingvertrag zu erzielen.

---

554 Vgl. KÖHN (Autohersteller, 2003), HTTP://WWW.FAZ.NET vom 24.04.2003.

555 Vgl. HTTP://WWW.WELT.DE/DATA/2003/02/05/39093.HTML vom 08.08.2004.

Der Absatz der Produkte kann mit neuen Kunden gesteigert werden, indem der Hersteller durch das Leasingangebot zum einen Leasingnehmer gewinnt, die bisher weder bei ihm noch bei seinen Wettbewerbern als Kunden aufgetreten sind. Zum anderen kann der Hersteller durch das Leasingangebot bisherige Kunden seiner Konkurrenten abwerben.

Auf die Steigerung des Produktabsatzes sind insbesondere Austausch-Leasingverträge ausgerichtet, im Rahmen derer die jeweiligen Leasingobjekte in Intervallen durch neue ersetzt werden.

ii) Erhöhung des Gewinns durch Erzielung eines Finanzierungsgewinns

Ein Finanzierungsgewinn wird mit bestehenden Kunden realisiert, die bei einem neuerlichen Investitionsbedarf auf das Leasingangebot wechseln. Mit Neukunden wird ein Finanzierungsgewinn erzielt, sofern bisherige Kunden der Konkurrenten als auch bisherige „Nicht-Verwender" des Produktes einen Leasingvertrag abschließen.

Es ist möglich, dass ein Hersteller mit einem Leasinggeschäft sowohl eine produktbezogene Gewinnerhöhung als auch die Vereinnahmung eines Finanzierungsgewinns anstrebt. Die Praxis zeigt allerdings, dass die meisten Hersteller, die produktadditives Leasing einführen, damit in erster Linie ihren Produktabsatz steigern wollen. Je reifer ein Markt ist beziehungsweise je stärker die Produktpreise in einem Markt verfallen, umso eher bilden die Anbieter ein Interesse an der Wertschöpfung aus dem Finanzierungsgeschäft aus[556]. In besonders reifen Märkten - wie der Automobilindustrie - ist dieses Interesse sehr ausgeprägt, da mit dem Verkauf der Produkte kaum noch Gewinne erzielt werden können[557].

Ein Hersteller, der ein Leasinggeschäft selbst erbringt, kann in den Leasingraten sowohl einen Gewinn aus der Herstellung des Leasingobjektes als auch aus der Finanzierung berücksichtigen. Verzichtet ein Anbieter auf eine der beiden Gewinnkomponenten, ist sein Leasingangebot ceteris paribus günstiger als das Leasingangebot eines Fremdanbieters. Dieser kalkuliert in die Leasingraten seinen

---

[556] In diesen Fällen wird das Leasinggeschäft von Herstellern zumeist innerhalb einer Profit-Center-Struktur koordiniert.

[557] Vgl. REINKING (Autobauer, 2003), HTTP://WWW.FTD.DE vom 21.11.2003.

Finanzierungsgewinn ein sowie - über den Kaufpreis des Leasingobjektes - implizit den Gewinn des Herstellers.

Durch eine Internalisierung können das Produkt- und das Leasinggeschäft eines Herstellers gegenseitig subventioniert werden. „Absatzfördernde Subventionen" finden sich vorrangig in Märkten, in denen sich Leasing bereits als obligatorisches Angebot durchgesetzt hat und sich die Angebote nur noch über den Preis voneinander unterscheiden. Ein solcher Markt ist die Automobilindustrie: Beispielsweise „belohnte" der VOLKSWAGEN-Konzern den Abschluß eines Leasingvertrages über das in 2004 eingeführte GOLF-Modell mit dem Einbau einer kostenlosen Klimaanlage im Wert von EUR 1.225,00[558]. FORD wiederum gewährte seinen Kunden bei der Finanzierung einiger Fahrzeugmodelle einen effektiven Jahreszins von 0,0%[559].

Kalkulationsvorteile können Hersteller auch erzielen, sofern sie sich bei der Verwertung von Leasingobjekten ihrer Produkt- und Marktkenntnisse bedienen. So kann der Leasinggeber bei der Kalkulation auf die volle Amortisation der Kosten verzichten, sofern diese über die Anschlußverwertung der Leasingobjekte auf dem Gebrauchtmarkt sichergestellt ist. Derartige Leasingvertragsgestaltungen weisen einen sogenannten 'offenen Restwert' auf[560]. Die Produkt- und Marktkenntnisse von Herstellern sind regelmäßig spezialisierter als die Kenntnisse herstellerunabhängiger Leasinggesellschaften, die ein Portfolio verschiedener Produktgruppen verwalten. Risiken, die sich aus einem offenen Restwert ergeben, können Hersteller daher tendenziell besser einschätzen.

Herstellerunabhängige Leasinggesellschaften haben vielfach nur einen eingeschränkten Zugang zum Gebrauchtmarkt. Sie nutzen daher oftmals die Vertriebskanäle der Hersteller, indem sie diese mit der Verwertung der Produkte beauftragen.

Kostenvorteile lassen sich im Rahmen einer Internalisierung auch erzielen, wenn durch die unternehmensinterne Abwicklung des Leasinggeschäfts freie Kapazitäten des Herstellers genutzt werden. Die auf den einzelnen Leasingver-

---

558 Vgl. O. V. (Null-Prozent-Finanzierung, 2004), HTTP://WWW.DMEURO.COM sowie DERSELBE (Rabatte, 2004), jeweils vom 08.07.2004.

559 Die Konditionen galten für alle FORD FIESTA- und FORD FUSION-DIESEL-Modelle [vgl. HTTP://WWW.FORD.DE/STATIC/SILO_2:FS_AKTIONEN:FS_AKTIONEN vom 15.08.2004].

560 Leasingvertragsgestaltungen mit einem offenen Restwert setzen daher einen gut funktionierenden Gebrauchtmarkt voraus.

trag entfallenden Kosten können so gesenkt werden. Dieser Preiseffekt ist nicht nur für bereits vorhandene Ressourcen relevant, sondern auch für künftig aufzubauende: Der Hersteller kann die Ressourcen, die er für das Leasinggeschäft benötigt, für die Erbringung anderer Finanzdienstleistungen nutzen, die im Zeitablauf wettbewerbsrelevant werden[561]. In diesem Fall ist das Leasinggeschäft Grundlage künftiger Synergien und damit künftiger Preisvorteile.

Die Höhe der anfallenden Kosten wird letztlich innerhalb jeder Koordinationsform auch von der Effizienz der Prozeßabläufe, des Managements und der Organisationsstruktur beeinflußt. So verursacht ein Leasinggeschäft, das innerhalb einer selbständigen Beteiligungs- beziehungsweise Tochtergesellschaft erbracht wird, regelmäßig höhere Fixkosten als ein Leasinggeschäft, das innerhalb der bestehenden Organisationsstruktur des Herstellerunternehmens abgewickelt wird. Infolgedessen führt eine dezentrale Koordination oftmals zu höheren, dem einzelnen Leasingvertrag zuzurechnenden Stückkosten als eine Zentralisierung.

3.3.2.2 Funktionalität

Je stärker sich ein produktadditives Leasingangebot in einem Markt durchgesetzt hat, umso weniger kann sich ein Hersteller regelmäßig mit einem standardisierten Vertragsmodell, das nur eine geringe Funktionalität aufweist, wettbewerbsstrategisch wirksam von seinen Konkurrenten abheben. Die im Rahmen eines solchen Leasinggeschäfts zu erzielende Wettbewerbsstärke wird gering sein.

Die Funktionalität eines Leasingangebotes hängt ebenfalls stark von der Koordinationsform ab:

a) Externalisierung

Sofern ein Leasinggeschäft von einem Fremdanbieter erbracht wird, kann ein Hersteller seinen Kunden nur die Vertragsmodelle anbieten, über die die Leasinggesellschaft bereits verfügt beziehungsweise die sie bereit ist, für die Kunden des Herstellers zu entwickeln. Jede Vertragsvariante verursacht Kosten der Konzeption, der Integration in die Vertragsverwaltungssysteme und der Abwicklung. Bei einem geringen erwarteten Umsatzpotential werden die Kosten der Leasinggesell-

---

561 Vgl. allgemein PAULS (Business-Migration, 1998), S. 213.

schaft, die bei der Entwicklung neuer Vertragsvarianten anfallen, über die Erlöse nur langfristig gedeckt. Die Bereitschaft der Leasinggesellschaft, neue Verträge anzubieten, ist daher regelmäßig umso geringer, je weniger Umsatzerlöse sie aus dem Leasinggeschäft des Herstellers erwartet. Die im Rahmen einer Externalisierung zu erzielende Wettbewerbsstärke ist in nicht sehr attraktiven Märkten infolgedessen vielfach gering.

Die Funktionalität eines externalisierten Leasinggeschäfts wird ebenfalls nicht ausgeprägt sein, wenn es für einen Hersteller erforderlich ist, produktadditives Leasing auch international anzubieten und der Fremdanbieter nicht die gleichen Märkte bedient wie der Hersteller. Dass dies oftmals der Fall ist, verdeutlicht ein Vergleich der Länder, in denen Hersteller und herstellerunabhängige Leasinggesellschaften schwerpunktmäßig agieren: Viele Hersteller - insbesondere Automobilproduzenten - haben ihre Produkte zunächst in West- und in Südeuropa angeboten, um anschließend die mittel- und die osteuropäischen Märkte zu erschließen[562]. Von den herstellerunabhängigen Leasinggesellschaften sind heute erst knapp ein Drittel im Ausland tätig[563]. Ihre Aktivitäten haben sie zunächst nach Tschechien, Polen und Ungarn gelenkt und beginnen nun, West- und Südeuropa zu bedienen. Hersteller und herstellerunabhängige Leasinggesellschaften erschließen sich ausländische Märkte somit in gegenläufiger Abfolge. Herstellerunabhängige Leasinggesellschaften sind daher heute oftmals noch nicht in der Lage, Leasing in allen Märkten anzubieten, die ein Hersteller mit seinen Produkten versorgt.

b) Internalisierung

Die Ausprägung der Funktionalität eines internalisierten Leasingangebotes hängt davon ab, inwieweit die erforderlichen Ressourcen beim Hersteller vorhanden sind. Damit ein Leasinggeschäft eine hohe Funktionalität aufweisen kann, muß der Leasinggeber über leasingspezifisches Know-how und Kapital verfügen[564]: Die Kosten und der Gewinn des Herstellers werden über die Leasingraten im Zeitablauf amortisiert. Da das Leasinggeschäft - im Vergleich zum Verkauf - „vorfinanziert" werden muß, ist es erforderlich, dass der Hersteller über eine hin-

---

562 Vgl. ECKSTEIN (Strukturwandel, 2000), S. 4; ergänzend STÄDTLER (Leasing, 2001), S. 66.

563 Vgl. HORN (Osteuropa, 2002), HTTP://WWW.FTD.DE vom 20.11.2002.

564 Vgl. RÜGER (Kunden, 1995), S. B5.

reichende Liquidität beziehungsweise über ein entsprechendes Finanzierungskontingent bei einer Bank verfügt[565]. Zudem muß er in der Lage sein, das erforderliche Leasing-Know-how unternehmensintern aufzubauen.

Die für eine ausgeprägte Funktionalität erforderlichen Ressourcen sind zumeist stärker in Großunternehmen verfügbar und weniger in kleinen und in mittelgroßen Unternehmen[566]. Großunternehmen können sich infolgedessen eher eine Internalisierung „leisten" als kleine Unternehmen, für die oftmals nur ein Fremdbezug des Leasinggeschäfts in Betracht kommt.

3.3.2.3 Qualität

Die Qualität wird von den Kunden danach beurteilt, wie unkompliziert die Abwicklung der Leasingverträge erfolgt. Die Abwicklung ist tendenziell umso einfacher, je weniger Vertragspartner beteiligt sind:

Externalisiert ein Hersteller das Leasinggeschäft, werden die Leasingnehmer im Rahmen eines Leasingvertragsverhältnisses mit zwei Vertragspartnern beziehungsweise mit zwei unterschiedlichen Unternehmen konfrontiert - dem Hersteller und der Leasinggesellschaft.

Bei einem internalisierten Angebot, das zentralisiert abgewickelt wird, haben die Leasingnehmer hingegen nur zum Herstellerunternehmen Kontakt. Wickelt der Hersteller sein Leasinggeschäft über eine Captive ab, steht der Leasingnehmer faktisch wiederum zwei Vertragspartnern gegenüber. Aufgrund der Einbindung der Leasinggesellschaft in den Unternehmensverbund des Herstellers hat der Kunde jedoch regelmäßig eine starke Wahrnehmung, mit nur einem Unternehmen zusammenzuarbeiten.

Herstellerunabhängige Leasinggesellschaften versuchen, sich die von den Kunden wahrzunehmende Identität von Herstellerunternehmen und Captive im Rahmen des sogenannten 'Same-Name-Leasing' zunutze zu machen. Dabei gründet die Leasinggesellschaft mit dem Hersteller ein Unternehmen, das dessen Firmierung trägt[567]. Das Leasinggeschäft wird von dem Fremdanbieter abgewickelt. Obwohl es fremdbezogen ist, erscheint das Leasinggeschäft in der Wahrnehmung der Kunden herstellereigen. Ein Beispiel für Same-Name-Leasing ist die CLAAS FI-

565 Vgl. HASTEDT (Hersteller-Leasing, 2001), S. 14.

566 Vgl. HILDEBRANDT/WEISS (Markteintrittsstrategien, 1997), S. 9 f., m. d. d. V.

567 Das Same-Name-Leasing wird somit im Rahmen eines Joint Ventures abgewickelt.

NANCIAL SERVICES GMBH, ein Joint Venture der CLAAS KGAA und der BNP PARIBAS LEASE GROUP.

Ein Dreiparteienverhältnis kann zu einem komplizierteren Abwicklungsprocedere führen als ein Vertragsverhältnis, in das nur zwei Parteien eingebunden sind. Sofern die Kunden an einem „Gesamtangebot aus einer Hand[568]" interessiert sind, läßt sich eine einfache Abwicklung - und damit eine ausgeprägte Wettbewerbsstärke - eher im Rahmen einer Internalisierung erreichen als im Rahmen einer Externalisierung.

Die Qualität äußert sich des weiteren in der Beratungskompetenz des Leasinganbieters und in seiner Serviceorientierung. Die Praxis zeigt, dass Hersteller oftmals noch nicht so serviceorientiert sind wie Finanzdienstleister. Ist dies der Fall, führt eine Externalisierung zu einer tendenziell ausgeprägteren Wettbewerbsstärke als eine Internalisierung. Gleiches gilt für die Beratungskompetenz der Leasinggesellschaften bei der Wahl eines für den Kunden geeigneten Leasingvertragsmodells, die - erfahrungsbedingt - zumeist höher ist als bei Herstellern.

Letztlich bleibt noch zu betrachten, welche Auswirkungen eine Internalisierung und eine Externalisierung der mit einem Leasinggeschäft verbundenen Leistungen auf die Höhe des Koordinationsgewinns haben. Zur Verdeutlichung der Auswirkungen ist es ausreichend, im Rahmen einer Internalisierung ausschließlich ein zentralisiert koordiniertes Leasinggeschäft zu untersuchen. Die Auswirkungen einer dezentralisierten Koordination bleiben unberücksichtigt:

3.3.3 Koordinationsgewinn

Der Koordinationsgewinn im Rahmen eines internalisierten Leasinggeschäfts wird ermittelt, indem von den Netto-Erlösen sämtliche anfallenden Kosten abgezogen werden. Bei einem Fremdbezug werden nur die geringfügig zu verzeichnenden Transaktionskosten berücksichtigt. Würden sich die Netto-Erlöse im Rahmen einer Internalisierung und einer Externalisierung in ihrer Höhe entsprechen, wäre der Koordinationsgewinn aus dem externalisierten Leasinggeschäft aufgrund der geringeren Kosten höher als der Koordinationsgewinn aus dem internalisierten Leasinggeschäft. Die Höhe der Netto-Erlöse unterscheidet sich innerhalb der Koordinationsformen jedoch zumeist deutlich:

---

568 STENNER (Captives, 2002), S. 158.

Je intensiver sich Leasing in einem Markt durchgesetzt hat, umso stärker muß ein Leasingangebot die individuellen Bedürfnisse der Kunden befriedigen, um zu einem Wettbewerbsvorteil zu führen. Die Praxis zeigt, dass in reifen Märkten oftmals bereits eine Vielzahl von Herstellern Erfahrung in der Kooperation mit herstellerunabhängigen Leasinggesellschaften hat. Da die Leasingangebote dieser Unternehmen von den Kunden infolgedessen als Standard angesehen werden, ist es erforderlich, Leasingverträge anzubieten, die sich von diesen Angeboten unterscheiden.

Es wurde gezeigt, dass ein Hersteller mit einem internalisierten Leasingangebot oftmals eine ausgeprägtere Kundennähe erzielen kann als mit einem fremdbezogenen Angebot. Gelingt dies einem Hersteller, verzeichnet er bei der Internalisierung - stückzahlenbezogen - höhere Netto-Erlöse als bei einer Externalisierung. Werden die höheren Kosten der Eigenerbringung durch entsprechend höhere Erlöse kompensiert, ist der Koordinationsgewinn im Rahmen der Internalisierung höher als der Koordinationsgewinn im Rahmen des Fremdbezugs. Erzielt ein Hersteller mit einem internalisierten Leasinggeschäft eine ausgeprägte Wettbewerbsstärke, kann damit ein größerer wirtschaftlicher Erfolg verbunden sein als mit einer verhältnismäßig kostengünstigen Externalisierung.

3.4 Würdigung

Das entwickelte Modell zur Wahl der Leistungstiefe eines Leasinggeschäfts kann nur aussagekräftige Ergebnisse liefern, wenn folgende Aspekte beachtet werden:

a) Definition des Marktes

Um die Attraktivität eines Leasinggeschäfts für einen Markt zu ermitteln, sind dessen Grenzen festzulegen. Wird der Markt zu weit oder zu eng definiert, kann das Marktpotential des Leasinggeschäfts kaum bestimmt und die relevanten Marktkräfte beziehungsweise ihre Wirkung können kaum eingeschätzt werden. Die Marktdefinition ist daher sehr sorgfältig vorzunehmen.

b) Subjektivität der Bewertungen

Die Faktoren, die die Entscheidung über eine Leistungstiefe beeinflussen, werden anhand von Schätzungen gewichtet und bewertet. Die Analyseergebnisse sind daher subjektiv geprägt und mit Unsicherheit behaftet. Um die Objektivität der Bewertungen zu erhöhen und um die Unsicherheit zu reduzieren, ist eine umfassende Marktanalyse erforderlich.

c) Haltbarkeit der Annahmen

Das dargestellte Modell basiert auf bestimmten Annahmen. So beruht beispielsweise die Prognose des Umsatzwachstums auf dem Lebenszykluskonzept. Der Verlauf des Lebenszyklusses eines Leasinggeschäfts muß jedoch keiner Gesetzmäßigkeit unterliegen. Die Abfolge der einzelnen Zyklusphasen kann durch den Einsatz absatzpolitischer Instrumente oder durch Maßnahmen von Konkurrenten beeinflußt werden und dadurch von ihrem idealtypischen Verlauf abweichen. Um die Aussagekraft des Modells nachhaltig zu sichern, sind die getroffenen Annahmen daher regelmäßig zu hinterfragen und gegebenenfalls zu korrigieren.

d) Allgemeingültige Anwendbarkeit

Ein Modell zur Wahl einer Koordinationsform sollte für eine Vielzahl von Entscheidungen über eine Leistungstiefe innerhalb eines Unternehmens anwendbar sein. Dies setzt voraus, dass keine einzelfallbezogenen Ansätze verwendet werden, sondern dass alle Entscheidungen dem gleichen Bewertungsstandard unterliegen. Um eine möglichst hohe Anwendbarkeit des Modells zu gewährleisten, sind daher die Besonderheiten der betrachteten Märkte hinreichend innerhalb der Indikatoren zu berücksichtigen. Dies umfaßt sowohl die Auswahl als auch die Gewichtung und die Bewertung der Faktoren.

e) Beschaffung der Daten

Die Beschaffung der für die Wahl einer Leistungstiefe erforderlichen Daten erweist sich oftmals als schwierig. Insbesondere die Informationen, die für die Ermittlung des Leasingpotentials benötigt werden, sind nur schwer zugänglich. Um verwendbare Analyseergebnisse zu erhalten, ist bei der Anwendung des Modells daher die Verfügbarkeit einer möglichst umfassenden Datenbasis sicherzustellen.

f) Dogmatischer Charakter der Handlungsempfehlung

Modelle, die die Wahl einer Koordinationsform unterstützen, weisen einen mehr oder weniger dogmatischen Charakter auf. Dies kann problematisch sein, da die Wahl einer Leistungstiefe stets eine Einzelfallentscheidung ist, die einer Vielzahl veränderlicher Einflußfaktoren unterliegt. Es ist daher zweckmäßig, bei der Wahl einer Koordinationsform die Vielfalt und die Veränderlichkeit der Einflußfaktoren zu berücksichtigen. Dies hat zur Folge, dass eine getroffene Entscheidung über eine Leistungstiefe im Zeitablauf zu korrigieren ist, wenn sich die Einflußfaktoren verändert haben. Läßt sich mit einer anderen Koordinationsform zu einem späteren Zeitpunkt ein höherer Koordinationsgewinn erzielen als mit der bisherigen Koordinationsform, sollte die Leistungstiefe verändert werden[569]. Die Auswahl, die Gewichtung und die Bewertung der Faktoren, die der Entscheidung über eine Leistungstiefe zugrunde liegen, sind daher regelmäßig zu überprüfen.

g) Interpretierbarkeit der Analyseergebnisse

Die Analyseergebnisse beruhen auf einer Kategorisierung der betrachteten Faktoren. Die Verwendung von Kategorien wie ‚gering', ‚hoch', ‚schwach' oder ‚stark' ist allerdings nur aussagekräftig, wenn Vergleichswerte vorliegen, die verdeutlichen, wann beispielsweise eine Marktattraktivität als hoch einzuschätzen ist. Die Analyseergebnisse sind daher nur interpretierbar, wenn die Kategorisierungen auf Basis sachlicher und zeitlicher Vergleichswerte erfolgen. Dies können andere Märkte beziehungsweise andere Analyseperioden sein.

h) Definition der Kosten

Der Erfolg eines Leasinggeschäfts wird maßgeblich durch die Kosten der Leistungserbringung und durch die Transaktionskosten beeinflußt. Unter Umständen können jedoch noch weitere Kosten relevant sein:

Die Wahl einer Leistungstiefe ist eine langfristige Entscheidung, die mit Risiken verbunden ist, deren Eintritt Kosten verursachen kann. So besteht bei einer hohen Leistungstiefe das Risiko, dass im Zeitablauf eine unvorhergesehene Verschlechterung der Marktattraktivität einsetzt und die im Rahmen der Internalisierung anfallenden Kosten nicht gedeckt können. Bei einer geringeren Leistungstiefe ist ein Hersteller ebenfalls dem Risiko ausgesetzt, dass sich Kosten nicht über die Erlöse decken lassen. Dies ist der Fall, wenn spezifische Investitionen im Rahmen eines Joint Ventures getätigt wurden und die Zusammenarbeit infolge opportunisti-

---

569 Bei der Ermittlung des Koordinationsgewinns sind in diesem Fall auch die Kosten zu berücksichtigen, die durch den Wechsel beziehungsweise durch die Aufgabe der bisherigen Koordinationsform hervorgerufen werden.

schen Verhaltens des Fremdanbieters beendet werden muß. Kosten entstehen, wenn die angeschafften Ressourcen nicht anderweitig verwendet werden können.

Ein Risiko besteht auch darin, dass die Potentiale eines Marktes mit einem fremdbezogenen Leasingangebot nicht in dem Maße ausgeschöpft werden, wie dies bei der Entscheidung über den Fremdbezug prognostiziert wurde. Ein Beispiel hierfür liefern Fremdanbieter, die nicht bereit oder in der Lage sind, ein Leasingangebot im Zeitablauf an sich verändernde Kundenbedürfnisse anzupassen. Das Risiko besteht in diesem Fall darin, geringere Erlöse als geplant zu vereinnahmen.

Der Eintritt der Risiken und die Höhe der tatsächlichen Koordinationsgewinne sind zum Zeitpunkt der Entscheidung über die Leistungstiefe nicht hinreichend wahrscheinlich. Der Erfolg aus einem Leasinggeschäft wird jedoch nur dann umfassend abgebildet, wenn alle potentiell anfallenden Kosten innerhalb des Koordinationsgewinns berücksichtigt werden. Infolgedessen bestehen Ansatzpunkte für weitergehende wissenschaftliche Untersuchungen darin, Möglichkeiten aufzuzeigen, die Kosten, die sich aus strategischen Risiken unter Berücksichtigung ihrer Eintrittswahrscheinlichkeit ergeben können, in die Gewinnermittlung einzubeziehen.

Auf Basis der gefundenen Ergebnisse ist die zu Beginn dieser Arbeit gestellte Frage, ob die Eigenerbringung Voraussetzung für den Markterfolg des Leasinggeschäfts eines Herstellers ist, regelmäßig zu bejahen:

In reifen Märkten haben sich die Angebote herstellerunabhängiger Leasinggesellschaften bereits vielfach als Standard durchgesetzt. Hersteller können mit einem internalisierten Leasinggeschäft oftmals Wettbewerbsvorteile gegenüber diesen Anbietern erzielen. Mit Preisvorteilen und kundennah gestalteten Leasingvertragsmodellen kann es Herstellern gelingen, den Leasinggesellschaften Marktanteile abzunehmen. Es lassen sich Erfolgspotentiale aufbauen, sofern Hersteller dazu bereit sind, den auf der Grundlage ihrer Produkte zu stiftenden Kundennutzen neu zu definieren und sich dafür öffnen, um ihre Produkte herum „Erlebniswelten" zu schaffen.

Nutzen Hersteller die Chancen, die eine Internalisierung bietet, erzielen sie damit oftmals einen größeren wirtschaftlichen Erfolg als mit einem Fremdbezug der mit dem Leasinggeschäft verbundenen Leistungen. Die Wettbewerbsstärke, die Hersteller im Vergleich zu herstellerunabhängigen Leasinggesellschaften aufweisen können und die derzeitige Entwicklung in den Märkten des produzierenden Gewerbes sind dafür die besten Voraussetzungen.

Ein selbst erbrachtes Leasinggeschäft kann die Existenz von Herstellern im Markt nachhaltig sichern.

Thesenförmige Zusammenfassung

1. Herstellermärkte unterliegen intensiven Veränderungen im Hinblick auf die Marktstrukturen, die Produktprofile sowie die Bedürfnisstrukturen der Nachfrager: Wirtschaftsräume wachsen zusammen, die Produkte unterscheiden sich in der Wahrnehmung der Kunden kaum noch voneinander und die Bedürfnisse, die durch die Anbieter befriedigt werden sollen, steigen. In der Konsequenz bewegen sich Hersteller heute zunehmend in reifen Märkten, die von einem intensiven Konkurrenzkampf gekennzeichnet sind.
2. Abnehmer fragen das Leistungsangebot nach, das ihnen den größten Nutzen bietet. Damit ein Hersteller langfristig im Markt existieren kann, muß er Erfolgspotentiale aufbauen beziehungsweise über Wettbewerbsvorteile gegenüber seinen Konkurrenten verfügen. Einen Wettbewerbsvorteil erzielt ein Hersteller, wenn er eine - aus Sicht der Abnehmer - wichtige Leistung preisgünstiger oder besser erbringt als andere Anbieter. Wettbewerbsvorteile können somit Differenzierungs- oder Kostenvorteile sein.
3. Konzentriert sich ein Hersteller auf die Verfolgung nur eines einzigen Wettbewerbsvorteils, ist seine Flexibilität regelmäßig begrenzt. Insbesondere in reifen Märkten, in denen Wettbewerbsvorteile kaum noch nachhaltig aufrecht zu erhalten sind, empfiehlt es sich, sowohl Kosten- als auch Differenzierungsvorteile auszubilden.
4. Die Möglichkeiten eines Herstellers, einen Wettbewerbsvorteil ausschließlich über sein Produkt zu erzielen, sind in reifen Märkten regelmäßig ausgeschöpft. Einen hohen Kundennutzen und damit eine wettbewerbsstrategisch vorteilhafte Positionierung gegenüber Konkurrenten können Hersteller zumeist nur noch erringen, wenn sie ein Leistungsbündel aus Produkt und Dienstleistung anbieten.
5. Hersteller unterliegen den Marktkräften, die auf ihren Wettbewerbsschauplatz einwirken. Als Wettbewerbsschauplätze werden regelmäßig Branchen angesehen. Hersteller, die neben ihren Produkten auch Dienstleistungen anbieten, verlassen ihren bisher produktbezogenen Wettbewerbsschauplatz und bieten nun auch Leistungen an, die ursprünglich anderen Branchen entstammen. Die Wanderung in fremde Branchen führt dazu, dass sich die traditionellen Branchengrenzen auflösen und Branchen nicht mehr als Wettbewerbsschauplätze von Herstellern definiert werden können. Ein Wettbe-

werbsschauplatz ist daher über den Kundennutzen festzulegen, den ein Hersteller stiften muß, um wettbewerbsfähig zu bleiben.

6. Eine produktadditive Dienstleistung liefert einen Wettbewerbsvorteil für einen Hersteller, wenn sie dazu beiträgt, ein Problem der Kunden zu lösen und sich die Dienstleistung in einem Markt noch nicht als obligatorisches Leistungsangebot durchgesetzt hat. Wettbewerbsstrategisch relevant sind ausschließlich fakultative Dienstleistungen, die eine geringe Marktdurchdringung aufweisen. Eine Dienstleistung, die nur in wenigen Märkten intensiv angeboten wird, ist produktadditives Leasing.

7. Erweist sich ein produktadditives Leasingangebot für einen Hersteller wettbewerbsstrategisch als bedeutsam, ist es in dessen Leistungsprogramm zu integrieren.

8. Hersteller verfügen regelmäßig nicht über das für ein Leasinggeschäft erforderliche Know-how. Herstellerunabhängige Leasinggesellschaften und Hersteller, die selbst ein Leasinggeschäft anbieten, besitzen die Kenntnisse. Da sie diese aber regelmäßig nicht an Konkurrenten weitergeben, kann sich ein Hersteller das Know-how zumeist nur mit Hilfe von Unternehmensberatungen oder durch das Abwerben spezialisierter Mitarbeiter aneignen.

9. Integriert ein Hersteller produktadditives Leasing in sein Leistungsprogramm, muß er sich für eine Form der Leistungserbringung entscheiden. Der Hersteller bestimmt mit der Koordinationsform die Leistungstiefe und hat dabei die Wahl zwischen dem Fremdbezug, der Eigenerbringung sowie hybriden Koordinationsformen.

10. Die Entscheidung für eine Leistungstiefe kann durch verschiedene Modelle unterstützt werden. Die häufig verwendeten pragmatischen unternehmenspolitischen, kostenorientierten sowie wettbewerbsstrategischen Ansätze sind ungeeignet, die Wahl der Koordinationsform eines Leasinggeschäfts zu unterstützen. Um die Leistungstiefe zu bestimmen ist daher - unter Rückgriff auf die genannten Modelle - ein eigener Ansatz zu entwickeln.

11. Ein Leasinggeschäft stellt für einen Hersteller eine Investition dar, die wirtschaftlich sinnvoll sein soll. Vor dem Hintergrund des langfristigen Unternehmenserfolges muß mit dem Leasinggeschäft ein Gewinn erzielt werden. Zu diesem Zweck sind hinreichend große Erfolgspotentiale erforderlich und der Hersteller muß in der Lage sein, diese zu erschließen. Je größer die Po-

tentiale sind, umso attraktiver ist ein Markt. Inwieweit die Potentiale erschlossen werden können, hängt von der Wettbewerbsstärke ab, die der Hersteller mit dem Leasinggeschäft im Vergleich zu Konkurrenten aufweist. Wie ausgeprägt die Wettbewerbsstärke ist, wird von der Form bestimmt, in der das Leasinggeschäft koordiniert wird. Grundlage der Entscheidung über die Koordinationsform eines Leasinggeschäfts ist daher die Attraktivität des Marktes sowie die erzielbare relative Wettbewerbsstärke.

12. Die Analysen der Marktattraktivität und der relativen Wettbewerbsstärke sagen allerdings nichts darüber aus, ob ein Leasinggeschäft zum langfristigen Unternehmenserfolg eines Herstellers beiträgt. Bei der Wahl einer Leistungstiefe ist daher auch der Erfolg zu berücksichtigen, der sich im Rahmen der Koordinationsformen erzielen läßt: Jede Koordinationsform beeinflußt den Erfolg des Herstellers durch unterschiedlich hohe Erlöse und Kosten. Maßgebliches Entscheidungskriterium für die Wahl der Leistungstiefe eines Leasinggeschäfts ist der sich daraus ergebende Koordinationsgewinn. Vor dem Hintergrund des langfristigen Unternehmenserfolges sollte ein Hersteller die Koordinationsform wählen, im Rahmen derer der höchste Koordinationsgewinn erzielt wird.

13. Die Internalisierung eines Leasinggeschäfts verursacht regelmäßig höhere Kosten als andere Koordinationsformen. Ein selbst erbrachtes Leasinggeschäft ermöglicht Herstellern jedoch auch die Erzielung vielfältiger Wettbewerbsvorteile. Entwickelt ein Anbieter im Rahmen einer Internalisierung eine ausgeprägte Wettbewerbsstärke, können die höheren Kosten durch entsprechend höhere Umsatzerlöse kompensiert werden. Mit einer Internalisierung ist daher oftmals der höchste Koordinationsgewinn verbunden.

Literaturverzeichnis

ALBACH, HORST (Dienstleistungsunternehmen, 1989): Dienstleistungsunternehmen in Deutschland, in: ZfB, 59. Jg. (1989), S. 397-420.

ALBACH, HORST (Firm, 1981): The Nature of the Firm, in: Journal of Institutional and Theoretical Economies, Vol. 137 (1981), S.717-722.

ALBACH, HORST (Transaktionen, 1988): Kosten, Transaktionen und externe Effekte im betrieblichen Rechnungswesen, in: ZfB, 58. Jg. (1988), S. 1143-1170.

ALBACH, HORST/PAY, DIANA DE/ROJAS, RAÚL (Innovationen, 1991): Quellen, Zeiten und Kosten von Innovationen. Deutsche Unternehmen im Vergleich zu ihren japanischen und amerikanischen Konkurrenten, in: ZfB, 61. Jg. (1991), S. 307-324.

ANSOFF, HARRY IGOR (Management-Strategie, 1966): Management-Strategie, München 1966.

BACHER, MATTHIAS RICHARD (Outsourcing, 2000): Outsourcing als strategische Marketing-Entscheidung, Wiesbaden 2000.

BACKHAUS, KLAUS (Dienstleistungen, 2000): Nutzwert produktbegleitender Dienstleistungen und Vermarktungskonzepte, in: Vom Lieferanten zum Wertschöpfungspartner, Dienstleistung im Maschinenbau, Frankfurt am Main 2000.

BACKHAUS, KLAUS/MEYER, MARGIT (Strategische Allianzen, 1993): Strategische Allianzen und strategische Netzwerke, in: WiSt, 22. Jg. (1993), S. 330-334.

BACKHAUS, KLAUS/PILTZ, KLAUS (Strategische Allianzen, 1990): Strategische Allianzen - eine neue Form kooperativen Wettbewerbs?, in: Strategische Allianzen, hrsg. von KLAUS BACKHAUS und KLAUS PILTZ, zfbf, Sonderheft Nr. 27, 42. Jg. (1990), S. 1-10.

BADE, THOMAS (Mobilitätsprovider, 2001): Vom Dienstleister zum Mobilitätsprovider, in: Handelsblatt vom 24.04.2001, Beilage Leasing, S. B 11.

BAMBERGER, INGOLF/WRONA, THOMAS (Ressourcensansatz, 1996): Der Ressourcenansatz und seine Bedeutung für die Strategische Unternehmensführung, in: zfbf, 48. Jg. (1996), S. 130-153.

BARNEY, JAY (Resources, 1991): Firm Resources and Sustained Competitive Advantage, in: Journal of Management, Vol. 17 (1991), S. 99-120.

BAUMGARTEN, CHRISTOPH/KOOB, CLEMENS (Herstellerleasing, 1999): Herstellerleasing als strategische Option in der Telekommunikationsindustrie, in: zfbf, 51. Jg. (1999), S. 488-511.

BAUR, CORNELIUS (Make-or-buy-Entscheidungen, 1990): Make-or-buy-Entscheidungen in einem Unternehmen der Automobilindustrie: empirische Analyse und Gestaltung der Fertigungstiefe aus transaktionskostentheoretischer Sicht, München 1990.

BEA, FRANZ XAVER (Globalisierung, 1997): Globalisierung, in: WiSt, 26. Jg. (1997), S. 419-421.

BEA, FRANZ XAVER/HAAS, JÜRGEN (Management, 1997): Strategisches Management, 2. Auflage, Stuttgart 1997.

BECKER, JOCHEN (Marketing-Konzeption, 1998): Marketing-Konzeption, Grundlagen des strategischen und operativen Marketing-Managements, 6. Auflage, München 1998.

BECKER, THOMAS (Mobilität, 2001): Mobilität wird wichtiger, in: Handelsblatt vom 24.04.2001, Beilage Leasing, S. B 11 f.

BECKMANN, HEINER (Zustandekommen, 1998): § 6. Zustandekommen und Inhalt des Finanzierungsleasinggeschäfts: das typische Leasingdreieck, die Abtretungskonstruktion sowie typische Probleme beim Abschluß von Finanzierungsleasinggeschäften, in: Praxishandbuch Leasing, hrsg. von HANS E. BÜSCHGEN, München 1998.

BENCARD, THOMAS J. (Leasing, 1997): Leasing macht das Export- zum Inlandsgeschäft, in: BB, 52. Jg. (1997), Beilage 6, S. 10-11.

BENKENSTEIN, MARTIN/HENKE, NICOLAUS (Integration, 1993): Der Grad vertikaler Integration als strategisches Entscheidungsproblem. Eine transaktionskostentheoretische Interpretation, in: DBW, 53. Jg. (1993), S. 77-91.

BERGER, NIKOLAUS (Herstellerleasing, 1988): Typus und Rechtsnatur des Herstellerleasing, Hamburg 1988.

BERGMANN, THOMAS/HAKE, ANDREAS (Kfz-Finanzdienstleistungsmarkt, 2003): Der Kfz-Finanzdienstleistungsmarkt - Eine Branche in Vorwärtsbewegung, in: FLF, 50. Jg. (2003), S. 197-206.

BERRY, LEONARD L./YADAV, MANJIT S. (Dienstleistungen, 1997): Oft falsch berechnet und verwirrend - die Preise für Dienstleistungen, in: HARVARD BUSINESS manager, 19. Jg. (1997), S. 57-67.

BETGE, PETER (Absatzförderung, 1990): Absatzförderung durch Finanzierungsmaßnahmen, in: WISU, 19. Jg. (1990), S. 38-43.

BFL LEASING GMBH (Geschäftsbericht, 2002): Geschäftsbericht 2002, Eschborn 2003.

BITZER, MARC ROBERT (Wettbewerbsstrategien, 1992): Zeitbasierte Wettbewerbsstrategien: die Beschleunigung von Wertschöpfungsprozessen in der Unternehmung, Gießen 1992.

BLIESENER, MAX-MICHAEL (Outsourcing, 1994): Outsourcing als mögliche Strategie zur Kostensenkung, in: BFuP, 46. Jg. (1994), S. 277-289.

BOGENSCHÜTZ, EUGEN (Steuervergünstigung, 2003): Behält Leasing die Steuervergünstigung? - Gesetzesvorhaben der Bundesregierung können je nach Rechtsform völlig unterschiedliche Auswirkungen haben, in: Handelsblatt vom 24.09.2003, Beilage Leasing, S. B 5.

BÖHLICH, STEFAN (Bonität, 2004): Die Bonität steht im Vordergrund, Leasing und Rating aus Sicht der Bank, in: FAZ vom 21.04.2004, Beilage Leasing, S. B 8.

BONGARD, STEFAN (Outsorcing-Entscheidungen, 1994): Outsourcing-Entscheidungen in der Informationsverarbeitung: Entwicklung eines computergestützten Portfolio-Instrumentariums, Wiesbaden 1994.

BORCHARDT, ALEXANDRA (Siemens, 2004): Siemens bündelt Sicherheits-Geschäft, in: HTTP:://WWW.FTD.DE vom 20.02.2004.

BORK, FRITZ/SELL, ROBERT (Marketingkonzepte, 2002): Entwicklung globaler Marketingkonzepte mit produktbegleitenden Dienstleistungen, in: Produktbegleitende Dienstleistungen: Konzepte und Beispiele erfolgreicher Strategieentwicklung, hrsg. von GUNTER LAY und PETRA JUNG-ERCEG, Heidelberg 2002.

BÖRNER, CHRISTOPH J. (Bankmanagement, 2000): Strategisches Bankmanagement, München, Wien 2000.

BÖSSMANN, EVA (Unternehmungen, 1983): Unternehmungen, Märkte, Transaktionskosten, in: Zeitschrift für die gesamte Staatswissenschaft, 138. Jg. (1983), S. 664-679.

BRUCH, HEIKE (Outsourcing, 1998): Outsourcing: Konzepte und Strategien, Chancen und Risiken, Wiesbaden 1998.

BÜHNER, ROLF (Technologieorientierung, 1988): Technologieorientierung als Wettbewerbsstrategie, in: zfbf, 40. Jg. (1988), S. 387-406.

BÜHNER, ROLF (Verselbständigung, 1986): Strategische Führung im Bereich der Hochtechnologie durch rechtliche Verselbständigung von Unternehmensteilbereichen, in: DB, 39. Jg. (1986), S. 2341-2346.

BÜHNER, ROLF/TUSCHKE, ANJA (Outsourcing, 1997): Outsourcing, in: DBW, 57. Jg. (1997), S. 20-30.

BUNTE, HERMANN-JOSEF (Anwendung, 1988): Die Anwendung des Diskriminierungsverbotes nach § 26 Abs. 2 GWB auf den Wettbewerb beim Kfz-Leasing, in: DB, 41. Jg. (1988), S. 637-643.

BÜSCHGEN, HANS E. (Grundlagen, 1998): § 1. Grundlagen des Leasing, in: Praxishandbuch Leasing, hrsg. von HANS E. BÜSCHGEN, München 1998.

BÜSCHGEN, HANS E. (Leasingentscheidung, 1998): § 38. Die Leasingentscheidung des Leasingnehmers, in: Praxishandbuch Leasing, hrsg. von HANS E. BÜSCHGEN, München 1998.

BÜSCHGEN, HANS E. (Mobilienleasing, 1998): § 3. Mobilienleasing, in: Praxishandbuch Leasing, hrsg. von HANS E. BÜSCHGEN, München 1998.

BÜSCHGEN, HANS E. (Öko-Leasing, 1999): Öko-Leasing, in: HTTP://WWW.WISO.-UNI-KOELN.DE/LEASING/ vom 24.05.2005.

BUTTLER, GÜNTER/STEGNER, EBERHARD (Dienstleistungen, 1990): Industrielle Dienstleistungen, in: zfbf, 42. Jg. (1990), S. 931-946.

CAMPBELL, BRIAN M. (Evoked Set, 1969): The Existence and Determinants of Evoked Set in Brand Choice Behavior, Diss., Columbia 1969.

CANARIS, CLAUS-WILHELM (Grundprinzipien, 1990): Interessenlage, Grundprinzipien und Rechtsnatur des Finanzierungsleasing, in: Grundfragen des Finanzierungsleasing, hrsg. von WOLFGANG GRUNSKY, MANFRED LIEB und DIETER MEDICUS, Tübingen 1990.

CASUTT, LARA/BECKER, KLAUS (Fallstricke, 2003): Die Fallstricke sind überall gespannt - Steuergesetzgebung und Rechtsprechung machen das Leasing-Geschäft nicht einfacher, in: Handelsblatt vom 24.09.2003, Beilage Leasing, S. B 6.

CHANDLER, ALFRED D. (Strategy, 1962): Strategy and Structure: Chapters in the History of the Industrial Enterprise, Cambridge 1962.

CHANDLER, ALFRED D. (Visible Hand, 1977): The Visible Hand. The Managerial Revolution in American Business, Cambridge/Mass., London 1977.

CHASE, RICHARD B./GARVIN DAVID A. (Dienstleistungsfabrik, 1993): Die Dienstleistungsfabrik, in: Industrielle Dienstleistungen, hrsg. von HERMANN SIMON, Stuttgart 1993.

CHRISTENSEN, CLAYTON M./OVERDORF, MICHAEL (Marktumbruch, 2000): Wie Sie einen brisanten Marktumbruch erfolgreich meistern, in: HARVARD BUSINESS manager, 22. Jg. (2000), S. 66-76.

COENENBERG, ADOLF G. (Unternehmen, 1997): Billiger oder besser - Was macht Unternehmen erfolgreich?, in: DBW, 57. Jg. (1997), S. 301-303.

COOPER, ROBIN (Spitze, 1995): Schlank zur Spitze - Mit Konfrontationsstrategien erfolgreich ins 21. Jahrhundert, München 1998.

CORSTEN, HANS (Wettbewerbsstrategie, 1998): Grundlagen der Wettbewerbsstrategie, Stuttgart, Leipzig 1998.

CORSTEN, HANS/WILL, THOMAS (Produktionskonzepte, 1994): Simultaneität von Kostenführerschaft und Differenzierung durch neuere Produktionskonzepte - Informationstechnologisches und arbeitsorganisatorisches Unterstützungspotential, in: zfo, 61. Jg. (1994), S. 286-293.

CORSTEN, HANS/WILL, THOMAS (Wettbewerbsstrategien, 1992): Das Konzept generischer Wettbewerbsstrategien - Kennzeichen und kritische Analyse, in: WISU, 21. Jg. (1992), S. 185-191.

CZOTSCHER, ERIC (Markt, 2003): Bewegter Markt - Leasinggesellschaften rüsten sich für Wettbewerb mit Autobanken, in: FAZ vom 16.05.2003, Beilage Leasing, S. B11.

D'AVENI, RICHARD A. (Hyperwettbewerb, 1995): Hyperwettbewerb: Strategien für die neue Dynamik der Märkte, Frankfurt am Main, New York 1995.

DAGEFÖRDE, CARSTEN (Finanzierungsleasing, 1992): Internationales Finanzierungsleasing - Deutsches Kollisionsrecht und Konvention von Ottawa (1988), München 1992.

DEUTSCHE LEASING GRUPPE (Geschäftsbericht, 2002/2003): Geschäftsbericht 2002/2003, Bad Homburg vor der Höhe 2004.

DICHTL, ERWIN (Fertigungstiefe, 1991): Orientierungspunkte für die Festlegung der Fertigungstiefe, in: WiSt, 20. Jg. (1991), S. 54-59.

DICHTL, ERWIN (Kostenführerschaft, 1994): Wege zur Kostenführerschaft, in: WiSt, 23. Jg. (1994), S. 423-426.

DIETZ, WILLI (Autos, 1999): Autos werden früher als vorgesehen gekauft - Kundenbindung durch Fahrzeug-Leasing/Neuwagen statt Gebrauchtwagen, in: FAZ vom 07.09.1999, Beilage Leasing, S. B4.

DILLER, HERMANN (Kundenbindung, 1996): Kundenbindung als Marketingziel, in: Marketing Zeitschrift für Forschung und Praxis, 18. Jg. (1996), S. 81-94.

DINNENDAHL, ELMAR (Zusammenarbeit, 1981): Besondere Formen der Zusammenarbeit zwischen Hersteller, Lieferant und Leasinggesellschaft, in: Leasing-Handbuch für die betriebliche Praxis, hrsg. von K. F. HAGENMÜLLER, GERHARD STOPPOK, 4. Auflage, Frankfurt am Main 1981.

DREYER, CHRISTIAN/LANGHOFF, THOMAS (Landmaschinenhersteller, 2002): Strategischer Stellenwert produktadditiver Leistungen am Beispiel international aktiver mittelständischer Landmaschinenhersteller, in: Produktbegleitende Dienstleistungen: Konzepte und Beispiele erfolgreicher Strategieentwicklung, hrsg. von GUNTER LAY und PETRA JUNG-ERCEG, Heidelberg 2002.

DRUCKER, PETER F. (Discontinuity, 1969): The Age of Discontinuity: Guidelines to our Changing Society, London, Melbourne, Toronto 1969.

EBERWEIN, ROLF-DIETER (Organisation, 1989): Organisation flexibel automatisierter Produktionssysteme: Anwendungsmöglichkeiten der Gruppentechnologie für die Gestaltung von Produktions- und Arbeitssystemen, Heidelberg 1989.

ECKSTEIN, WOLFRAM (Institutionen, 2000): Institutionen der Leasingwirtschaft, in: Leasinghandbuch für die betriebliche Praxis, hrsg. von WOLFRAM ECKSTEIN und KLAUS FEINEN, 7. Auflage, Frankfurt am Main 2000.

ECKSTEIN, WOLFRAM (Strukturwandel, 2000): Strukturwandel und Perspektiven des Leasing, in: FLF, 47. Jg. (2000), S. 2-5.

EIDENMÜLLER, BODO (Produktion, 1986): So verändert die technische Neuerungswelle unsere Produktion, in: io Management-Zeitschrift, 55. Jg. (1986), S. 541-546.

ENGEL, JOHANNA (Leasing, 1993): Miete, Kauf, Leasing, Bonn 1993.

ENGELHARDT, WERNER HANS/KLEINALTENKAMP, MICHAEL/RECKENFELDERBÄUMER, MARTIN (Leistungsbündel, 1993): Leistungsbündel als Absatzobjekte, in: zfbf, 45. Jg. (1993), S. 395-426.

ENGELHARDT, WERNER HANS/RECKENFELDERBÄUMER, MARTIN (Trägerschaft, 1993): Trägerschaft und organisatorische Gestaltung industrieller Dienstleistungen, in: Industrielle Dienstleistungen, hrsg. von HERMANN SIMON, Stuttgart 1993.

ENGELHARDT, WERNER HANS/SCHWAB, WILFRIED (Dienstleistungen, 1982): Die Beschaffung von investiven Dienstleistungen, in: DBW, 42. Jg. (1982), S. 503-513.

EVERLING, WOLFGANG (Beteiligungsgesellschaft, 1977): Betriebsabteilung oder Beteiligungsgesellschaft, in: BFuP, 29. Jg. (1977), S. 281-287.

EVERLING, WOLFGANG (Profit-Center-Konzeption, 1980): Eine Profit-Center-Konzeption für die Beteiligung der Unternehmung, in: DB, 33. Jg. (1980), S. 121-124.

FAHRHOLZ, BERND (Leasing, 1979): Leasing in der Bilanz: Die bilanzielle Zurechnung von Leasing-Gütern und die Frage der Aktivierbarkeit des Nutzungsrechtes des Leasing-Nehmers, Köln, Berlin, Bonn, München 1979.

FEDERSCHMIDT, THOMAS (Fahrzeug-Leasing, 1999): Fahrzeug-Leasing im Wandel der Zeit - Vom klassischen Finanzleasing zum Fuhrparkmanagement, in: FLF, 46. Jg. (1999), S. 33-36.

FEINEN, KLAUS (Exportförderung, 1986): Leasing kann einen Beitrag zur Exportförderung leisten, in: BB, 41. Jg. (1986), Beilage 3, S. 1-7.

FIGGE, HORST (Geschäfte, 1999): Geschäfte gemeinsam mit Partnern realisieren, in: FAZ vom 07.09.1999, Beilage Leasing, S. B6.

FIGGE, HORST (Risiken, 1990): Bilanzierungsbezogene Risiken des Leasing, in: FLF, 37. Jg. (1990), S. 14-17.

FINK, ALFRED (Leasing-Finanzierung, 1998): § 39. Leasing-Finanzierung und Europäischer Binnenmarkt, in: Praxishandbuch Leasing, hrsg. von HANS E. BÜSCHGEN, München 1998.

FINK, ALFRED (Rahmenbedingungen, 1998): § 40. Rahmenbedingungen des Leasinggeschäfts in den EU-Mitgliedstaaten, in: Praxishandbuch Leasing, hrsg. von HANS E. BÜSCHGEN, München 1998.

FINK, DIETMAR H. (Marktattraktivität-Wettbewerbsstärke-Portfolio, 2000): Das Marktattraktivität-Wettbewerbsstärke-Portfolio - ein Ansatz von MCKINSEY & COMPANY, in: Management Consulting Fieldbook - Die Ansätze der großen Unternehmensberater, hrsg. von DIETMAR H. FINK, München 2000.

FINK, DIETMAR H. (Marktwachstum-Marktanteil-Portfolio, 2000): Das Marktwachstum-Marktanteil-Portfolio - ein Ansatz der BOSTON CONSULTING GROUP, in: Management Consulting Fieldbook - Die Ansätze der großen Unternehmensberater, hrsg. von DIETMAR H. FINK, München 2000.

FISCHER, MARC (Make-or-Buy-Entscheidungen, 1993): Make-or-Buy-Entscheidungen im Marketing - Neue Institutionenlehre und Distributionspolitik, Wiesbaden 1993.

FLECK, ANDREE (Hybride Wettbewerbsstrategien, 1995): Hybride Wettbewerbsstrategien - Zur Synthese von Kosten- und Differenzierungsvorteilen, Diss., Wiesbaden 1995.

FLUME, WERNER (Leasing, 1972): Leasing - In zivilrechtlicher und steuerrechtlicher Sicht, Düsseldorf 1972.

FLUME, WERNER (Rechtsverhältnis, 1972): Das Rechtsverhältnis des Leasing in zivilrechtlicher und steuerrechtlicher Sicht, in: DB, 25. Jg. (1972), S. 1-6 (Teil I), S. 53-61 (Teil II), S. 105-109 (Teil III), S. 152-155 (Teil IV).

FORSCHNER, GERT (Investitionsgüter-Marketing, 1988): Investitionsgüter-Marketing mit funktionellen Dienstleistungen, die Gestaltung immaterieller Produktbestandteile im Leistungsangebot industrieller Unternehmen, Berlin 1988.

FÖRTSCH, RAINER (Zusatznutzen, 2000): Der Zusatznutzen für den Autokunden steht im Vordergrund, in: Handelsblatt vom 18.04.2000, Beilage Leasing, S. B12.

FOSCHIANI, STEFAN (Produktionsmanagement, 1995): Strategisches Produktionsmanagement, Ein Modellsystem zur Unterstützung produktionsstrategischer Entscheidungen, Frankfurt am Main, Berlin, Bern, New York, Paris, Wien 1995.

FREILING, JÖRG (Strategische Allianzen, 1998): Kompetenzorientierte Strategische Allianzen. Kernkompetenzen als Orientierungspunkt für das Management strategischer Partnerschaften, in: io Management-Zeitschrift, 67. Jg. (1998), S. 23-29.

FRESE, ERICH (Geschäftssegmentierung, 1993): Geschäftssegmentierung als organisatorisches Konzept - zur Leitbildfunktion mittelständischer Strukturen für Großunternehmungen -, in: zfbf, 45. Jg. (1993), S. 999-1024.

FRESE, ERICH (Strategien, 1994): Die organisationstheoretische Dimension globaler Strategien - Organisatorisches Know-how als Wettbewerbsfaktor -, in: Unternehmensstrategie und Wettbewerb auf globalen Märkten und Thünen-Vorlesung, Jahrestagung 1993, hrsg. von MANFRED NEUMANN, Berlin 1994.

FRESE, ERICH/LEHNEN, MARC/VALCÁRCEL, SYLVIA (Leistungsindividualisierungen, 1999): Leistungsindividualisierungen im Maschinenbau - Eine wettbewerbsstrategische Analyse, in: zfbf, 51. Jg. (1999), S. 883-903.

FRIEDRICH, STEPHAN A./HINTERHUBER, HANS H. (Restrukturierung, 1998): Restrukturierung auf dem Prüfstand: Streben wir nach einer „falschen" Wettbewerbsfähigkeit? - Gesundschrumpfen heißt nicht wettbewerbsfähiger und schon gar nicht zukunftsfähiger!, in: io Management-Zeitschrift, 67. Jg. (1998), S. 16-21.

FRIEGE, CHRISTIAN (Kundendienstleistungen, 1995): Befragungsergebnisse zur Beschaffung von Kundendienstleistungen im Maschinenbau, in: Wettbewerbsfaktor „Service" im Maschinen- und Anlagenbau - Vorhandene Märkte sichern - Neue Kunden und Märkte gewinnen, Frankfurt am Main 1995.

FRINGS, HARALD (Bindungsängste, 2003): Kein Grund für Bindungsängste - Mittel und Wege zur vorzeitigen Vertragsauflösung, in: FAZ vom 16.05.2003, Beilage Leasing, S. B8.

FRINGS, HARALD (Fahrzeugrückgabe, 2003): Vorzeitige Fahrzeugrückgabe ohne Risiko - Flexible und klar definierte Vertragskonditionen als eine maßgeschneiderte Lösung für den Mittelstand, in: Handelsblatt vom 24.09.2003, Beilage Leasing, S. B 4.

GAITANIDES, MICHAEL/WESTPHAL, JÖRG (Unternehmenserfolg, 1991): Strategische Gruppen und Unternehmenserfolg. Ergebnisse einer empirischen Studie, in: Zeitschrift für Planung, 3. Jg. (1991), S. 247-265.

GÄLWEILER, ALOYS (Geschäftseinheiten, 1979): Strategische Geschäftseinheiten (SGE) und Aufbau-Organisation der Unternehmung, in: zfo, 46. Jg. (1979), S. 252-260.

GÄLWEILER, ALOYS (Unternehmensführung, 1990): Strategische Unternehmensführung, 2. Auflage, Frankfurt am Main, New York 1990.

GÄLWEILER, ALOYS (Unternehmenssicherung, 1976): Unternehmenssicherung und strategische Planung, in: zfbf, 28. Jg. (1976), S. 362-379.

GEHRICKE, MICHAEL (Gebrauchtwagenhändler, 1999): Heimliche Gebrauchtwagenhändler - Unabhängige Leasinggeber verwerten selbst, in: FAZ vom 07.09.1999, Beilage Leasing, S. B10.

GERHARDT, AXEL (Dienstleistungen, 2000): Produktbegleitende Dienstleistungen - eine notwendige Leistungsergänzung des Maschinen- und Anlagenbaus, in: Vom Lieferanten zum Wertschöpfungspartner - Dienstleistung im Maschinenbau, hrsg. vom VDMA, Frankfurt am Main 2000.

GILBERT, XAVIER/STREBEL, PAUL J. (Outpace, 1987): Strategies to Outpace the Competition, in: Journal of Business Strategy, 8. Jg. (1987), S. 28-36.

GIRSBERGER, DANIEL (Finanzierungsleasing, 1997): Grenzüberschreitendes Finanzierungsleasing - Internationales Vertrags-, Sachen- und Insolvenzrecht - Eine rechtsvergleichende Untersuchung, Tübingen 1997.

GLEISNER, ROLAND (Automobil-Finanzierung, 2001): Automobil-Finanzierung - Vergangenheit und Zukunft, in: FLF, 48. Jg. (2001), S. 45.

GLOGER, AXEL (Massenmarkt, 1996): Leasing für den Massenmarkt technischer Konsumgüter - Neue Instrumente der Absatzfinanzierung/Die Identität der Marke wird gewahrt, in: Blick durch die Wirtschaft vom 08.05.1996, S. 1.

GLOOR, PETER F./SIMMA, BRUNO (Unternehmung, 1988): Innovative Unternehmung - Aktuelle Herausforderungen - Unternehmerische Antworten - Gesellschaftliches Umfeld, in: zfo, 55. Jg. (1988), S. 18-24.

GROTE, BIRGIT (Koordinationsformen, 1990): Ausnutzung von Synergiepotentialen durch verschiedene Koordinationsformen ökonomischer Aktivitäten - zur Eignung der Transaktionskosten als Entscheidungskriterium, Frankfurt am Main et. al. 1990.

GRUHLER, WOLFRAM (Strukturwandel, 1990): Dienstleistungsbestimmter Strukturwandel in deutschen Industrieunternehmen: einzel- und gesamtwirtschaftlicher Kontext, Determinanten, Interaktionen, empirischer Befund, Köln 1990.

HAMEL, GARY/PRAHALAD, COIMBATORE K. (Zukunft, 1995): Wettlauf um die Zukunft: Wie Sie mit bahnbrechenden Strategien die Kontrolle über Ihre Branche gewinnen und die Märkte von morgen schaffen, Wien 1995.

HANNIG, UWE (Marketingstrategien, 1993): Die Entwicklung wettbewerbsorientierter Marketingstrategien auf Basis des Konzepts der strategischen Gruppen, Frankfurt am Main, Berlin, Bern, New York, Paris, Wien 1993.

HARTMANN, HORST (Make-or-Buy-Entscheid, 1988): Der Make-or-Buy-Entscheid, Eigenfertigung oder Fremdbezug?, in: io, 57. Jg. (1988), S. 463-465.

HARTMANN-WENDELS, THOMAS/KLEIN, STEFAN/SUCHY, PATRICK C. (Gewerbesteuer, 2003): Leasing und Reform der Gewerbesteuer, Auswirkungen der Gewerbesteuerpflicht von Leasingraten auf die Steuerbelastung und die Finanzierung der Unternehmen sowie auf Investitionstätigkeit und Beschäftigung, in: Leasing, Wissenschaft & Praxis, hrsg. von THOMAS HARTMANN-WENDELS, 1. Jg. (2003), Nr. 2.

HASTEDT, UWE-PETER (Hersteller-Leasing, 2001): Hersteller-Leasing: Wettbewerbsvorteile durch maßgeschneiderte Leasing- und Nutzungskonzepte, in: BB, 56. Jg. (2001), Beilage Nr. 4, S. 12-16.

HASTEDT, UWE-PETER (Leasinggesellschaft, 2000): Die eigene Leasinggesellschaft: Strategische Chance für mittelständische Hersteller, in: VDMA Maschinenbau-Nachrichten, 79. Jg. (2000), S. 26-27.

HASTEDT, UWE-PETER/MELLWIG, WINFRIED (Erfolgssteuerung, 1999): Neuausrichtung von Leasinggesellschaften - Wettbewerbsvorteile durch Erfolgssteuerung, in: BB, 54. Jg. (1999), Beilage Nr. 6, S. 13-18.

HASTEDT, UWE-PETER/MELLWIG, WINFRIED (Leasing, 1998): Leasing: rechtliche und ökonomische Grundlagen, Heidelberg 1998.

HAUNSCHILD, LJUBA (Leasing, 2004): Leasing in mittelständischen Unternehmen: Ergebnisse einer schriftlichen Befragung, in: Leasing, Wissenschaft & Praxis, hrsg. von THOMAS HARTMANN-WENDELS, 2. Jg. (2004), Nr. 3.

HAX, ARNOLDO C./MAJLUF, NICOLAS S. (Management, 1988): Strategisches Management: Ein integratives Konzept aus dem M.I.T., Frankfurt am Main, New York 1988.

HENKEL, HANS-OLAF (Dienstleistung, 1993): Die Dienstleistung - wichtiger als das Produkt?, in: Industrielle Dienstleistungen, hrsg. von HERMANN SIMON, Stuttgart 1993.

HENZLER, HERBERT (Planung, 1988): Von der strategischen Planung zur strategischen Führung: Versuch einer Positionsbestimmung, in: ZfB, 58. Jg. (1988), S. 1286-1307.

HERLITZ, JÖRG (Lean Management, 1995): Lean Management als Wettbewerbsstrategie im deutschen Werkzeugmaschinenbau, Diss., Berlin 1995.

HERMANN, HANS-PETER (Leasing, 1984): Leasing als Leistungsangebot im Dienstleistungs-Marketing, Frankfurt am Main, Bern, New York 1984.

HERRMANN, ANDREAS/HUBER, FRANK/BRAUNSTEIN, CHRISTINE (Kundenzufriedenheit, 2000): Kundenzufriedenheit garantiert nicht immer mehr Gewinn, in: HARVARD BUSINESS manager, 22. Jg. (2000), S. 45-55.

HEUSKEL, DIETER (Industriegrenzen, 1999): Wettbewerb jenseits von Industriegrenzen: Aufbruch zu neuen Wachstumsstrategien, Frankfurt am Main, New York 1999.

HIDDEMANN, HANS-JOACHIM (Rechtsprechung, 1978): Die Rechtsprechung des Bundesgerichtshofs zum Leasingvertrag, in: WM, 32. Jg. (1978), S. 834-841.

HILDEBRANDT, LUTZ/WEISS, CHRISTINA A. (Markteintrittsstrategien, 1997): Internationale Markteintrittsstrategien und der Transfer von Marketing-Know-how, in: zfbf, 49. Jg. (1997), S. 3-25.

HINTERHUBER, HANS H. (Unternehmensführung, 1989): Strategische Unternehmensführung, Band II: Strategisches Handeln, 4. Auflage, Berlin, New York 1989.

HINTERHUBER, HANS H./STUHEC, ULRICH (Kernkompetenzen, 1997): Kernkompetenzen und strategisches In-/Outsourcing, in: ZfB, Ergänzungsheft Marketing, 67. Jg. (1997), S. 1-20.

HOMBURG, CHRISTIAN (Dienstleistungen, 1993): Industrielle Dienstleistungen und Kundennähe, in: Industrielle Dienstleistungen, hrsg. von HERMANN SIMON, Stuttgart 1993.

HOMBURG, CHRISTIAN/GARBE, BERND (Industrielle Dienstleistungen, 1996): Industrielle Dienstleistungen - Bestandsaufnahme und Entwicklungsrichtungen, in: ZfB, 66. Jg. (1996), S. 253-282.

HOMBURG/CHRISTIAN/FAßNACHT, MARTIN (Kundennähe, 1998): Kundennähe, Kundenzufriedenheit, Kundenbindung bei Dienstleistungsunternehmen, in: Handbuch Dienstleistungsmanagement - Von der strategischen Konzeption zur praktischen Umsetzung, hrsg. von MANFRED BRUHN und HERIBERT MEFFERT, Wiesbaden 1998.

HÖRL, HENNER (Wahl, 2000): Die Qual der Wahl - Beim Fahrzeugleasing wird zwischen Restwert- und Kilometerleasingverträgen unterschieden, in: FAZ vom 05.09.2000, Beilage Leasing, S. B10.

HORN, KARL-WERNER (Osteuropa, 2002): Leasing-Gesellschaften erobern Osteuropa, in: HTTP://WWW.FTD.DE vom 20.11.2002.

HÖVEL, ANGELIKA (Leasingtransaktionen, 1991): Internationale Leasingtransaktionen unter besonderer Berücksichtigung der Vertragsgestaltung, in: DB, 44. Jg. (1991), S. 1029-1033.

IFO INSTITUT FÜR WIRTSCHAFTSFORSCHUNG (Leasing, 2002): Leasing im Sog der Investitionsflaute - Trotz Einbußen im Neugeschäft werden Marktanteilsgewinne realisiert, Sonderdruck aus IFO Schnelldienst Nr. 22 (Langfassung), München 2002.

IFO INSTITUT FÜR WIRTSCHAFTSFORSCHUNG (Leasing, 2003): Die Investitionsschwäche und der Gesetzgeber bremsen das Leasing - Wachstum erst im Jahr 2004 möglich, Sonderdruck aus IFO Schnelldienst Nr. 23, München 2003.

IFO INSTITUT FÜR WIRTSCHAFTSFORSCHUNG (Maschinenbau, 2001): Der mittelständische Maschinenbau am Standort Deutschland - Chancen und Risiken im Zeitalter der Globalisierung und „New Economy“, hrsg. vom IFO INSTITUT FÜR WIRTSCHAFTSFORSCHUNG, München 2001.

IFO INSTITUT FÜR WIRTSCHAFTSFORSCHUNG (Mobilien-Leasing, 2004): Mobilien-Leasing in Deutschland und Europa weiter auf Wachstumskurs - Noch immer hohe Marktanteilsgewinne, Sonderdruck aus IFO Schnelldienst Nr. 23, München 2004.

IHDE, GÖSTA B. (Betriebstiefe, 1988): Die relative Betriebstiefe als strategischer Erfolgsfaktor, in: ZfB, 58. Jg. (1988), S. 13-23.

JACKE, BERND (Deutschland, 1999): Eine in Deutschland bisher unbekannte Variante - Leasingkunden berichten: Nur zahlen, wenn gefahren wird, in: Handelsblatt vom 07.09.1999, Beilage Leasing, S. B 5.

JÄGER, GÜNTHER (Maschinen, 1999): Maschinen stellen hohe Anforderungen - Für den passenden Leasingvertrag braucht es ausgesuchte Spezialisten, in: FAZ vom 07.09.1999, Beilage Leasing, S. B12.

JENNER, THOMAS (Hyperwettbewerb, 2000): Strategien für den Hyperwettbewerb - Wettbewerb zwischen Kostenkontrolle und Differenzierungsstrategie, in: io Management-Zeitschrift, 69. Jg. (2000), S. 38-43.

JENNER, THOMAS (Wettbewerbsstrategien, 2000): Hybride Wettbewerbsstrategien in der deutschen Industrie. Bedeutung, Determinanten und Konsequenzen für die Marktbearbeitung - Ergebnisse einer empirischen Untersuchung, in: DBW, 60. Jg. (2000), S. 7-22.

JOCHAM, ANDREA (Maschinenbau, 2002): Maschinenbau pflegt und wartet, in: Handelsblatt, vom 20.12.2002, S. 12.

JUGEL, STEFAN/ZERR, KONRAD (Dienstleistungen, 1989): Dienstleistungen als strategisches Element eines Technologie-Marketing, in: Marketing ZFP, 11. Jg. (1989), S. 162-172.

KALUZA, BERND (Produktdifferenzierungsstrategie, 1996): Dynamische Produktdifferenzierungsstrategie und moderne Produktionskonzepte, in: Diskussionsbeiträge des Fachbereichs Wirtschaftswissenschaften der GERHARD MERCATOR-Universität Gesamthochschule Duisburg, Nr. 211, Duisburg 1996.

KARSTEN, WOLFGANG F. (Absatzfinanzierung, 2003): Die Absatzfinanzierung bekommt Flügel - Der Mittelstand braucht herstellerunabhängige Partner für den paneuropäischen Auftritt, in: Handelsblatt vom 24.09.2003, Beilage Leasing, S. B 4.

KELLER, UWE (Maschinenbau, 2001): Schub im Maschinenbau, Hersteller brauchen attraktive Finanzierungsformen, in: Handelsblatt vom 24.04.2001, Beilage Leasing, S. B 8.

KIM, W. CHAN/MAUBORGNE, RENÉE (Branchengrenzen, 1999): Branchengrenzen sprengen und das Geschäft neu erfinden, in: HARVARD BUSINESS manager, 21. Jg. (1999), S. 49-60.

KIM, W. CHAN/MAUBORGNE, RENÉE (Innovation, 2001): Damit die Innovation kein Flop wird, in: HARVARD BUSINESS manager, 23. Jg. (2001), S. 86-97.

KLEINALTENKAMP, MICHAEL (Dynamisierung, 1987): Die Dynamisierung strategischer Marketing-Konzepte, in: zfbf, 39. Jg. (1987), S. 31-52.

KLEINALTENKAMP, MICHAEL (Erscheinungsformen, 1998): Begriffsabgrenzungen und Erscheinungsformen von Dienstleistungen, in: Handbuch Dienstleistungsmanagement - Von der strategischen Konzeption zur praktischen Umsetzung, hrsg. von MANFRED BRUHN und HERIBERT MEFFERT, Wiesbaden 1998.

KNOP, CARSTEN (Verein, 2004): Der Verein der Kistenschieber - Zur Lage auf dem Markt für Pesonalcomputer, in: FAZ vom 21.09.2004, S. 11.

KNYPHAUSEN, DODO ZU/RINGLSTETTER, MAX (Wettbewerbsumfeld, 1991): Wettbewerbsumfeld - Hybride Strategien und Economies of Scope, in: Beiträge zum Management strategischer Programme, hrsg. von WERNER KIRSCH, München 1991.

KOENEN, JENS (IT-Investitionen, 2003): Alternative Finanzierungen werden bei IT-Investitionen immer wichtiger - Kunden wollen eine komplette Lösung aus Hardware, Software und Services, in: Handelsblatt vom 24.09.2003, Beilage Leasing, S. B 2.

KÖHN, RÜDIGER (Autohersteller, 2003): Autohersteller locken Geldanleger mit attraktiven Zinsen, in: HTTP://WWW.FAZ.NET vom 24.04.2003.

KOLLER, HANS/RAITHEL, ULLA/WAGNER, ECKHARD (Internationalisierungsstrategien, 1998): Internationalisierungsstrategien mittlerer Industrieunternehmen am Standort Deutschland - Ergebnisse einer empirischen Untersuchung, in: ZfB, 68. Jg. (1998), S. 175-203.

KOTLER, PHILIP/BLIEMEL, FRIEDHELM (Marketing-Management, 2001): Marketing-Management - Analyse, Planung und Verwirklichung, 10. Auflage, Stuttgart 2001.

KRATZER, JOST (Modern, 2003): Modern und finanzierbar - Das Leasen von medizinischen Apparaten kann Kliniketats entlasten, in: FAZ vom 16. Mai 2003, Beilage Leasing, S. B10.

KRATZER, JOST/KREUZMAIR, BENNO (Leasing, 2002): Leasing in Theorie und Praxis - Leitfaden für Anbieter und Anwender, 2. Auflage, Wiesbaden 2002.

KREIKEBAUM, HARTMUT (Unternehmensplanung, 1997): Strategische Unternehmensplanung, 6. Auflage, Stuttgart, Berlin, Köln 1997.

KREIKEBAUM, HARTMUT/GILBERT, DIRK ULRICH/REINHARDT, GLENN O. (Organisationsmanagement, 2002): Organisationsmanagement internationaler Unternehmen, Grundlagen und moderne Netzwerkstrukturen, 2. Auflage, Wiesbaden 2002.

KRONKE, HERBERT (Finanzierungsleasing, 1990): Finanzierungsleasing in rechtsvergleichender Sicht, in: Grundfragen des Finanzierungsleasing, hrsg. von WOLFGANG GRUNSKY, MANFRED LIEB und DIETER MEDICUS, Tübingen 1990.

KUIPERS, ROBERT W. (Cross Border Leasing, 1994): Steuerliche Aspekte des Cross Border Leasing, Bern, Stuttgart, Wien 1994.

LAAKMANN, KAI (Value-Added Services, 1996): Value-Added Services - Ausgestaltungsformen und Wirkungen, in: Grundsatzfragen und Herausforderungen des Dienstleistungsmarketing, hrsg. von ANTON MEYER, Wiesbaden 1996.

LAUER, ALEXANDER (Kerngeschäft, 2002): Konzentration aufs Kerngeschäft, in: HTTP:://WWW.ABSATZWIRTSCHAFT.DE vom 24.05.2004.

LAY, GUNTER/JUNG-ERCEG, PETRA (Strategieentwicklung, 2002): Elemente einer Strategieentwicklung für produktbegleitende Dienstleistungen in der Industrie, in: Produktbegleitende Dienstleistungen: Konzepte und Beispiele erfolgreicher Strategieentwicklung, hrsg. von GUNTER LAY und PETRA JUNG-ERCEG, Heidelberg 2002.

LEBERT, ROLF (DaimlerChrysler Bank, 2002): DaimlerChrysler Bank startet Offensive, in: HTTP://WWW.FTD.DE vom 28.06.2002.

LEHMANN, AXEL (Dienstleistungsmanagement, 1993): Dienstleistungsmanagement: Strategien und Ansatzpunkte zur Schaffung von Servicequalität, Stuttgart 1993.

LEMBERG, VOLKER (Customer-Management, 2000): Customer-Management: Grundlage für langfristigen Markenaufbau und erfolgreiche Wettbewerbsdifferenzierung - ein Ansatz von ARTHUR D. LITTLE, in: Management Consulting Fieldbook - Die Ansätze der großen Unternehmensberater, hrsg. von DIETMAR FINK, München 2000.

LEVITT, THEODORE (Globalisierung, 2001): Die Globalisierung der Märkte, in: Strategie, hrsg. von CYNTHIA A. MONTGOMERY und MICHAEL E. PORTER, Wien, Frankfurt am Main 2001.

LINGG, HANSRUEDI („Zeit“, 1992): Von der Bedeutung des Wettbewerbsfaktors „Zeit“, in: io Management-Zeitschrift, 61. Jg. (1992), S. 73-77.

LINTHOUT, FREDERIK (Banken, 2003): Banken, Bonität und Basel II, Leasing wird im Mittelstand immer beliebter, in: FAZ vom 16.05.2003, Beilage Leasing, S. B 11.

LORENZ, JOACHIM (Finanzdienstleister, 2001): Vorzüge assoziierter Finanzdienstleister für Autohersteller, -importeure und -händler, in: FLF, 48. Jg. (2001), S. 231-238.

LORENZ, JOACHIM (Wettbewerbsstrategien, 2001): Wettbewerbsstrategien für Finanzdienstleister in der Automobilwirtschaft, Frankfurt am Main et. al. 2001.

LÜTZENKIRCHEN, HANS-PETER (Kraftfahrzeug-Leasing, 2000): Das Kraftfahrzeug-Leasing in Deutschland, in: Leasinghandbuch für die betriebliche Praxis, hrsg. von WOLFRAM ECKSTEIN und KLAUS FEINEN, 7. Auflage, Frankfurt am Main 2000.

LÜTZENKIRCHEN, HANS-PETER (Mobilitätsanbieter, 2003): Vom reinen Leasing-Geber zum globalen Mobilitätsanbieter - Die Branche baut ihre Dienstleistungsangebote weiter aus, in: Handelsblatt vom 24.09.2003, Beilage Leasing, S. B 4.

MANGOLD, KLAUS (Wettbewerbsstrategien, 1999): Verständnis neuer Märkte als Chance dynamischer Unternehmen - Veränderte Wettbewerbsstrategien in der modernern Wirtschaft, in: Maßgeschneiderte Strategien - der Weg zur Alleinstellung im Wettbewerb, hrsg. von ERICH ZAHN und STEFAN FOSCHIANI, Stuttgart 1999.

MÄNNEL, WOLFGANG (Eigenfertigung, 1969): Grundprobleme der Wahl zwischen Eigenfertigung und Fremdbezug im Industriebetrieb, in: BFuP, 21. Jg. (1969), S. 76-97.

MÄNNEL, WOLFGANG (Eigenfertigung, 1974): Eigenfertigung und Fremdbezug, in: Handwörterbuch der Betriebswirtschaft, 4. Auflage, herausgegeben von ERWIN GROCHLA und WALDEMAR WITTMANN, 1. Band, Stuttgart 1974.

MÄNNEL, WOLFGANG (Eigenfertigung, 1983): Wenn Sie zwischen Eigenfertigung und Fremdbezug entscheiden müssen..., in: io Management-Zeitschrift, 52. Jg. (1983), S. 301-307.

MAUTHE, KARL D. (Strategische Analyse, 1984): Strategische Analyse, Darstellung und kritische Würdigung bestehender Aufsätze zur strategischen Unternehmens- und Umweltanalyse, München 1984.

MCFARLAN, WARREN (Wettbewerb, 2001): Informationstechnologie - ein Trumpf im Wettbewerb, in: Strategie, hrsg. von CYNTHIA A. MONTGOMERY, MICHAEL E. PORTER, Wien, Frankfurt am Main 2001.

MEFFERT, HERIBERT (Kooperation, 1999): Zwischen Kooperation und Konfrontation - Strategien und Verhaltensweisen im Absatzkanal, in: Marktorientierte Unternehmensführung im Wandel, Retrospektive und Perspektiven des Marketing, hrsg. von HERIBERT MEFFERT, Wiesbaden 1999.

MEFFERT, HERIBERT (Kundenbindung, 1999): Kundenbindung als Element moderner Wettbewerbsstrategien, in: Handbuch Kundenbindungsmanagement, hrsg. von MANFRED BRUHN und CHRISTIAN HOMBURG, 2. Auflage, Wiesbaden 1999.

MEFFERT, HERIBERT/BENKENSTEIN, MARTIN (Wertkette, 1989): Wertkette, in: DBW, 49. Jg. (1989), S. 785-787.

MEFFERT, HERIBERT/REMMERBACH, KLAUS-ULRICH (Marketingstrategien, 1999): Marketingstrategien in jungen Märkten - Wettbewerbsorientiertes High-Tech-Marketing, in: Marktorientierte Unternehmensführung im Wandel, Retrospektive und Perspektiven des Marketing, hrsg. von HERIBERT MEFFERT, Wiesbaden 1999.

MEHDORN, HARTMUT (Industriestruktur, 1996): Der Wandel in der Industriestruktur und die Bedeutung von Dienstleistungen, in: Industrielle Dienstleistungen: Servicestrategie oder Outsourcing, hrsg. von ARMIN TÖPFER und HARTMUT MEHDORN, Neuwied, Kriftel, Berlin 1996.

MELLWIG, WINFRIED (IASC, 1998): Die bilanzielle Darstellung von Leasingverträgen nach den Grundsätzen des IASC - Derzeitige Regelung und Reformvorschläge, in: DB, Beilage Nr. 12, 58. Jg. (1998), S. 1-16.

MELLWIG, WINFRIED (Leasing, 2000): Leasing im nationalen und internationalen Handelsrecht, in: Leasinghandbuch für die betriebliche Praxis, hrsg. von WOLFRAM ECKSTEIN und KLAUS FEINEN, 7. Auflage, Frankfurt am Main 2000.

MELLWIG, WINFRIED (Rechenfehler, 1983): Vorteilhafte Leasingverträge - ein Rechenfehler?, in: DB 36. Jg. (1983), S. 2261-2266.

MELLWIG, WINFRIED (Unternehmensplanung, 1979): Integrierte Unternehmensplanung und betriebswirtschaftliche Modellanalyse - Eine Untersuchung unter besonderer Berücksichtigung der „betriebswirtschaftlichen Steuerplanung", in: HELMUT KOCH zum 60. Geburtstag, hrsg. von WINFRIED MELLWIG, Wiesbaden 1979, S. 147-179.

MEYER, ANTON (Produktdifferenzierung, 1985): Produktdifferenzierung durch Dienstleistungen, in: Marketing ZFP, 7. Jg. (1985), S. 99-107.

MEYER, ANTON/BLÜMELHUBER, CHRISTIAN (Dienstleistungsbereich, 1998): Wettbewerbsorientierte Strategien im Dienstleistungsbereich, in: Handbuch Dienstleistungsmanagement - Von der strategischen Konzeption zur praktischen Umsetzung, hrsg. von MANFRED BRUHN und HERIBERT MEFFERT, Wiesbaden 1998.

MEYER, ANTON/NOCH, RAINER (Dienstleistungen, 1992): Dienstleistungen im Investitionsgütermarketing, in: WISU, 21. Jg. (1992), S. 954-961.

MEYER, ANTON/OEVERMANN, DIRK (Kundenbindung, 1995): Kundenbindung, in: Handwörterbuch des Marketing, hrsg. von BRUNO TIETZ, RICHARD KÖHLER und JOACHIM ZENTES, 2. Auflage, Stuttgart 1995.

MEYER, MARGOT (Länderrisiken, 1987): Die Beurteilung von Länderrisiken der internationalen Unternehmung, Berlin 1987.

MICHAELIS, ELKE (Organisation, 1985): Organisation unternehmerischer Aufgaben - Transaktionskosten als Beurteilungskriterium, Frankfurt am Main, Bern, New York 1985.

MICHEL, KAY (Technologie, 1987): Technologie im strategischen Management: ein Portfolio-Ansatz zur integrierten Technologie- und Marktplanung, Berlin 1987.

MINDERLEIN, MARTIN (Markteintrittsbarrieren, 1990): Markteintrittsbarrieren und strategische Verhaltensweisen, in: ZfB, 60. Jg. (1990), S. 155-178.

NEUMANN, MANFRED (Industrial Organization, 1979): Industrial Organization - Ein Überblick über die quantitative Forschung, in: ZfB, 48. Jg. (1979), S. 645-660.

NORMANN, RICHARD/RAMÍREZ, RAFAEL (Interactive Strategy, 1993): From Value Chain to Value Constellation - Designing Interactive Strategy, in: HARVARD BUSINESS REVIEW, Vol. 71 (1993), S. 65-77.

O. V. (Autobanken, 2001): Autobanken steuern neue Geschäftsfelder an, in: HTTP://WWW.FTD.DE vom 20.09.2001.

O. V. (Autobanken, 2004): Autobanken in Lauerstellung, in: HTTP://WWW.AUTOHAUS.DE vom 12.05.2004.

O. V. (Autohersteller, 2002): Autohersteller greifen Kfz-Versicherer an, in: HTTP://WWW.MUMMERT-CONSULTING.DE vom 13.05.2002.

O. V. (Bonus, 2003): Kein Bonus mehr für Gründer, in: Handelsblatt vom 23.04.2003, Beilage Leasing, S. B11.

O. V. (Dienstleistung, 2001): Dienstleistung avanciert zum neuen Geschäftsfeld für Maschinenbauer, in: FAZ vom 15.01.2001, S. 24.

O. V. (Direktbankgeschäft, 2002): VW baut das Direktbankgeschäft in Europa aus: Autohersteller bietet bald auch Geldeinlagen-Produkte in Spanien, Frankreich und Großbritannien an, in: FAZ vom 27.08.2002, S. 14.

O. V. (Ebay, 2004): VR Leasing und Ebay kooperieren, in: HTTP://WWW.AUTOHAUS.DE vom 01.07.2004.

O. V. (Entscheidungsträger, 2003): Entscheidungsträger denken eher an Leasing als an Kredit - Umfrage: Leasing ist inzwischen wichtigstes Instrument der Außenfinanzierung/Der Bankkredit in Verruf, in: FAZ vom 14.07.2003, S. 17.

O. V. (Fiat-Vertrieb, 2004): Johann Wohlfarter koordiniert Fiat-Vertrieb, in: HTTP://WWW.HORIZONT.NET vom 22.07.2004.

O. V. (Null-Prozent-Finanzierung, 2004): Null-Prozent-Finanzierung lockt Kunden an, in: HTTP://WWW.DMEURO.COM vom 08.07.2004.

O. V. (Rabatte, 2004): Rabatte deutscher Autohersteller, in: HTTP://WWW.DMEURO.COM vom 08.07.2004.

O. V. (Vertrieb, 2004): VW ordnet Vertrieb neu, in: HTTP://WWW.FUHRPARK.DE vom 02.07.2004.

O. V. (Wirtschaftsklima, 2002): Wirtschaftsklima bricht auf breiter Front ein, in: FAZ vom 29.11.2002, S. 11.

OETINGER, BOLKO VON (Unternehmensstrategien, 1983): Wandlungen in den Unternehmensstrategien der 80er Jahre, in: Unternehmensstrategien und strategische Planung, hrsg. von HELMUT KOCH, in: zfbf, 35. Jg. (1983), Sonderheft Nr. 15, S. 42-51.

OLEMOTZ, THOMAS (Wettbewerbsvorteile, 1995): Strategische Wettbewerbsvorteile durch industrielle Dienstleistungen, Frankfurt am Main et. al. 1995.

OTTO, KARL-PETER (Kooperationen, 1987): Kooperationen und Joint-Ventures zwischen Herstellern und Leasinggesellschaften, in: BB, 42. Jg. (1987), Beilage Nr. 10, S. 23-24.

OTTO, KARL-PETER (Vertriebs-Leasing, 1986): Vetriebs-Leasing als absatzpolitisches Instrumentarium, in: BB, 41. Jg. (1986), Beilage Nr. 3, S. 23-24.

OTTO, PHILIPP (Leasing, 2003): Leasing entlastet die Großbanken - Willkommene Alternative zum Kredit, in: Handelsblatt vom 24.09.2003, Beilage Leasing, S. B2.

PÄHLER, ULRICH (Risikopolitik, 1989): Risikopolitik von Leasinggesellschaften im herstellerunabhängigen Mobilienleasing, Frankfurt am Main 1989.

PAULS, STEFFEN (Business-Migration, 1998): Business-Migration. Eine strategische Option, Wiesbaden 1998.

PEPELS, WERNER (Dienstleistungsmarketing, 1995): Einführung in das Dienstleistungsmarketing, München 1995.

PERLITZ, MANFRED (Management, 2000): Internationales Management, 4. Auflage, Stuttgart 2000.

PICOT, ARNOLD (Coase, 1992): Ronald H. Coase - Nobelpreisträger 1991, Transaktionskosten: Ein zentraler Beitrag zur wirtschaftswissenschaftlichen Analyse, in: WiSt, 21. Jg. (1992), S. 79-83.

PICOT, ARNOLD (Leistungstiefe, 1991): Ein neuer Ansatz zur Gestaltung der Leistungstiefe, in: zfbf, 43. Jg. (1991), S. 336-357.

PICOT, ARNOLD (Transaktionskostenansatz, 1982): Transaktionskostenansatz in der Organisationstheorie: Stand der Diskussion und Aussagewert, in: DBW, 42. Jg. (1982), S. 224-225.

PICOT, ARNOLD/DIETL, HELMUT (Transaktionskostentheorie, 1990): Transaktionskostentheorie, in: WiSt, 19. Jg. (1990), S. 178-184.

PICOT, ARNOLD/REICHWALD, RALF/WIGAND, ROLF T. (Unternehmung, 1996): Die grenzenlose Unternehmung: Information, Organisation und Management, Lehrbuch zur Unternehmensführung im Informationszeitalter, Wiesbaden 1996.

PICOT, ARNOLD/SCHNEIDER, DIETRAM/LAUB, ULF (Transaktionskosten, 1989): Transaktionskosten und innovative Unternehmensgründung, in: zfbf, 41. Jg. (1989), S. 358-387.

PIERER, HEINRICH VON (Dienstleistung, 1993): Dienstleistung im industriellen Anlagengeschäft - Praktische Erfahrungen, in: Industrielle Dienstleistungen, hrsg. von HERMANN SIMON, Stuttgart 1993.

PILLER, FRANK/SCHODER, DETLEF (Mass Customization, 1999): Mass Customization und Electronic Commerce - Eine empirische Einschätzung zur Umsetzung in deutschen Unternehmen, in: ZfB, 69. Jg. (1999), S. 1111-1136.

PINE, JOSEPH B. II/PEPPERS, DON/ROGERS, MARTHA (Customers, 1995): Do You Want to Keep Your Customers Forever?, in: HARVARD BUSINESS REVIEW, Vol. 73 (1995), S. 103-114.

PORTER, MICHAEL E. (Wettbewerbsstrategie, 1999): Wettbewerbsstrategie - Methoden zur Analyse von Branchen und Konkurrenten, 10. Auflage, Frankfurt am Main, New York 1999.

PORTER, MICHAEL E. (Wettbewerbsvorteile, 2000): Wettbewerbsvorteile - Spitzenleistungen erreichen und behaupten, 6. Auflage, Frankfurt am Main, New York 2000.

PRAHALAD, COIMBATORE K./HAMEL, Gary (Core Competence, 1990): The Core Competence of the Corporation, in HARVARD BUSINESS REVIEW, 68. Jg. 1990, Nr. 3, S. 79-91.

PROFF, HEIKE (Hybride Strategien, 1997): Hybride Strategien, Unternehmensstrategien zur Sicherung des Überlebens, in WiSt, 26. Jg. (1997), S. 305-307.

PROFF, HEIKE/PROFF, HARALD V. (Möglichkeiten, 1997): Möglichkeiten und Grenzen hybrider Strategien - dargestellt am Beispel der deutschen Automobilindustrie, in: DBW, 57. Jg. (1997), S. 796-808.

PÜMPIN, CUNO (Erfolgspositionen, 1986): Management strategischer Erfolgspositionen, Das SEP-Konzept als Grundlage wirkungsvoller Unternehmensführung, 3. Auflage, Bern, Stuttgart 1986.

RAPP, REINHOLD (Dienstleistungen, 1993): Umsetzungsorientiertes Marketing für industrielle Dienstleistungen, in: Industrielle Dienstleistungen, hrsg. von HERMANN SIMON, Stuttgart 1993.

RASCH, HAROLD (Konzernrecht, 1974): Deutsches Konzernrecht, 5. Auflage, Köln 1974.

RASCHE, CHRISTOPH/WOLFRUM, BERND (Unternehmensführung, 1994): Ressourcenorientierte Unternehmensführung, in: DBW, 54. Jg. (1994), S. 501-517.

REICHHELD, FREDERICK F. (Kunden, 1997): Lernen Sie von abtrünnigen Kunden, was Sie falsch machen, in: HARVARD BUSINESS manager, 19. Jg. (1997), S. 57-68.

REICHWALD, RALF/MÖSLEIN, KATHRIN (Innovationsstrategien, 1997): Innovationsstrategien und neue Geschäftsfelder von Dienstleistern - Den Wandel gestalten, in: Dienstleistungen für das 21. Jahrhundert, Gestaltung des Wandels und Aufbruch in die Zukunft, hrsg. von HANS-JÖRG BULLINGER, Stuttgart 1997.

REINKING, GUIDO (Autobauer, 2003): Autobauer polieren Profit mit Bankgeschäft, in: HTTP://WWW.FTD.DE vom 21.11.2003.

RIESENBECK, HAJO/HERRMANN, ANDREAS (Dienstleistungsbranchen, 2000): Dienstleistungsbranchen bieten hohe Wertschöpfungspotentiale - Vom produzierenden Unternehmen zum Dienstleister, in: FAZ vom 23.10.2000).

RITTERSBERGER, PETRA (Dienstleistungsqualität, 1996): Service- und Dienstleistungsqualität bei FEDERAL EXPRESS, in: Industrielle Dienstleistungen: Servicestrategie oder Outsourcing, hrsg. von ARMIN TÖPFER und HARTMUT MEHDORN, Neuwied, Kriftel, Berlin 1996.

ROEVER, MICHAEL (Gefahr, 1991): Tödliche Gefahr, in: manager magazin, 21. Jg. (1991), S. 218-233 (10/1991, Teil I). S. 253-264 (11/1991, Teil II), S. 243-249 (12/1991, Teil III), S. 127-135 (1/1992, Teil IV).

ROEVER, MICHAEL (Ketten-Reaktion, 1991): Ketten-Reaktion, in: manager magazin, 21. Jg. (1991), S. 243-249 (12/1991, Teil III). S. 218-233 (10/1991, Teil I), S. 253-264 (11/1991, Teil II), S. 127-135 (1/1992, Teil IV).

ROTHENBURGER, WOLFGANG (Barzahlung, 2001): Barzahlung bei Büromöbeln - Emotionaler Stellenwert des Eigentums dominiert, in: FAZ vom 14.05.2001, Beilage Leasing, S. B11.

RÜGER, ROBERT J. (Kunden, 1995): Kunden wünschen ein komplettes Angebot „aus einer Hand“, in: Handelsblatt vom 10.10.1995, Beilage Verkaufen und Finanzieren, S. B5.

RÜGER, ROBERT J. (Profitcenter, 1999): Eigenes Profitcenter als langfristige Perspektive, in: Handelsblatt vom 22.04.1999, Beilage Leasing, S. 69.

RUGGIERO, RENATO (Dienstleistungen, 1998): Dienstleistungen in einer Wirtschaft ohne Grenzen, in: Die Welt der Dienstleistung - Perspektiven für die Arbeit und Gesellschaft im 21. Jahrhundert, hrsg. von KLAUS MANGOLD, Frankfurt am Main, Wiesbaden 1998.

RUMELT, RICHARD P. (Industry, 1991): How Much Does Industry Matter?, in: Strategic Management Journal, Vol. 12 (1991), S. 167-185.

RUNGE, BERNDT/BREMSER, HORST/ZÖLLER, GÜNTER (Leasing, 1978): Leasing, Heidelberg 1978.

RÜPPEL, WERNER (Leasing, 2003): Leasing wird auch von den Rating-Agenturen honoriert, in: Handelsblatt vom 23.04.2003, Beilage Leasing, S. B14.

SCHAAF, BERNHARD (Dienstleister, 2001): Vom Verkäufer zum Dienstleister, Maßanfertigung bei der Mobilkran-Finanzierung, in: Handelsblatt vom 24.04.2001, Beilage Leasing, S. B16.

SCHÄFER, ERICH (Unternehmung, 1988): Die Unternehmung - Einführung in die Betriebswirtschaftslehre, Opladen 1974.

SCHÄTZER, SILKE (Outsourcing-Entscheidungen, 1999): Outsourcing-Entscheidungen: eine transaktionskostentheoretische Analyse, Wiesbaden 1999.

SCHENDEL, DAN (Strategy, 1994): Introduction to the Summer 1994 Special Issue - „Strategy: Search For New Paradigms", in: Strategic Management Journal, Vol. 15 (1994), S. 1-14.

SCHLEICHER, ACHIM (Bilanz, 2004): Die Bilanz verbessern, Der Wert einer optimierten Kapitalstruktur für mittelständische Unternehmen, in: FAZ vom 21.04.2004, Beilage Leasing, S. B8.

SCHMALENSEE, RICHARD (Markets, 1985): Do Markets Differ Much?, in: American Economic Review, Vol. 75 (1985), S. 341-351.

SCHMITT, ARNOLD (Selbsterstellung, 1951): Vergleich von Selbsterstellung und Fremdbezug, in: BFuP, 3. Jg. (1951), S. 550-557.

SCHNEIDER, DIETER/BAUR, CORNELIUS/HOPFMANN, LIENHARD (Wertkette, 1994): Re-Design der Wertkette durch make or buy - Konzepte und Fallstudien, Wiesbaden 1994.

SCHNEIDER, DIETRAM/SCHÖNACHER, MANFRED (Globalisierung, 1999): Globalisierung durch kreuzkulturelle Akquisition, in: io Management-Zeitschrift, 68. Jg. (1999), S. 32-37.

SCHOTT, EBERHARD (Outsourcing, 1995): Risiken des Outsourcing, in: Outsourcing in der Informationstechnologie - eine strategische Management-Entscheidung, hrsg. von JÜRGEN BERG und HORST GRÄBER, Frankfurt am Main, New York 1995.

SCHULZ, HORST-GÜNTHER (Wachstum, 2003): Weichen auf Wachstum, Trotz leichter Einbußen kann die Branche auch künftig weitere Marktanteile gewinnen, in: FAZ vom 16.05.2003, Beilage Leasing, S. B1-B2.

SCHUMANN, JOCHEN (Unternehmung, 1987): Die Unternehmung als ökonomische Institution, in: WISU, 16. Jg. (1987), S. 212-218.

SERVATIUS, HANS-GERD (Methodik, 1985): Methodik des strategischen Technologie-Managements, Grundlagen für erfolgreiche Innovationen, Berlin 1985.

SIMON, HERMANN („Hidden Champions“, 1990): „Hidden Champions, Speerspitze der deutschen Wirtschaft, in: ZfB, 60. Jg. (1990), S. 875-890.

SIMON, HERMANN (Business Reengeneering, 2000): Business Reengeneering, in: Das große Handbuch der Strategiekonzepte - Ideen, die die Businesswelt verändert haben, hrsg. von HERMANN SIMON, 2. Auflage, Frankfurt am Main 2000.

SIMON, HERMANN (Gewinner, 1996): Die heimlichen Gewinner: Die Erfolgsstrategien unbekannter Weltmarktführer - (Hidden Champions), Frankurt am Main, New York 1996.

SIMON, HERMANN (Industrielle Dienstleistung, 1993): Industrielle Dienstleistung und Wettbewerbsstrategie, in: Industrielle Dienstleistungen, hrsg. von HERMANN SIMON, Stuttgart 1993.

SIMON, HERMANN (Management, 1988): Management strategischer Wettbewerbsvorteile, in: ZfB, 58. Jg. (1988), S. 461-480.

SIMON, HERMANN (Preispolitik, 1993): Preispolitik für industrielle Dienstleistungen, in: Industrielle Dienstleistungen, hrsg. von HERMANN SIMON, Stuttgart 1993.

SIMON, HERRMANN (Preispolitik, 1994): Preispolitik für industrielle Dienstleistungen, in: DBW, 54. Jg. (1994), S. 719-737.

SOLIMANN, PETER/JUSTUS, GEORGIA/ARENA, GREGORY (Hersteller, 1997): Wie Hersteller ihren Vertrieb auf Kundengruppen ausrichten, in: HARVARD BUSINESS manager, 19. Jg. (1997), S. 19-30.

SOMMERLATTE, TOM (Systemdenken, 1997): Zukünftige Märkte erfordern Systemdenken und Interaktion zwischen Gestaltern und Nutzern, in: Bedürfnisse entdecken: Gestalten zukünftiger Märkte und Produkte, hrsg. von HELMUT KRAUCH, TOM SOMMERLATTE, Frankfurt am Main, New York 1997.

SPILKER, MORITZ (Investgüterhersteller, 1999): Sind Investgüterhersteller servicebereit, in: absatzwirtschaft, 42. Jg. (1999), S. 114-118.

SPITTLER, HANS-JOACHIM (Leasing, 1999): Leasing für die Praxis, 5. Auflage, Köln 1999.

SPITTLER, HANS-JOACHIM (Leasing, 2003): Leasing für die Praxis, 6. Auflage, Köln 2003.

STÄDTLER, ARNO (Einflußfaktoren, 2002): Auch Leasing hängt von konjunkturellen Einflußfaktoren ab, in: Handelsblatt vom 20.03.2002, Beilage Leasing, S. B2.

STÄDTLER, ARNO (Leasing, 2000): Leasing in Deutschland: Breitengeschäft wächst weiter - Großmobilien durch Steuerrechtsänderungen gebremst, in: ifo Schnelldienst 35-36, 53. Jg. (2000), S. 27-34.

STÄDTLER, ARNO (Leasing, 2001): Leasing in Deutschland 1999: Breitengeschäft wächst weiter - Großmobilien durch Steuerrechtsreform gebremst, in: FLF, 48. Jg. (2001), S. 62-74.

STÄDTLER, ARNO (Leasing, 2002): Leasing in Deutschland 2000/2001: Hohe Marktanteile gewonnen - In den alten Ländern überspringt Leasing-Quote die 20-Prozent-Marke, in: FLF, 49. Jg. (2002), S. 75-84.

STÄDTLER, ARNO (Leasing, 2003): Leasing in Deutschland 2001/2002: Im Sog von Investitionsflaute und Steueränderungen - Marktanteile hinzugewonnen, trotz Einbußen im Neugeschäft, in: FLF, 50. Jg. (2003), S. 20-29.

STÄDTLER, ARNO (Zukunft, 2003): Blick in die Zukunft - Investitionsindikator Leasing, in: FAZ vom 16.05.2003, Beilage Leasing, S. B1-B2.

STALK, GEORGE (Time, 1988): Time - The Next Source of Competitive Advantage, in: HARVARD BUSINESS REVIEW, Vol. 66 (1988), S. 41-51.

STALK, GEORGE/PECAUT, DAVID K./BURNETT, BENJAMIN (Know-how, 1997): Wachstumschancen? Nutzen Sie Ihr Know-how für neue Geschäfte, in: HARVARD BUSINESS manager, 19. Jg. (1997), S. 81-89.

STENNER, FRANK (Autobanken, 2002): Gute Aussichten für Autobanken, in: FLF, 49. Jg. (2002), S. 93.

STENNER, FRANK (Captives, 2002): Die Bedeutung von Captives im europäischen Finanzdienstleistungsgeschäft, in: FLF, 49. Jg. (2002), S. 157-164.

STREBEL, HEINZ (Unternehmenskooperation, 1983): Unternehmenskooperation bei Innovationen, in: WiSt, 12. Jg. (1983), S. 59-65.

STREU, VOLKER (Leasing, 1997): Grenzüberschreitendes Leasing als Instrument der Konzernfinanzierung, Baden-Baden 1997.

TACKE, HELMUT R. (Risikopotential, 1991): Risikopotential und Risikobewältigung im Leasing, in: FLF, 38. Jg. (1991), S. 23-27.

TALLMAN, S. B. (Resource-based Strategies, 1991): Strategic Management Models and Resource-based Strategies Among MNEs in a Host Market, in: Strategic Management Journal, Vol. 12 (1991), S. 69-82.

TATENHORST, DIETER (Absatz, 1997): Den Absatz preiswert fördern - Vertriebs-Leasing: Nur noch ein Buchungsbeleg für Gesamtkosten, in: FAZ vom 23.09.1997, Beilage Leasing, S. B3.

TESSNER, MAGNUS (Autofinanzierung, 1995): Autofinanzierung und -leasing: Wachsende Bedeutung der herstellereigenen Leasinggesellschaften und Banken, in: FLF, 42. Jg. (1995), S. 132-134.

THEUVSEN, LUDWIG (Transaktionskostenansatz, 1997): Interne Organisation und Transaktionskostenansatz, in: ZfB, 67. Jg. (1997), S. 971-996.

THEYE, BJÖRN (Finanzierung, 2003): In der Maßschneiderei angefertigte Finanzierung, in: Handelsblatt vom 23.04.2003, Beilage Leasing, S. B11.

THIELE, MOUNA (Institutionenökonomik, 1994): Neue Institutionenökonomik, in: WISU, 23. Jg. (1994), S. 993-997.

TÖPFER, ARMIN (Dienstleistungen, 1996): Grundsätze industrieller Dienstleistungen, in: Industrielle Dienstleistungen: Servicestrategie oder Outsourcing, hrsg. von ARMIN TÖPFER und HARTMUT MEHDORN, Neuwied, Kriftel, Berlin 1996.

UHLENBRUCK, NIKOLAUS (Dienstleistungen, 1985): Dienstleistungen als Innovationspotential für Unternehmungen des verarbeitenden Gewerbes, Bergisch Gladbach, Köln 1985.

ULRICH, PETER/FLURI, EDGAR (Management, 1995): Management, 7. Auflage, Bern, Stuttgart, Wien 1995.

VDMA (Export, 2005): Export boomte 2004, in: HTTP://WWW.VDMA.DE, vom 17.02.2005.

VDMA (Maschinenbau, 2003): Maschinenbau in Zahl und Bild, in: HTTP://-WWW.VDMA.DE, vom 10.05.2004.

WEHRLI, HANS PETER/KRICK, MATTHIAS (Kundennähe, 1998): Mit strategischen Netzwerken Kundennähe realisieren, in: absatzwirtschaft, 41. Jg. (1998), S. 62-69.

WEIßENBERGER, BARBARA E. (Kundenbindung, 1998): Zur Bedeutung von Vertrauensstrategien für den Aufbau und Erhalt von Kundenbindung im Konsumgüterbereich, in: zfbf, 50. Jg. (1998), S. 614-640.

WELGE, MARTIN K./AL-LAHAM, ANDREAS (Management, 1999): Strategisches Management, 2. Auflage, Wiesbaden 1999.

WELGE, MARTIN K./AL-LAHAM, ANDREAS (Planung, 1992): Prozesse - Strategien - Maßnahmen, Wiesbaden 1992.

WELGE, MARTIN/HOLTBRÜGGE, DIRK (Unternehmungstätigkeit, 1997): Theoretische Erklärungsansätze globaler Unternehmungstätigkeit, in: WISU, 26. Jg. (1997), S. 1054-1061.

WENGER, ETIENNE C./SNYDER, WILLIAM M. (Communities of Practice, 2000): Communities of Practice: Warum sie eine wachsende Rolle spielen, in: HARVARD BUSINESS manager, 22. Jg. (2000), S. 55-62.

WERNERFELT, BIRGER (Resource-based View, 1984): A Resource-based View of the Firm, in: Strategic Management Journal, Vol. 5 (1984), S. 171-180.

WESTPHALEN, FRIEDRICH GRAF VON (Leasingvertrag, 1998): Der Leasingvertrag, 5. Auflage, Köln 1998.

WILHELM, JOCHEN (Vorteilhaftigkeit, 1985): Die Vorteilhaftigkeit des Leasing aus finanzierungstheoretischer Sicht, in: zfbf, 37. Jg. (1985), S. 485-499.

WILL, THOMAS (Simultaneität, 1996): Wettbewerbsvorteile durch Simultaneität von Kostenführerschaft und Differenzierung - Unterstützungspotential integrativer Produktionskonzepte, Diss., Frankfurt am Main 1996.

WILLIAMSON, O. E. (Institutionen, 1990): Die ökonomischen Institutionen des Kapitalismus: Unternehmen, Märkte, Kooperationen, Tübingen 1990.

WILLIAMSON, O. E. (Institutions, 1985): Economic Institutions of Capitalism, Firms, Markets, Relational Contracting, 11. Auflage, New York 1985.

WILLIAMSON, O. E. (Transaction Cost Approach, 1981): The Economics of Organizations: The Transaction Cost Approach, in: American Journal of Sociology, Vol. 87 (1981), S. 548-577.

WINDSPERGER, JOSEF (Transaktionskosten, 1983): Transaktionskosten in der Theorie der Firma, in: ZfB, 53. Jg. (1983), S. 889-903.

WINDSPERGER, JOSEF (Transaktionsspezifität, 1996): Transaktionsspezifität, Reputationskapital und Koordinationskosten, in: ZfB, 66. Jg. (1996), S. 965-978.

WIßKIRCHEN, FRANK (Outsourcing, 1999): Beurteilung der Vorteilhaftigkeit von Outsourcing unter Berücksichtigung von Prozeßkosten und Transaktionskosten, in: Outsourcing - Projekte erfolgreich realisieren, Strategie, Konzept, Partnerauswahl, hrsg. von FRANK WIßKIRCHEN, Stuttgart 1999.

WIßKIRCHEN, FRANK/MERTENS, HELGA (Shared Services, 1999): Der Shared Services Ansatz als neue Organisationsform von Geschäftsbereichsorganisationen, in: Outsourcing - Projekte erfolgreich realisieren, Strategie, Konzept, Partnerauswahl, hrsg. von FRANK WIßKIRCHEN, Stuttgart 1999.

ZAHN, ERICH (Strategiekompetenz, 1999): Strategiekompetenz - Voraussetzung für maßgeschneiderte Strategien, in: Maßgeschneiderte Strategien - der Weg zur Alleinstellung im Wettbewerb, hrsg. von ERICH ZAHN und STEFAN FOSCHIANI, Stuttgart 1999.

ZAHN, ERICH/BARTH, TILMANN/HERTWECK, ANDREAS (Outsourcing, 1999): Outsourcing unternehmensnaher Dienstleistungen - Entwicklungsstand und strategische Entscheidungstatbestände, in: Outsourcing - Projekte erfolgreich realisieren, Strategie, Konzept, Partnerauswahl, hrsg. von FRANK WIßKIRCHEN, Stuttgart 1999.

ZÖLLER, GÜNTER (Grundlagen, 1978): Betriebswirtschaftliche Grundlagen des Leasing, in: Leasing - Betriebswirtschaftliche, handels- und steuerrechtliche Grundlagen, hrsg. von BERNDT RUNGE, HORST BREMSER und GÜNTER ZÖLLER, Heidelberg 1978.

Rechtsprechungsverzeichnis

BFH

05.02.1987	IV R 105/84	in: BstBl. II 1987	S. 448-451.
26.01.1970	IV R 144/66	in: BstBl. II 1970	S. 264.

BGH

08.10.1975	VIII ZR 81/74	in: BB, 31. Jg. (1976)	S. 157.
05.04.1978	VIII ZR 49/77	in: WM, 32. Jg. (1978)	S. 570-573.

OLG Frankfurt am Main

14.07.1981	5 U 161/78	in: WM, 36. Jg. (1982)	S. 723-726.

OLG Karlsruhe

24.10.1985	9 U 71/84	in: BB, 41. Jg. (1986)	S. 94-95.

LG Frankfurt am Main

28.01.1985	2/24 S 103/84	in: BB, 40. Jg. (1985)	S. 757-758.

Internetverzeichnis

HTTP://WWW.ABSATZWIRTSCHAFT.DE

HTTP://WWW.AUTOBANKEN.DE

HTTP://WWW.AUTOHAUS.DE

HTTP://WWW.CLAAS.COM

HTTP://WWW.COMPUTERWOCHE.DE

HTTP://WWW.DEUTSCHE-LEASING.DE

HTTP://WWW.DMEURO.COM

HTTP://WWW.FAZ.NET

HTTP://WWW.FTD.DE

HTTP://WWW.FUHRPARK.DE

HTTP://WWW.HANDELSBLATT.COM

HTTP://WWW.HORIZONT.NET

HTTP://WWW.LEASECLUB.NET

HTTP://WWW.MUMMERT-CONSULTING.DE

HTTP://WWW.SIEMENS.COM

HTTP://WWW.VDMA.DE

HTTP://WWW.VW-BANKDIRECT.DE

HTTP://WWW.WELT.DE

HTTP://WWW.WISO.UNI-KOELN.DE/LEASING/

FSC
www.fsc.org
MIX
Papier | Fördert
gute Waldnutzung
FSC® C083411

Kolibri 360 GmbH
Ferdinand-Jühlke-Straße 7
99095 Erfurt, Deutschland
produktsicherheit@kolibri360.de

Druck:
CPI Druckdienstleistungen GmbH
im Auftrag der
Kolibri 360 GmbH
Ferdinand-Jühlke-Str. 7
99095 Erfurt